慶應義塾大学東アジア研究所
現代中国研究シリーズ

中国対外行動の源泉

加茂具樹 編著

慶應義塾大学出版会

目　次

序章　大国意識を示しはじめた中国の対外行動　　　　加茂具樹　　1

第1部　国際秩序のなかの中国外交──国際政治的要因

第1章　中国の対外行動「強硬化」の分析──四つの仮説　松田康博　9
　　はじめに　9
　　Ⅰ　対外行動の「強硬化」──事実はどうであるか　10
　　Ⅱ　中国の行動を理解するための理論的仮説　15
　　Ⅲ　四つの仮説から読み解く日本の対中政策　23
　　おわりに　25

第2章　中国の金融外交　　　　　　　　　　　　　青山瑠妙　31
　　はじめに　31
　　Ⅰ　国家戦略としての金融外交　33
　　Ⅱ　金融外交をめぐる国内の政治力学　38
　　おわりに　44

第3章　「法の支配」の国際政治
　　　　　──東・南シナ海をめぐる協調と競争　　毛利亜樹　49
　　はじめに　49
　　Ⅰ　海洋における外交問題群　50
　　Ⅱ　国連海洋法条約体制下の競争　54
　　おわりに　59

第4章　中国外交における「軍事外交」
──軍事力の向上にともなう量的・質的変化とその影響

土屋貴裕　65

はじめに　65
- I　外交における軍事外交の役割　67
- II　中国における軍事外交の展開　72
- III　軍事外交と外交政策の関係性　78

おわりに　82

第5章　中国の対 EU パートナーシップ関係の発展
──「求同存異」の発展方式

山影　統　87

はじめに　87
- I　中・EU 関係の歴史的展開とその基本姿勢（1975～1989）　88
- II　冷戦後の中・EU 関係における両者の基本姿勢　89
- III　「包括的戦略パートナーシップ」以降の関係とパワー・バランスの変化　95

おわりに　101

第2部　統治構造と対外行動──国内政治的要因

第6章　中国における国内政治・社会の変化と対外行動　山口信治　111

はじめに　111
- I　分析枠組み　112
- II　中国の国家－社会関係　117
- III　政策執行　121
- IV　政策決定　125

おわりに　128

第7章　国内政治のなかの中国人民解放軍
　　　　——軍と人民代表大会　　　　　　　　　加茂具樹　135
　　はじめに　135
　　Ⅰ　なぜ名目的な民主的制度を利用するのか　137
　　Ⅱ　エージェントとしての人民解放軍人代代表　139
　　Ⅲ　人民解放軍人代代表は何を表出するのか　142
　　おわりに　144

第8章　南シナ海における緊張感の高揚と漁船事件
　　　　　　　　　　　　　　　　　マチケナイテ・ヴィダ　149
　　はじめに　149
　　Ⅰ　南シナ海の係争水域における漁船事件の頻発　150
　　Ⅱ　漁船事件の増減をもたらす要素　153
　　Ⅲ　南シナ海をめぐって国家対立の悪化に発展する可能性　155
　　おわりに　158

第9章　グローバリゼーションと中国の歴史教育の変容
　　　　——内政と外交の狭間に揺れる教育改革　　王　雪萍　163
　　はじめに　163
　　Ⅰ　中国の教育制度改革と上海の歴史教科書　164
　　Ⅱ　1995年以降出版された三つの上海版高校歴史教科書の比較　166
　　Ⅲ　上海版と人教社版の高校歴史教科書の比較からみる
　　　　中国全体の歴史教育改革の意図と上海での挫折　172
　　おわりに　177

第10章　「韜光養晦」論の提起、解釈と論争
　　　　——その過程と含意　　　　　　　　　　李　彦銘　181
　　はじめに　181
　　Ⅰ　「韜光養晦」の提起とその理論化　182
　　Ⅱ　江沢民政権後半の変化　187

Ⅲ　「韜光養晦」をめぐる国内論争と胡錦濤政権下の見直し　　192
　　おわりに　　195

第 11 章　中国の外交戦略と農業外交　　　　　　　　兪　敏浩　201
　　はじめに　　201
　　Ⅰ　農業外交の歴史（1950 〜 1990 年代）　　202
　　Ⅱ　地域外交重視への戦略転換と対 ASEAN 農業外交の展開　　203
　　Ⅲ　「中国責任論」と中国の農業外交　　210
　　おわりに　　215

索　引　　223

序章
大国意識を示しはじめた中国の対外行動

加茂具樹

　今世紀初頭から顕著になっているアジア太平洋地域における力（パワー）の分布の変化は、この地域の秩序に極めて大きな影響を与えている。変化の担い手は中国やインドなどの新興国家であり、とりわけ、急速な経済成長をつうじて国力を増大させた中国が、それを主導してきた。
　この力の分布の変化は国際的な政治経済活動の重点のアジア太平洋地域への移行を促し、さらには通商や経済、そして安全保障の分野における新たな協力の契機を提供している。しかし同時に、地域に潜在する問題を顕在化させ、地域秩序の変化の不透明度を高める要因にもなっている。不安定で不確実な世界に直面している国際社会は、力の分布の変化を主導してきた中国の対外行動にたいする関心を強めている。
　中国はいま、自らが歩む外交路線を「特色ある大国外交」と定義し、大国という意識を外交路線のなかで明確に表すようになってきた[1]。日本は中国外交の新しい変化に極めて間近な距離で向き合っている。
　これまでも中国は自らを大国と認識してきた。ただしそれは、発展途上国の大国であって、発展途上国の代表としての声を国際社会のなかに表出する責任を担うといった文脈においてであった。今日の中国の大国としての自己認識は、それとは大きく異なる。中国は、世界の平和と安定の問題に影響をあたえる力として自国を位置づけるようになってきたのである[2]。2016年12月に、中国外交を総括した演説をおこなった王毅外交部長は、流動する国際秩序のなかで中国が自国の発展のために良好な外部世界を整えただけでなく、「グローバルガバナンス体系の変革をリードした」ことを高く評価し、「国民が誇りに思い、各国が敬服する」成果をおさめたと語ってみせていた[3]。

中国の自己認識は大きく変わりつつある。

もっとも顕著な自己認識の変化は、中国外交の中心にある対米関係に見出すことができる。胡錦濤政権以来、中国は、対米関係を「新型大国関係」と定義してきた。しかし習近平政権は、この関係の中核的な理念を、それまでの「相互尊重」から「不衝突、不対抗」に置き換えた[4]。これは大国として米国とともに国際秩序の安定に関与し、またあるべき秩序をつくりあげるための改革をリードするアクターだという意識が中国の政治指導者の脳裏に萌芽しはじめたことを示唆している。

しかし、この自己認識が生まれた当時と比べて、力の分布も、主要な大国の国際秩序のあり方や関与にかんする考え方も、大きく変化している。中国が自らの外交路線を「大国外交」と形容するようになった意味を過小評価すべきではない。中国外交は、今後、大国意識を一層明確に示すようになることを日本社会は深く理解しておくべきである。

大国意識を表すようになった中国外交には、包摂性と強制性の二つの側面が共存している。中国の政治指導者の発言や公式文書によれば、今日の中国外交の重要な取り組みの一つが、周辺国、そして国際社会とのあいだに運命共同体意識をつくりあげることである。これは、世界の市場であり、また世界の投資者である経済大国の力を背景にして、「一帯一路」イニシアティブやアジアインフラ投資銀行の取り組みなど、経済、貿易、科学技術、金融などの連携と協力のパッケージを積極的に運用して諸外国との関係を深化させ、同時に、宣伝活動やパブリックディプロマシー、民間外交を積極的に展開し、人的交流や観光、科学教育、地方交流を推し進めることをつうじて、周辺国、そして国際社会とのあいだで単なる経済的な利害の一致を越えて連携する意識をつくりあげよう、というものと説明されている。

習近平政権は、指導部を刷新する 2017 年秋の第 19 回中国共産党大会（19 回党大会）を前にして、経済、貿易、科学技術、金融などの分野をつうじて国際社会との関係をさらに発展させようとしている。王毅外交部長は 2016 年 12 月の演説のなかで、「一帯一路」国際協力トップフォーラム（2017 年 5 月に北京で開催）と第 9 回 BRICS 首脳会議（同年 9 月にアモイで開催）の成功を 2017 年の外交の取り組みの筆頭に掲げていた[5]。

もちろん、今日の中国外交の取り組みは経済的な力を背景にした運命共同体意識の形成にとどまるものではない。安全保障協力を周辺国とのあいだで深化させ、この協力の枠組みを浸透させてゆくことも射程に入れている。中国は、周辺国とのあいだに経済と安全保障にかんする運命共同体意識をつくりあげ、地域の発展と平和の実現に主体的に貢献する意思を明らかにしている。

　習近平政権は、安全保障協力をつうじた周辺国との関係の安定と協力の発展のための青写真ともいえる白書「中国のアジア太平洋安全協力政策」を2017年1月に発表した[6]。この白書は2013年10月の周辺外交活動座談会で必要性を提起し[7]、その後2014年5月の第4回アジア相互協力信頼醸成措置会議において再度確認した「アジアの安全保障観を積極的に確立し、安全保障協力の新局面を共同創出する」ための方針を示したものといってよい。同白書からは、中国が主導してきた既存のアジア太平洋地域の域内の協力プログラムの推進をつうじて運命共同体意識を醸成し、伝統的、非伝統的な安全保障協力の枠組の発展を中国が先導する空気をつくりあげようとする思惑を読み取れる。

　経済の力を背景にする外交を展開する中国は、自らが主導して運命共同体意識をつくりあげ、グローバルガバナンス体系の変革をリードし、国際秩序をより公正で合理的な方向に発展させる大国となる、そうした外交路線を歩もうとしているのである[8]。大国意識を一層明確に示すようになった中国は、この外交路線をより力強く歩みはじめるであろう。

　周辺国とのあいだに運命共同体意識をつくりあげる中国外交には、いま一つの注目すべき側面がある。

　中国外交が国内の公式の場で語られるとき、「運命共同体意識をつくりあげる」と同様に繰り返し確認されてきた取り組みが「国内的大局」と「国際的大局」という「二つの大局」の統一と調和を図ることである。「国内的大局」が国内政治における要求であり、現政権はそれを中華民族の偉大な復興という「中国の夢」を実現することと位置づけている[9]。「国際的大局」とは対外関係における要求であり、「中国の夢」の実現に不可欠な改革と発展と安定のための良好な国際環境をつくりあげること、そして国家の主権と安全と発展の利益を守り、世界の平和と安定を守り、共同の発展を守ることと説明

している¹⁰⁾。このとき「国際的大局」は「国内的大局」に貢献する存在である。「運命共同体意識をつくりあげる」ことが「国際的大局」であり、それが「国内的大局」に貢献するという理屈である。

　注目すべきことは、政権が「国際的大局」を語るとき、国家の主権と安全と発展の利益を守ることの必要性について必ず確認していることである。政権は「中国の夢」という目標を実現するために平和な国際環境の構築が必要であるという文脈で、「中国は平和的発展の道を歩む」という表現をつかう。このときにも政権は、自国の正当な権益を放棄しないこと、核心的利益を犠牲にしないこと、国家主権と安全と発展の問題において譲歩しないことを確認している。

　つまり、経済の力を背景にしながら運命共同体意識を構築することを「包摂」という概念とするのであれば、中国外交は、それとは対極にある自らの利益を相手に「強制」する概念も共存させているのである。

　国際社会は、「包摂」と「強制」という相反する二つの概念を内包させている実際の中国の対外行動に向き合うことになる。もちろん国際社会は大国としての意識を強めている中国が、国際的な規範を共有し、遵守し、国際社会が直面している課題の解決に向けた積極的で協調的な役割を果たすことを期待している。しかし、中国外交は「一帯一路」イニシアティブをはじめとする経済協力のスキームをつうじて運命共同体意識をつくりあげる「包摂」性を示しながらも、その一方で、南シナ海、東シナ海をふくむアジア太平洋西岸地域における対外行動は極めて「強制」性の程度が高い。このように、中国の対外行動は相反する概念を内包させているのである。

　本書は、こうした特質をもつ中国の対外行動を、以下の二つの視点に腑分けして理解しようとするものである。一つは対外行動を国際政治の要因から理解しようとする試みであり、いま一つは統治構造による国内政治の要因のなかから理解しようとする試みである。この二つの要因は、相互に影響しあっており明確に区分することはできない。現実の中国の対外行動は、国際的要因と国内的要因の対話をつうじて形づくられているという認識を踏まえて、本書を、この二つの要因に分けた二部構成とすることにした。

第1部第1章は、中国の対外行動が「強硬化」していった要因を複数の仮説を提示しながら論じるとともに、そうした中国に向きあってきた日本の外交政策の説明を試みた。第2章は、国際金融分野において存在感を増しつつある中国が積極的に推進する金融外交を描き出し、第3章は中国の海洋管理能力の実質化と日中対立を経て、東・南シナ海が「法の支配」をめぐる協調と競争の政治空間となった軌跡を描いた。第4章は自国の発展に不可欠な安定した国際秩序をつくりあげるための協力的な軍事力の使用である「軍事外交」について、第5章は「中国外交の主導性が表れている」と評価された対EU外交の分析をつうじて中国外交の特質を描き出した。いずれも、既存の国際秩序に向き合う中国の対外行動をとらえようとする試みである。第2部は、国内政治的要因に注目した分析をおこなっている。「中国社会の変化にともなう中国共産党による一党体制を支えている統治構造の変化は、中国の対外行動に影響を与えているのか」、あるいは「中国の対外行動は統治構造に拘束されているのか」を分析の背景におき、各章は、それぞれ国内政治の主要なアクターに注目した分析を試みた。第6章は国内政治が対外政策に与えうる三つのパターン（社会の圧力、政策執行、エリート政治）の検討をつうじて、中国の国内政治および社会の変化と対外行動の関係を論じた。第7章は、中国の対外政策においてこれまでも、そしてこれからも重要なアクターである人民解放軍に注目し、その活動の変化が対外行動に与える可能性を論じた。第8章は南シナ海をめぐる問題に関与してきた漁業に注目し、同問題の発生と拡大の要因を整理した。第9章は中国外交と教育分野との関係性を中国における歴史教育を事例に論じている。第10章は国内アクターの対外情勢認識としての「韜光養晦」論の提起と経過を概観し、第11章は中国外交政策過程に農業分野のアクターがあたえている影響について論じている。

　各章での分析をつうじて、本書は中国の対外行動についての構造的理解を試みた。そして国際政治の文脈においても、国内政治の文脈においても、対外行動の政策過程に関与するアクターをとりまく環境は近年大きく変化し、その行動様式を変化させていることを描き出した。本書の第1部は、経済成長にともなって国力を増大させた中国が、国際秩序とのあいだに様々な摩擦を生み出しながら国際秩序に影響をあたえていること、自国の発展にとって

有利な国際環境を構築するために主動的に、かつ積極的な対外行動を展開していることを論じた。第2部は、市場経済化の道を歩むなかで中国国内の政治社会構造は変化し、対外行動の政策過程に関与するアクターの分散化と、政策過程が一層緻密化し、複雑化している実態を描き出した。

　中国の対外行動を、それを形作っている構造に留意して腑分けした本書の試みは、中国の対外行動に関する研究の将来を見据えながら、個々の研究と討論をつうじて問題意識と分析枠組みを共有し、さらなる一歩を踏み出すための布石となるだろう。

＊　本書の出版は、大学共同利用機関法人人間文化研究機構（NIHU）地域研究推進事業・現代中国研究拠点連携プログラムの成果の一つであり、ご支援に深く感謝する。

1)「中央外事工作会議在京挙行」『人民日報』2014年11月30日。
2)「外交部部長　王毅　探索中国特色大国外交之路」『人民論壇』2013年第22期。
3)「外交部部長王毅在2016年国際形勢與中国外交研討会開幕式上的講演」『外交部』2016年12月3日。「中国特色大国外交堅開拓之年（2016年度特別報道）」『人民日報』2016年12月22日。また中国の外交官は、2017年の2月英国放送協会（BBC）の番組において、「もし世界が求めるのであれば、中国は責任をもって世界の先導役を担う」と述べていた。"China will assume world leadership if need, Chinese diplomat says," *South China Morning Post*, 23 january, 2017, URL:http://www.scmp.com/news/article/2064669/china-will-assume-world-leadership-if-needed-chinese-diplomat-says.
4)「跨越太平洋的合作」『人民日報』2013年6月10日。なお米国との「新型大国関係」については、高木誠一郎「中国は『新型大国関係』に何を求めているのか」『東亜』2014年1月号（No.559）を参照。
5)「外交部部長王毅在2016年国際形勢與中国外交研討会開幕式上的講演」。
6)「中国的亜太安全合作政策」『人民日報』2017年1月12日。
7)「為我国発展争取良好周辺環境　推動我国発展更多恵及周辺国家」『人民日報』2013年10月26日。
8)「周辺外交活動座談会」で習近平は周辺外交の主動的かつ能動的な展開を強調した。
9) これには「二つの百年」といわれるタイムスケジュールがセットされている。2021年の建党百年までに「小康社会を全面的に完成させる」こと、2049年の建国百年までに「富強で、民主化した、文明化した、調和のとれた近代的社会主義国家をつくりあげる」ことである。
10)「更好統籌国内国際両個大局　碓実走和平発展道路的基礎」『人民日報』2013年1月30日。

第 1 部

国際秩序のなかの中国外交
　　——国際政治的要因

第1章
中国の対外行動「強硬化」の分析
──四つの仮説

松田康博

はじめに

　本章は、中国の対外行動変化の原因がどのように理解されているかを、おおむね4種類の理論にもとづく仮説を使って明らかにすることを目的としている[1]。とくに、近年中国の対外行動が「強硬化」しているという見方があり、その原因が何であるかは日本のみならず地域にとって、大きな関心事になっている。

　ただし、この問題をどのように理解したらよいかについて、必ずしもコンセンサスがあるわけではない。日本では、「中国は台頭するにつれ、拡張主義的行動をとり、周辺国・地域にとって脅威となっている」という言説をよく耳にする。日常目にする多くのニュースやデータが、この言説を正しいと感じさせる。しかしたとえば中国ではまったく逆の言説が流通しているし、アメリカをはじめとした第三国における言説も、必ずしも日本と同じではない。そもそも中国の政策決定・執行過程は透明性がきわめて低いため、極端に異なる仮説が複数あってもまったく不思議ではない。

　まず、中国の行動が強硬化しているのかを検証する必要がある。次に、中国の行動変化がなぜ発生したかの説明を四つの仮説に分けて検討する。そして中国の行動変化について、日本がどのような仮説にもとづいて対中政策を展開してきたのかという論理構造を明らかにしたい。いい換えるなら、本章は、中国の対外行動そのものを明らかにすることを必ずしも主たる目的としていない。むしろ、われわれ観察者の頭のなかにある「中国の対外行動の理解の仕方」を表現する作業を通じて、今後の中国理解に役立てることに本章

の主眼がある。なお、本章における対外行動の「強硬化」とは、主として軍事的・準軍事的な行動をともない、他国に政治的圧力をかける行動の増大を指している。

I 対外行動の「強硬化」――事実はどうであるか

　まず、中国の対外行動「強硬化」に関する事実を検証する。中国の国力は、改革・開放政策以来おおむね増大を続けたが、「台頭」といわれるような大きな伸びは、2000 年代に顕著に発生した。2001 年には世界貿易機関（WTO）に加盟し、世界中から投資を呼び込んで対外貿易で高度成長し、10 年間で GDP を約 4 倍増させ、2010 年には日本を抜いて世界第 2 位の経済大国になった。中国が公表している国防支出は、1989 年以降ほぼ一貫して二桁増を続け、2007 年には日本の防衛予算を抜き、いまやアメリカに次ぐ世界第 2 位である。

　ただし、国力が増大しても、行動が変わらなければ地域における影響力の変化は限定的である。つまり中国が台頭しても、中国の行動が質的に変わらなければ、東アジアの安全保障環境に大きな影響はでない。たとえば、中国人民解放軍（以下、解放軍または中国軍。軍種によっては中国海軍、中国空軍などと記述する）や海上法執行機関等による中国周辺における活動が量的に増大したとしても、それは国家の成長と発展の過程で普遍的にみられる現象にすぎない。

　たとえば図 1-1 にみられるように、中国海軍艦艇が、日本の南西諸島等を通過して西太平洋で活動することが増えたが、それは 2008 年を契機として急速に増大し、2013 年をピークとして、その後減少に転じた。通常、軍の訓練や演習は年単位で計画が作られ、執行されることが多いため、急速な増減がみられることは少ない。ただし、こうした通過が示威行動である（または示威行動を含む）ならば、急速な増減がありうる。

　図 1-2 は、日本の航空自衛隊が主として東シナ海上空で中国軍機に対して緊急発進（スクランブル）した回数の推移であるが、2005 年に一度大幅に増えて翌年減ったものの、2010 年以降の増加は明白に右肩上がりである。このことからも、やはり 2010 年から、中国空軍機の主として東シナ海上空

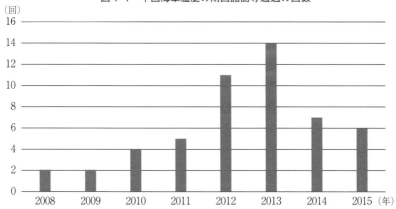

図1-1　中国海軍艦艇の南西諸島等通過の回数

出所：該当する各年度の『日本の防衛』および、『朝日新聞』、『毎日新聞』、『讀賣新聞』、『産経新聞』のデータベースから通過回数をまとめた。したがって、データは完全ではなく、実際の回数よりも少ない可能性がある。

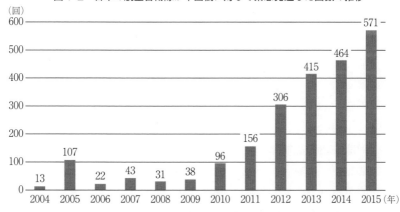

図1-2　日本の航空自衛隊が中国機に対して緊急発進した回数の推移

出所：2004-08年度については、「平成20年度の緊急発進実施状況について」統合幕僚監部、2009年4月23日、4頁、http://www.mod.go.jp/js/Press/press2009/press_pdf/p20090423_1.pdf。2009-13年度については、「平成25年度の緊急発進実施状況について」統合幕僚監部、2014年4月9日、3頁、http://www.mod.go.jp/js/Press/press2009/press_pdf/p20090423_1.pdf。2014-15年度については、「平成27年度の緊急発進実施状況について」統合幕僚監部、2016年4月22日、3頁、http://www.mod.go.jp/js/Press/press2016/press_pdf/p20160422_01.pdf（いずれも2016年10月31日アクセス）。

での行動が増大したことは間違いない。ただし、スクランブルとは領空侵犯の恐れに対する「予防的」措置であり、大部分のケースは領空侵犯に対する措置ではない。したがって、2012年12月のように中国機が尖閣諸島上空の領空侵犯をする「恐れ」があると、日本の航空自衛隊が判断した場合、すなわちかつてなら緊急発進しなかったような事例でも、緊急発進を決定することがありうる。また、日本の防空識別圏が中国側に対して大きく突き出ており、2013年11月に中国が防空識別圏を設定して以来両者が重複したため、緊急発進の対象が増えた可能性もある。つまり、緊急発進にはそれを決定する側の主観が入るため、図1-1の南西諸島通過や、図1-3の領海進入などのように客観的な数値とはいえず、おおよその趨勢を表しているということができる。

　以上の二つは中国の対外行動が量的に拡大したケースである。ところが、実際に中国の対外行動は量的のみならず質的にも変化、つまり「強硬化」したと考えられる。2008年から2009年にかけての時期は、台湾で対中融和策をとる馬英九政権の成立により、中国がその国力を台湾ではなく他国に振り向けることが可能になり、北京オリンピックを成功させ、リーマンショックを巨額の公共投資で乗り越え、自信を獲得したとみられるタイミングである。他方、同時期のアメリカは、アフガニスタンおよびイラクに対する武力行使後の失政とリーマンショックをもたらした経済失政で、世界における影響力が大きく低下していた。

　2010年9月以降、とくに2012年9月に日本政府が尖閣諸島を購入した後、日中両国は国交正常化以来最悪の対立を経験した。中国国内で頻発した反日デモは暴力をともない、多くの被害がでた。その後、日本政府の発表によると、中国海監のプロペラ機による尖閣諸島の領空侵犯（2012年12月）、中国海軍による海上自衛隊艦艇に対する火器管制レーダーの照射（2013年1月、中国は否定）という「危険行為」があったとされる。また2013年5月に（中国所属であることが推測される）所属不明の潜水艦による南西諸島の接続水域への進入が4回確認されている。いまだ緊張が収まらない2013年11月に、中国は東シナ海で尖閣諸島の周辺空域を包含した防空識別圏を周辺諸国との事前調整なしで設置し、批判を受けた。その後、中国空軍機による日本の自

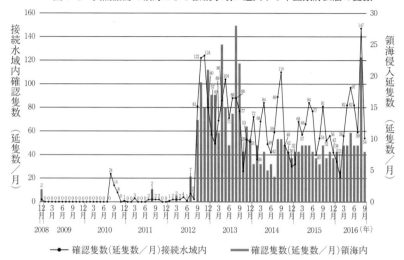

図1-3 尖閣諸島の領海および接続水域に進入する中国政府公船の隻数

出所:「尖閣諸島周辺海域における中国公船等の動向と我が国の対処」海上保安庁、http://www.kaiho.mlit.go.jp/mission/senkaku/senkaku.html（2016年10月31日アクセス）。折れ線は接続水域内確認延べ隻数を、棒線は領海内進入延べ隻数を表している。

衛隊機に対する異常接近（2014年5、6月、中国は否定）も発生したとされる。

ところが、2014年11月、北京でのアジア太平洋経済協力（APEC）首脳会議の際に、習近平国家主席と安倍晋三首相の首脳会談が行われると、こうした危険行為はほとんど起きなくなった。

図1-3は、上記の「危険行為」が頻発したのとほぼ同じ時期における尖閣諸島の領海および接続水域に進入する中国政府公船の隻数の推移である。過去の例外的事例を除けば、中国によるこうした行動は、2008年12月から始まった。これは中国の対外行動が明らかに「強硬化」した行動パターンである。それ以降しばらくなかったが、2010年9月に発生した中国漁船の海上保安庁巡視船への衝突事件をきっかけとした日中対立以来、中国政府公船がほぼ定期的に尖閣諸島の接続水域に進入するようになり、そのうち何回かに1回は領海内に進入した。この間中国の政府公船は、日本の対応を試していたものと推定される。そして、2012年9月の尖閣諸島購入に端を発し、中国は公船を常時複数隻接続水域に進入させ、領海への進入も繰り返した。頻繁かつ危険な接近行動をともなう領海進入は2013年夏を境に減少し、そ

第1章 中国の対外行動「強硬化」の分析　13

表 1-1 南シナ海における中国の軍・海上法執行機関等による活動事例

時　期	事　例
2010 年 6 月	ナツナ諸島周辺で、中国漁船を拿捕したインドネシア巡視船に対し、中国海上法執行船が砲の照準を合わせ威嚇
2011 年 5 月	ベトナムの沖合で海上法執行船舶（海監）がベトナム資源探査船の作業を妨害し曳航していたケーブルを切断
2011 年 6 月	バンガード礁周辺で作業中のベトナム資源探査船を中国艦船が妨害
2012 年〜	スカボロー礁でのフィリピン艦船との対峙以降、中国海警船舶がプレゼンスを維持
2013 年 5 月	セカンドトーマス礁周辺に艦船を派遣し、フィリピン軍の哨所（揚陸艦）への補給を妨害
2013 年 10 月	南ルコニア礁周辺へ艦船を派遣。この他、2014 年 1 月、ジェームズ礁周辺で艦艇が活動
2014 年 5 月〜7 月	トリトン島南方に軍・海警船舶の護衛を伴いつつオイルリグを展開し、ベトナム艦船と対峙
2014 年 8 月	中国海警船舶がリード礁で活動し標識を投下。2011 年にもフィリピン船舶の航行を妨害
2015 年 4 月	スビ礁周辺でフィリピン航空機に対する強力な光の照射、退去要求などを行い、フィリピン側が懸念を表明
2015 年 7 月	西沙諸島においてベトナム漁船が中国船に衝突され沈没。9 月にも中国船と見られる船舶による同様の事案発生

出所：「南シナ海における中国の活動」防衛省、2015 年 12 月 22 日、3 頁、http://www.mod.go.jp/j/approach/surround/pdf/ch_d-act_20151222.pdf（2016 年 10 月 31 日アクセス）。

の後の領海侵入はおおむね月に 3 回程度となった。このように、2013 年をピークとした図 1-3 の増減のカーブは、図 1-1 の増減カーブと似ている。

　ところが 2016 年 8 月 7 日には、突然多数の漁船をともなってこれまででもっとも多い 6 隻が延べ 11 回領海に進入し、翌 8 日には 15 隻が接続水域に進入した。しかしその後は元のペースに戻っている。このため、今回の中国の政府公船の行動は、その動機が何であるかの議論を呼んだ。

　表 1-1 をみればわかるように、このほぼ同じ時期に、南シナ海でフィリピンやベトナムなど紛争当事国と中国のトラブルが頻発した。しかも、これらのほとんどは中国が主張する南シナ海の九段線の周縁地域で起きている。2014 年以降、中国は南シナ海のスプラトリー諸島（中国名南沙群島）で七つの岩礁を埋め立てて、港湾施設や滑走路などを急ピッチで建設し、周辺諸国との対立を深めている。

　以上のような中国の行動は、主に日本と東南アジア諸国との関係を悪化さ

せ、アメリカも戦略的基軸転換（pivot）またはリバランスという対応をとるに至った。中国がこれまで築いてきた周辺諸国との友好関係を水の泡にする行動を頻発させたのは事実である。しかもそれは岩礁の埋め立てや軍事施設の整備などにより、現在（2017年2月）も継続中である。このように、中国が周辺諸国に対する行動をほぼ同じ時期に「強硬化」させたことは、やはり事実であるといっても差し支えない。問題はその原因をどこに求めるかである。

Ⅱ　中国の行動を理解するための理論的仮説

1　反応仮説

　中国の強硬な対外行動を解釈する第一の理論は、「反応仮説」である。これは、中国がみせる強硬な行動とは、相手国の行動に対する反応であるという理論にもとづく。たとえばマサチューセッツ工科大学のM・テイラー・フレイヴェル（M. Taylor Fravel）は、中国は領土紛争において必ずしも強硬で非妥協的な行動をとるとは限らず、協力を求めることもあるという。実際に中国は、過去に発生した23の領土紛争のうち、17で妥協を考慮してきた。他方、領土紛争などで、相手の方が有利になったと認識したときに、中国が強硬な行動に訴える傾向が強いことをフレイヴェルは実証した[2]。中国が、これまでアメリカ、インド、ソ連など大国との武力紛争を経験したことがあることから、その場合は、相手が強いか弱いかは関係ないとされる。

　この仮説に立つと、たとえば図1-3にあるような2010年以降日本が経験した中国の強硬な対日行動とは、日本の中国人漁船船長の逮捕・拘留の延長や、いわゆる「尖閣諸島国有化」が、中国の焦りを招き、やむをえず強硬手段をとった結果なのだという説明になる。たとえば、尖閣周辺海域における中国の巡視船の活動増加は、日本の民主党政権による尖閣諸島のいわゆる「国有化」に中国が刺激された結果なのだという批判は日本にもある[3]。また、南シナ海でも同様で、埋め立てや軍事拠点化を進めたのは中国だけではない[4]。中国がむしろ刺激を受けた側であり、中国がそれに反応しているという指摘にも一理はある。ただし、この説明は中国政府の公式見解に近くなる。

実際のところ「反応的行動」が中国の領土紛争における行動指針であったという考えも可能である。鄧小平は、1974年10月に以下のように発言したことがある[5]。

> 釣魚島は日本で「尖閣諸島」と呼ばれているが、これは中国の領土であり、われわれが放棄するのは不可能だ。(中略) この闘争は長期的になりそうだ。われわれは日本と国交樹立したが、双方は釣魚島の問題に言及することを避け、この問題を残しておいた。さもなければ、国交を結ぶことなど論外だった。近い将来日本と平和友好条約を結ぶかもしれないが、またこの問題を残しておくかもしれない。この問題をまず棚上げすることは、問題が存在しないことと同じではないし、保釣運動を終えてもよいということと同じでもない。この運動はまだ継続しなければならないが、今後は高かったり低かったりするかもしれない。以前のように日本がここを占領しようとしたときに「保釣」は高まった。いまは暫時この問題に言及せず、「保釣」は低くなる。この運動は長期にわたって波状的なのだ。
> ※「保釣運動」とは、「釣魚島(尖閣諸島の中国名)を守ろう」という中国の政治運動である。

この発言は、フレイヴェルの議論を裏づけているようにみえる。日本の「挑発」には強く反応し、それがないときは自らも静かにするのが鄧小平の定めた行動指針であったと考えられるのである。

鄧小平は、この発言にみられるように、日中関係の安定を重視していた。中国が、主として外界からの刺激に対して反応しているのであれば、刺激の原因が取り除かれ、中国と当該国が関係改善を求めさえすれば、一定の外交的プロセスを経て関係改善がなされる。別な見方をすれば、これは「関係悪化と改善のサイクル」であるということができる。図1-1や図1-3にみられる2014年以降の行動減少は、日中関係の改善と因果関係があることになる。筆者は、こうした観点から「関係悪化と改善のサイクル仮説」を提起したことがある[6]。

ところが、同じ反応仮説でも、「反応的強硬さ」(reactive assertiveness) とい

う仮説になると、意味が大きく変わる。国際危機グループ（ICG）は、紛争地域で自国に有利なように現状を変更する国が「中国に認識された挑発」（つまり挑発であるかどうかの解釈権は中国が握る）をしたら、それを機会として中国が現状変更行動に踏み込むことを指摘した[7]。これは、中国が反撃手段を十分に準備したうえで、相手のミスを待つ、あるいはむしろ誘うことで、相手が何らかの「挑発行動」をしたら、中国は比例原則に合わない何倍もの報復を加え、しかもそれをすべて相手のせいにして、自分の報復行動を正当化し、爾後堂々と力による現状変更を推し進めるという考え方である。これは「反応仮説」というよりむしろ、後述する「拡張主義仮説」に「陰謀論」をミックスした理論であるといってよい。この仮説によれば、中国は日本政府による尖閣諸島の購入を「日本の挑発行為としての国有化」であると「主観的に認識」し、現状変更のために、海軍艦艇、空軍機および政府公船による実力行使を続けているという解釈になる。したがって、中国の目的は現状変更にあるので、2014年以降の行動は減少しても、ゼロに戻ることはない。

2 陽動戦争仮説

第二の仮説は、「陽動戦争理論」（diversionary war theory）にもとづいている。これは「スケープゴート理論」（scapegoating theory）と呼ばれることもある。すなわち国内で深刻な問題を抱えた指導者が、国民から注意をそらすため、わざと対外的な緊張を作り上げるという理論である[8]。マスメディアでこの理論に類似した言説が紹介されることも多い。

ライル・ゴールドスタイン（Lyle J. Goldstein）は、文献資料およびロシア人・中国人研究者へのインタビューをもとに、1969年3月の中ソ国境紛争が中国軍による奇襲であり、毛沢東が同年4月に予定されていた中国共産党第9回全国代表大会（9全大会、同様な会議は以下も同様に略す）において、文化大革命の過激な局面を終わらせようとしたのだという説を支持した[9]。つまりゴールドスタインは、中国が国内に大きな問題を抱えており、その矛盾をそらすために対外強硬行動に至ったのだと主張している。

高原明生は、中国の歴史学者である銭理群の議論を参考に「中華人民共和国の歴史を振り返ると、国内政治と外交政策および国防政策の連動が見て取

れる。すなわち、国民統合の求心力を高め、党内抗争を有利に展開する上で、対外的な対象を設定して闘争を仕掛ける手法がしばしば採られてきた」[10]と論じている。

この理論に立てば、内部に常に問題を抱える中国はどこかの国・地域を悪者に仕立て上げ、国内の矛盾から国民の目をそらすために対外的な緊張を煽っていることになる。中国は、2008年以降、胡錦濤から習近平への指導者の交代プロセスにおいて、共産党内部が分裂状態にあり、問題解決をめぐって対立的な論争が発生していた。尖閣諸島問題の極端な悪化は、このためであったとも考えられる。高原は、習近平政権には「国内と党内をまとめるべく、対日闘争の継続によって求心力を保とうというねらい」があったと指摘する[11]。

筆者は、「戦略的ライバルの再定義仮説」(redefinition of strategic rivals hypothesis) を提起したことがある[12]。**表 1-2** にあるように、中華人民共和国政府は成立以来、必ずどこかの国・地域と一貫して直接・間接的な対立関係にあった事実にもとづいている。このことは、必ずしも陽動戦争仮説と同じではないが、中国の歴代政権が必要に応じて、特定の国や地域を戦略的な競争相手であると定義し直すプロセスを経ていることを指摘している。

阿南友亮は、「既得権益擁護派の政権という性格の強い習近平政権は、国際法的根拠を度外視して、これまで実効支配の実績がない尖閣諸島やスプラトリー諸島を香港・マカオ・台湾とならぶ『失地』と位置づけ、国家海洋局などを駆使して『失地回復』に取り組んでいる姿勢を演出することによってナショナリズムを発揚し、国内で鬱積した不満が共産党に向かって大々的に噴出するのを回避しているようにも見受けられる」と指摘している[13]。これもまた、特定の国をターゲットとしているとは限らないものの、一種の陽動戦争理論による解釈であるといえる。

気をつけなければならないことは、対外的な緊張を利用することがすべて陽動戦争理論と同じであるわけではないことである。たとえば、後述する「ばらばらな権威主義体制」仮説においても、異なる利益を代表する政府内外の部門・集団が対外的な緊張を利用することを想定している。

表 1-2 中華人民共和国／中国共産党の直接および間接の敵

内　容	時　期	直接の敵	間接の敵
国共内戦・台湾海峡危機から米中接近／国交正常化まで	1946 – 1972/1978	中国国民党／台湾	米国
朝鮮戦争から米中接近／国交正常化まで	1950 – 1972/1978	米国、韓国	
インドシナ紛争	1950 – 1975	南ベトナム	フランス、米国
中ソ対立	1960 – 1989	ソ連、モンゴル	
中印国境紛争	1962	インド	ソ連
中越戦争	1979	ベトナム	ソ連
第三次台海海峡危機から陳水扁政権まで	1995 – 2008	台湾	米国
南シナ海での強硬対応	1974 – 現在	ベトナム、フィリピン	米国（日本）
尖閣諸島問題への強硬対応	2008 – 現在	日本	米国

出所：Yasuhiro Matsuda, "How to Understand China's Assertiveness since 2009: Hypotheses and Policy Implications," pp. 24-25, 注 1 参照。一部加筆・修正を加えている。

3　失地回復主義仮説／拡張主義仮説

　第三の仮説は、「失地回復主義理論」あるいは「拡張主義理論」をもとに展開される。中国では、近代に入って多くの領土や朝貢国のような勢力圏を「失ってきた」と考えられている。もちろんこれは中国人の主観にすぎず、清朝周縁地域の諸民族にとってみれば、単に支配者であった清朝が弱体化して統治範囲・影響圏が縮小したことを意味しているだけである。いずれにせよ、過去に「失った領土」に関して、中国の主張と、歴史的事実および実効支配の現実との間には相当なギャップがある。これは、そのギャップを埋めるため、いわば「失地を回復する」ため、中国が突き動かされているという理論である。国力が増大すれば、当然中国は「失地回復」を試み、それは周辺諸国からみれば「拡張主義的行動」に映る。

　この代表的論者は、平松茂雄である。平松は日本の解放軍研究の権威であり、1980年代半ばから中国海軍の研究を進めた。その著作のなかで、中国が南シナ海で自国の支配領域を拡大する際、必ずその前に徴候をみせることに注目してきた。1974年1月に「自衛反撃」を唱えつつ、西沙海戦に勝利し、パラセル諸島（西沙群島）を支配したが、その物理的準備は1971年にすでに

確認されていた[14]。その後パラセル諸島は軍事拠点化が進み、1987年6月に中国はスプラトリー諸島（南沙群島）について初めて「中国政府は適当な時期にそれらの島嶼を収復する権利をもっている」という声明をだした。それから1988年には岩礁に建造物を構築し、ついに「自衛反撃」と主張しつつ、ジョンソン南礁（赤爪礁）でベトナムとの戦闘に勝利した[15]。平松は同書で、「中国は海軍力の成長とともに、今後自国の周辺の海域、そこに所在する島嶼の領有問題を解決することに全力を投入すると考えられる」と明確に指摘している[16]。

平松はこの後、中国海軍の動向を予測し、ほぼ正確に的中させてきた。南シナ海のみならず、中国軍が、次に東シナ海で何をするのか、日本海で何をするのかなどは平松の著作に書いてあった予測のとおりに、中国軍は行動していったと表現してもよい[17]。それは、中国が国家として「失地」を「回復」する準備を計画的かつ戦略的に進めてきたことを、平松が中国の各種文献および内外の情報を読みこなして理解していたからである。

この仮説から推論すると、たとえば図1-3にある2008年12月の中国公船による尖閣諸島の領海への進入とは、尖閣諸島への「主権」を「収復」する計画のほんの一歩にすぎない、ということになる。実際、このタイミングの日中関係は安定しており、日本による「挑発」はなかった。

中国が管轄権を有すると主張している海域で法執行部門が常時パトロールすることを定めた法律制度は2006年に確立されている[18]。そのような法律を執行するためには、それに見合う能力が必要であり、その能力を構築するには、当然予算措置をともなう長期的な計画が、その以前に存在していたはずであり、計画策定の前には内部の議論や指導者の説得といったプロセスがあるはずである。つまり、2008年に尖閣諸島の領海に進入し、2012年以降に中国の政府公船が尖閣諸島近海に常時プレゼンスを維持するようになったのは、少なく見積もっても20年以上前から準備されていたということが推測できる。

この仮説に立てば、中国にとって重要なのは、「行動のきっかけ」よりも「準備に必要な法律制度の整備と能力の増強」だけだということになる。そして、2014年以降、中国の行動が抑制的になったのは、安倍政権が進めた対中抑

止政策が効果をもったためであるという結論になる。

4 「ばらばらな権威主義体制」仮説

　第四は、「ばらばらな権威主義体制」（fragmented authoritarian system）の理論にもとづく仮説（以下、「ばらばら仮説」）である。上述した三つの仮説は、中国が政策決定の主体（アクター）として、単一の合理的主体である、つまり中国は合理的に行動する一人の人間と同じであるという前提にもとづいていた。しかし、そうではなく、実は中国の対外行動は、多くの異なる利益集団とそれを代表する政治家に権限が細分化され、対外行動に関するまったく異なる見解が併存し、そして中国の核心的利益を絶対に守るべきだという強い意見があることによって、揺れ動きながら決まっているのだ、という見方である。リンダ・ヤーコブソン（Linda Jakobson）とディーン・ノックス（Dean Knox）がこのような見解の代表格である[19]。

　この理論は、胡錦濤時代が典型的に当てはまるとされる。これによるなら、図1-3にみられる2008年12月8日の尖閣諸島領海進入は、国務院国土資源部海監の巡視船が、東シナ海の資源開発合意に反発する文脈で、自らの組織的利益を追求するために行った行為であり、他の部門、たとえば外交部にとってサプライズだったということになる。事実、この動きは、5日後に初の日中韓首脳会談を控えていたタイミングで行われた。果たして温家宝総理が、麻生太郎首相との首脳会談をする直前に、国務院下の部門に自らこのような指示をだしたのか、外交の常識から考えて疑わしい。かつて戦前の日本は、満洲で関東軍が独断で既成事実を積み重ね、本国政府がそれを追認するという愚行を犯し、日本は長期的にアジア征服を狙って計画を立てていたのだという見方をされた経験がある。実のところ各組織・利益団体により、複雑な影響を受けて決められていることが多い対外行動は、外部からは一体にみえるのである。

　また、世界最大級の官僚組織を抱える中国の党・政府・軍の組織は、横だけでなく、縦の指揮・命令系統にも問題を抱えていると考えられる。すなわち、執行の権限を委任された組織の代理人が、独裁者と異なる選好をもったり、または獲得できる情報に格差があったりするため、命令の執行で手を抜

いたり、さらには機会主義的行動をとったりする問題が生じる、いわゆる「代理人問題」（agent problem）である[20]。大組織を運営したことのある者なら、過去に自らが下した指示が、あとに当初の意図と異なる結果をもたらすことを経験することがあるだろう。いい換えるなら、中国は独裁体制であるとはいえ、指導部の指示や命令が執行の段階で必ずしも貫徹されるとは限らないのである。

　小原凡司は2013年1月に起きた解放軍の火器管制レーダー照射事件に関して、「逆説的ではあるが、党中央のコントロールが効き過ぎた結果、と言えなくもない。中国では、党でも軍でも皆、上を気にする。上から認められなければ出席できないが、『政治的に誤っている』とされると自分の立場が危ない。一方で、一般的には、上からの指示以外で目立つ行動は嫌われる。そうなると、上からの指示に対する成果を最大限アピールするしかない。これに軍人の資質の問題が加わると、党中央或いは軍上層部が望んでいない危険な情況を引き起こす可能性が出てくる。（中略）各級指揮官には一定の裁量権があるが、立案はその行動が上位指揮官の目的意識に合っているか、人的・物的損失等を含む結果が受容できるか、可能性はどの程度か等を考慮しなければならない。通常の任務では、国際法や慣習から外れる行為は除外されるし、戦闘を避けるのであれば相手を刺激する行動も除外される。日中間は戦争状態にはない。両国政府が戦争を望まない状況下で危険な行為が実行されるとすれば、命令（上位の目標）が正確に理解されていないか、国際法や慣習が理解されていないということになる」[21]と分析している。

　この仮説にもとづくなら、一触即発の「危険行為」は必ずしも習近平の意図に合っていたとはいえなくなるし、また図1-3にある2008年の尖閣諸島領海への進入オペレーションは、（おそらくかなり以前の）まったく別の機会に温家宝総理から下された大局的かつ抽象的な指示にもとづき、温家宝の意図と異なる具体的な政策が立案され、外交上不適切なタイミングでそれが執行された結果なのだと推定できる。習近平や温家宝が、これらの行動の原因を探れば、それがかつて自分自身の下した指示であったことに気づくのかもしれない。

　中国の政策決定・執行過程は、ヨコのみならずタテのラインもまた一体性

や十分な意思疎通を欠いており、専門能力の低い組織が水準の低い行為を繰り返している可能性がある。そうした仮説に立てば、中国の指導部は必ずしも細部に至るまで自らの行動を掌握していないことになり、突然発生した指導部の意図しない強硬な行動によって局面が大きく展開することになる。

Ⅲ 四つの仮説から読み解く日本の対中政策

　問題は、これらの四つの理論から導き出される仮説のどれが「正しい」のか、つまりより現実に近いのかであろう。悩ましいことに、たとえば同じ図で描かれる中国の対外行動でも、異なる四つの理論で説明することが可能である。むしろどの理論も部分的には正しいのかもしれない。「はじめに」で述べたように、本章は必ずしも中国の対外行動そのものを明らかにすることを主たる目的としていない。本章の目的はわれわれ観察者の頭のなかにある「中国の対外行動の理解の仕方」を四つの理論にもとづき表現する作業を通じて、今後のわれわれの中国理解に役立てることにある。

　そこで、やや単純化のきらいがあるとはいえ、現実に当てはめることが可能なこれらの理論を使って、日本の対中国政策を解釈し直してみたい。

　国交正常化以降、日本政府の主流は、中国の行動について、第一の「反応仮説」を主な根拠としていたのではないかと考えられる。つまり、中国は対応が難しい国だから、できるだけ刺激しない方がよいということが日本の行動基準になっていたと考えられるのである。国交正常化以来繰り返されてきた日中間の政治的対立の多くは、日本の一部アクターが問題ないと考えた言動が、突然中国の不興や怒りを買い、首脳会談を含めた二国間交流が中断され、それを日本がなだめ、いささかの妥協をして妥結するという経緯をたどった。教科書問題しかり、靖国神社参拝問題しかりである。こうした日本の対応は場当たり的であるとみなされ、「謝罪外交」や「位負け外交」などという批判を受けた[22]。

　2000年代以降、中国の台頭とそれにともなう行動の変化が、おそらく日本国内において「拡張主義仮説」の影響力を強めさせた。2012年以降、日本政府の主流は、中国が拡張主義的行動を強め、日本と地域の安全保障を脅

かしているととらえているものと考えられる。ただし、日本政府は、中国が脅威であるという公的な言説を認めたことがないことにも留意すべきである[23]。脅威とは意図と能力をかけあわせることで計算されるため、日本を侵略する意図を中国がもたない限り、(たとえ「潜在的脅威」であったとしても) 外交的配慮も相まって脅威であるとはいわないのである。しかしながら、2012年の尖閣諸島問題の悪化を分水嶺として、日本の多くの論者が中国の尖閣諸島に対する「行動をともなう強い意図」を認めざるをえなくなった。

2012年以降の日本政府は、こうした中国の行動変化に直面し、まさに対中国バランス政策をとっているものと考えてよい。それは、日本の安全保障環境の変化を説明する際に、「領土や主権」が前面にでてきていることから理解できる[24]。もしも、第三の「拡張主義仮説」を信じるなら、中国は長期的かつ戦略的にその勢力範囲を拡大しようとしており、尖閣諸島問題についても、長期的には日本の実効支配を突き崩すことを目標としていることになる。したがって、中国との話し合いや協力は単なる時間稼ぎにすぎない。

むしろ日本がすべきことは、中国の強硬な行動に対する「しっぺ返し」(tit-for-tat)、コストを支払わせる (cost-imposing) 政策の構築、そして何よりも抑止力の強化である。中国が「強硬行動」を起こすたびに、その内容を即座に公表して批判し、国際会議の場で中国包囲網を形成し、自衛隊・日米同盟を強化し、アメリカ以外の安全保障パートナーを増加させ、東南アジア諸国への能力構築支援を進めることなどは教科書的ともいえるバランス政策である。そして、こうした強い対応は、「安全保障のジレンマ」に陥るなどの批判を受けやすい[25]。

しかし、気をつけなければならないのは、日本が単一の理論にもとづく対策をとっているわけではないことである。たとえば、日本政府は「反応的強硬理論」も信じているようである。韓国の竹島、ロシアの北方領土、南シナ海の係争国・地域のスプラトリー諸島 (南沙群島) への施設建設、埋め立て、移民などと異なり、中国に行動をエスカレートさせる口実を与えないために、日本は尖閣諸島への政府関係者以外の上陸や構造物の建設などを控えていると考えられる[26]。2016年現在、南シナ海においてアメリカが進める「航行の自由作戦」に日本は参加していない。中国を過度に刺激しないよう努める

政策は、あちこちにみられる。

　さらに、日本政府は「ばらばら仮説」も念頭においているはずである。中国の軍や海上法執行部門が強硬な行動をとったとき、それがトップリーダーの指示によってなされたのか、それとも現場の独走かを疑う。そして、外交ルートを通じて、そうした行為が日中関係全体を損ない、中国の国益も損なうのだというメッセージを繰り返し伝える努力をする。

　こうした外交努力の結果が、2014年11月にAPEC首脳会議の場を使って北京で行われた日中首脳会談であり、その後の日中関係の相対的安定化である。中国の内部構造の複雑さを理解し、効果的に働きかけることで、中国の言動を変化させることはいまでも可能である。こうして、日中関係は、悪化と改善を繰り返してきたのである。とくに中国の最高指導者に訴えかけることを通じて、ばらばらな組織に対して統制のとれた行動をとるよう上からうながすことが重要であり、それは日本の対中外交において常に試みられてきた。

　そして、将来もしも中国経済が構造改革に失敗しハードランディングした場合や、指導部内の権力闘争が激化する場合において、中国がその「スケープゴート」として、日本などの外国を利用する可能性には、十分な警戒が必要である。つまり、この仮説によると、中国共産党が指導部交代を迎え、権力闘争が強まる可能性がある時期および経済問題で困難に直面するタイミングに、日本は今後気をつけなければならないのである。

おわりに

　本章の考察を通じて、以下の四点を指摘することができる。

　第一に、四つの仮説のいずれでも図1-1、図1-2、図1-3などのような中国の対外行動の変化を説明することが可能にみえることである。「反応仮説」によれば、中国の行動「強硬化」は、主に日本の行動に反応したことでとられているとみなすことができる。「陽動戦争仮説」によれば、日本の行動はきっかけにすぎず、中国国内の権力闘争が激化したタイミングに強硬化が進んだとみなすことができる。「失地回復主義仮説」によれば、長年に

わたる準備の結果が発生しているだけであり、東シナ海と南シナ海で同じ現象が発生しているとみなせる。そして「ばらばら仮説」によれば、中国はタテとヨコのラインの統制・調整が弱く、軍事・準軍事組織が指導部の意図を理解しないかまたは自らの利害にもとづき強硬な行動をとり、それに指導部や外交部が振り回されているとみなすことができるのである。

　しかしながら、第二に、いずれの仮説も、単独では説得力をもって中国の行動変化を説明することができない。まず「反応仮説」では、中国国内に長期にわたって存在する失地回復主義的言説や、能力構築、法律制度の整備、行動の増大、そして他国による「挑発」がない場合の中国の強硬な行動を説明できない。次に「陽動戦争仮説」は、あてはまるケースが少なすぎる。中国が強硬な行動をとったときに、国内の問題があることを指摘するのはやすい。ただし、両者の因果関係は証明されているだろうか。また中国が対外行動を軟化させるタイミングとは、中国の国内問題が軽減されているタイミングなのであろうか。両者の因果関係の証明は非常に難しく、ケースによって異なるかもしれない。「失地回復主義仮説」は、中国の対外行動が一本調子ではなく、関係改善を求めたり、外交部と解放軍の連繋がとれていなかったりする事実に対する説明がしにくい。そして「ばらばら仮説」では、指導力が弱いとされた胡錦濤指導部と、強いとされる習近平指導部との間に行動の違いがあるかどうかをうまく説明できない。中国の対外行動は両政権をまたがった時期に「強硬化」しているからである。

　第三に、これらの仮説には、相互に似ているものがある。たとえば、「拡張主義仮説」と「反応的強硬さ仮説」は、ともに国家レベルで拡張主義的意図がある点で似ている。しかし、前者は単純に、長期的かつ戦略的に対外拡張を進め、能力が増大すればそのペースが速まるという仮説であるが、後者はあくまでその「きっかけ」を外国に求めなければ、自らの強硬な行動を正当化できないという仮説である。また「陽動戦争仮説」と「ばらばら仮説」も似ている。前者は国内問題から国民の注目をそらすために国家指導部が故意に対外緊張を作り出しているとする仮説であるが、後者は外国との緊張関係が自己の利益になると考える一部の組織や利益集団が緊張を作り出したり、既存の緊張関係を利用したりして、指導部を振り回すという仮説である。い

ずれのペアも、内部のアクターはかなりの違いを感じるはずであるが、外部からは同じようにみえる。

　第四に、日本政府の対中政策は、それぞれの仮説を参考にしているものと考えられるが、それぞれの仮説にもとづく政策には矛盾がある。たとえば「拡張主義仮説」に依拠すれば、中国に対しては厳しい対応をしなければならないが、「反応仮説」に依拠するなら、厳しい対応は中国のさらに強硬な対応を呼び起こすこととなり、悪循環に陥る。その一方で、「反応仮説」のみに依拠すれば、中国は日本の言動のなかから「主観的に認識する挑発行為」をみつけ出してしまえば、漸次現状変更を進めることが可能である。いい換えるなら、日本に対策は存在しないということになり、単に中国への刺激を可能な限り回避するしかない。しかし、現実には中国の行動は日本の対応次第で抑止されることもあるのである。また、「ばらばら仮説」に依拠するなら、中国指導部に働きかけて上から中国の組織に影響を与えることが有効になるはずであるが、「陽動戦争仮説」に依拠するなら、外国をスケープゴートにするアクターは指導部そのものなので、指導部への働きかけよりも、中国の国内問題が厳しさを増しているタイミングに中国との対立を避けたり、中国の国内問題の解決・緩和に協力したりする方が有効になるであろう。

　中国の対外行動を理解することは、困難であると同時にきわめて有意義な課題である。この課題に有力な単一の解答を与えることはできないものの、本章がこの課題を追求する入口に立つための一つの羅針盤となることを、筆者は期待している。日本人と中国人は、かつてのように友好行事と経済活動で出会うだけではなくなった。日本と中国は、空で、海で、国際場裏の隅々で競争と協力を繰り広げる関係になった。等身大の中国を理解することなしに、日本の対外関係を構想することなどもはや不可能である。研究者や外交官のみならず、あらゆる関係者がその知見や経験をもち寄り、議論し、記録していくことが望まれる。

1）筆者は、これまで同様な関心にもとづき、以下の論文を発表したことがある。同論文の内容は、本章でも一部紹介する。Yasuhiro Matsuda, "How to Understand China's Assertiveness since 2009: Hypotheses and Policy Implications," Michael J. Green and Zack Cooper eds., *Strategic Japan: New Approaches to Foreign Policy and the U.S.-Japan Alliance*, Maryland: Rowman & Littlefield, 2015. なお、同論文は https://csis.org/program/strategic-japan-working-papers でも閲覧することができる。

2）M. Taylor Fravel, *Strong Borders, Secure Nation: Cooperation and Conflict in China's Territorial Disputes,* Princeton: Princeton University Press, 2008, chapter 1. フレイヴェルは、"claim strength"という概念を提起し、自らが不利になったと中国が認識した場合、強硬な手段をとる傾向にあると主張した。なお同書は、先行研究に関する慎重な検討がなされており、筆者のような問題関心をもつ研究者にとって参考価値が極めて高い。

3）豊下楢彦・古関彰一『集団的自衛権と安全保障』岩波書店、2014年、78‐88頁。

4）「南シナ海における中国の活動」防衛省、2015年12月22日、25頁、http://www.mod.go.jp/j/approach/surround/pdf/ch_d-act_20151222.pdf（2016年10月31日アクセス）。

5）「釣魚島問題先擱一下不等於問題不存在（一九七四年十月二日）」中共中央文献研究室編『鄧小平文集（一九四九‐一九七四年）』下巻、北京、人民出版社、2014年、385頁。

6）Yasuhiro Matsuda, "How to Understand China's Assertiveness since 2009: Hypotheses and Policy Implications," pp. 17‐23.

7）International Crisis Group, "Dangerous Waters: China-Japan Relations on the Rocks," *Asia Report*, No. 245, April 8, 2013, p. i, pp. 12‐15, http://www.crisisgroup.org/~/media/Files/asia/north-east-asia/245-dangerous-waters-china-japan-relations-on-the-rocks.pdf（2016年10月31日アクセス）。

8）Lyle J. Goldstein, "Return to Zhenbao Island: Who Started Shooting and Why It Matters," *The China Quarterly,* No. 168, December 2001, p. 997.

9）ibid.

10）高原明生「中台関係安定期における日中関係の展開」『東洋文化』第94号、2014年3月、183頁。

11）同上、199頁。

12）Yasuhiro Matsuda, "How to Understand China's Assertiveness since 2009: Hypotheses and Policy Implications," pp. 23‐27.

13）阿南友亮「海洋に賭ける習近平政権の『夢』──『平和的発展路線』の迷走と「失地回復」神話の創成」『国際問題』No. 631、2014年2月、53頁、http://www2.jiia.or.jp/kokusaimondai_archive/2010/2014-05_005.pdf?noprint（2016年10月31日アクセス）。

14）平松茂雄『甦る中国海軍』勁草書房、1991年、130‐135頁。

15）同上、155、181‐192頁。

16）同上、232頁。

17）平松茂雄『中国の戦略的海洋進出』勁草書房、2002年、217‐241頁。

18）「2006年中国海洋行政執法公報」中華人民共和国国土資源部、2010年4月2日、http://www.mlr.gov.cn/zwgk/tjxx/201004/t20100402_713794.htm（2016年10月31日アクセス）。
19）Linda Jakobson and Dean Knox, *New Foreign Policy Actors in China,* SIPRI Policy Paper 26, September 2010, pp. 48－51, available at http://books.sipri.org/files/PP/SIPRIPP26.pdf（リンダ・ヤーコブソン、ディーン・ノックス著、岡部達味監修、辻康吾翻訳『中国の新しい対外政策――誰がどのように決定しているのか』岩波書店、2011年、96－103頁）。
20）代理人問題については、文化大革命における軍の役割の変遷を分析した林載桓の研究が詳しい。林載桓『人民解放軍と中国政治――文化大革命から鄧小平へ』名古屋大学出版会、2014年、35－40頁。
21）小原凡司「レーダー照射を招いた人民解放軍の本質」『WEDGE』第25巻第4号、2013年4月、54頁。
22）中嶋嶺雄『中国に呪縛される日本』文藝春秋、1987年、97－103頁。
23）Yasuhiro Matsuda, "Engagement and Hedging: Japan's Strategy toward China," *SAIS Review*, vol. XXXII, No. 2, Summer-Fall 2012, pp. 115－116.
24）「『なぜ』『いま』平和安全法制か？」首相官邸、2016年10月20日、http://www.kantei.go.jp/jp/headline/heiwa_anzen.html（2016年10月31日アクセス）。
25）「社説　防衛費5兆円超　『節度』なき膨張を憂う」『東京新聞』2016年12月24日。「社説　日本の外交政策　米追随でなく主体的に」『東京新聞』2017年1月18日。
26）安倍首相は「尖閣諸島については、従来より、平穏かつ安定的な維持管理のため、原則として政府関係者を除き何人も上陸を認めないとの方針をとってきた」と説明している。「第183回国会　予算委員会　第2号」、2013年2月7日、国会会議録検索システム、http://kokkai.ndl.go.jp/SENTAKU/syugiin/183/0018/18302070018002a.html（2016年10月31日アクセス）。

第2章
中国の金融外交

青山瑠妙

はじめに

　経済力の増大にともない、国際金融分野における中国の存在感は確実に拡大している。実際のところ、中国政府は金融外交を対外戦略の重要な柱の一つとして位置づけ、アジアインフラ投資銀行（AIIB）、BRICS開発銀行をはじめとする中国主導の金融機構を創設するとともに、国際通貨基金（IMF）の特別引き出し権（SDR）を活用した通貨システム改革など既存の金融秩序の改革を積極的に推進している。

　2013年10月、習近平国家主席がインドネシアを訪問した際にAIIB構想を披露した。2015年11月に、IMFはSDRの構成通貨に人民元の採択を正式に決定し、2016年10月から人民元（10.92％）はドル（41.73％）、ユーロ（30.93％）に次ぐ構成割合において第三の通貨となった。2016年1月16日、中国主導のAIIBが正式に開業した。創設メンバー57カ国には、イギリスやドイツ、フランスなど欧州の主要国が顔を揃えたほか、東南アジアの主要国もほぼすべて参加した。

　IMF、世界銀行によって支えられてきたブレトンウッズ体制が70周年を迎える時期に、国際金融分野における中国の存在感と影響力が急速に高まっている。米国は1920年代から1945年にかけて、イギリスにとって代わり、徐々に国際金融分野におけるスーパーパワーの座に上り詰めた。そしていま、人民元は基軸通貨として役割を果たしてきたドルに挑戦しようとしている。

　無論のこと、今日の米ドルが担っている役割を人民元が果たせるまでにはなお相当の時間を要する。しかしながら価値観を共有する同盟間のドルとポ

ンドの通貨競争に比べ、「社会主義市場経済」を標榜する中国の人民元の影響力拡大が世界に与える衝撃のほうがはるかに大きい。ローレンス・サマーズ（Lawrence Henry Summers）元財務長官は自身のホームページにおいて、グローバル経済システムにおける米国の役割低下を指摘し[1]、そして米外交専門誌『ナショナル・インタレスト』において、ナーズニーン・バーマ（Naazneen Barma）らは「西側不在の世界へようこそ」と題するセンセーショナルな文章を発表している[2]。

「金融外交（financial diplomacy）」は経済外交の一種であり、国際金融のガバナンスにおける自国の地位を向上させ、金融活動を通じて他国の対外行動に影響を及ぼすことなどを目的とする一連の外交を指す。中国の金融外交はごく最近の出来事でありながら、今後の国際金融秩序の行方を左右しかねない重要なイシューであるだけに、近年、国際関係において金融外交にかかわる研究が再び注目されるようになり、議論も盛んに行われている。

日本では、経済学者を中心に中国の金融改革の動向を研究する動きが活発である。とくに野村資本市場研究所の関根栄一、経済産業研究所の関志雄などの経済専門家により優れた研究論考が発表されている。米国や欧州のシンクタンクによる研究成果も多数存在しており、アーサー・クローバー（Arthur Kroeber）の *China's Global Currency: Lever for Financial Reform*（Brookings-Tsinghua Center for Public Policy Monograph Series No.3, Feb. 2013）は広く知られている。

グローバリゼーションがかつてなく進行する今日において、国際金融分野における中国の台頭が果たして他国の対外行動に影響を及ぼせるのか。国際政治経済学（IPE）における「通貨とパワー」の関係に着目した研究[3]はまさにこうした問題意識から出発している。最新でかつ包括的な研究としては、エリック・ヘライナー（Eric Helleiner）とジョナサン・カーシュナー（Jonathan Kirshner）が共編著した *The Great Wall of Money: Power and Politics in China's International Monetary Relations*（Cornell University Press, 2014）があげられる。

上述の先行研究を踏まえつつ、本章は金融外交に関する中国の戦略的狙いとその実態を検討することとする。改革開放政策が採択されて約40年の歳月が経とうとしている今日において、西側諸国の期待を裏切る形で[4]、中国政府は市場開放を推し進める一方で、政治体制の改革については遅々として

着手しようとしない。金融大国をめざす中国が、欧米諸国の築き上げたリベラルで民主的な規範にもとづき、ルール化、制度化されている今日の国際秩序に挑戦しようとしているのか、それともその一員として既存の国際秩序に参加しようとしているのかを見極めることは極めて重要である。こうした問題関心をもとに、本章ではまず積極的に金融外交を推し進める中国の戦略的意図を検証したうえで、その金融外交の実態を明らかにする。次に、金融外交に必要とされている国内の金融改革の動きを考察する。

Ⅰ　国家戦略としての金融外交

　自国の通貨が国際化すると、為替リスクの軽減や資本市場の厚みが増すといったメリットがある。しかし資本取引を自由化すると、投機資金の過剰な流出入により国内経済の混乱を招く可能性も高まる。こうしたリスクから、台頭する新興国は競争力を高めるとともに、金融システムをコントロールするために往々にして自国通貨の国際化を回避しようとする[5]。

　また自国通貨を基軸通貨とすることは国際取引における為替リスクをなくすとともに、発行した通貨の多くは海外で保有されるため、基軸通貨国は無利子の借金を手に入れることができる。他方において、フレッド・バーグステン（C. Fred Bergsten）ピーターソン国際経済研究所所長やカリフォルニア大学のバリー・アイケングリーン（Barry Eichengreen）は強い通貨（ドル）はマネー流入を招き、経済赤字をもたらし、金融危機につながると指摘する[6]。

　通貨の国際化にはこうした懸念があるにもかかわらず、台頭する中国は積極的に人民元の国際化を推し進めている。背後には、無論、脱ドル依存、国内経済の構造転換といった経済的な理由がある。また、国内からの圧力を排除し金融改革をうながすために、中国政府が人民元の国際化に踏み切ったとの主張もある[7]。李克強首相は2014年4月のボアオ・アジア・フォーラムで金融改革に言及し、「開放は改革をうながすことができる」と主張した[8]。李克強首相のこうした発言はまさに国内改革を押す進める狙いを裏づけるものである。

　さらに中国からみれば、人民元の国際化は大国の地位を実現し、国際秩序

における多極化を促進するうえで必要なステップである。陳四清（当時、中国銀行副総裁）は人民元の国際化について次のように語ったことがある。「経済大国の指標の一つは、その国の貨幣が国際準備通貨として世界外貨準備総額（international reserve currency）の5％以上を占めているか否かである。中国が経済大国になるためには、人民元の国際化、国際金融協力などを通じて、国際金融体系に入るべきだ」9)。

金融大国をめざす中国のこうした戦略的意図がその後の中国の対外政策にも反映されている。外交部長である王毅は2014年の中国外交を次のように総括している。中国は「グローバル経済と金融ガバナンスに積極的に関与し、ホットな地域イシューの解決プロセスを積極的に推進した」10)。

こうしたなか、近年展開されている国際金融秩序における発言権の拡大を狙った金融外交は中国の対外戦略における中核的な取り組みの一つとなっている。中国が国際秩序において地位向上を図るための金融外交を精力的に推し進め始めたのは2007年から2008年にかけてである。

BRICSとG20を足がかりとして、また発展途上国との連携を強化しつつ、中国はIMF改革を含め、国際金融システムの改革をうながそうとしている11)。開発途上国77カ国グループ（G77）でも、中国は発展途上国との関係強化を図っている。2014年9月の国連総会で、中国は発展途上国と先進国の不平等性に注目し、債務不履行に陥った国が進める債務再編過程で、投機を目的とするハゲタカ・ファンドなどの活動を規制する国際的な枠組みの策定を求める決議に賛成票を投じた。

既存の国際金融システムにおける中国の影響力は確実に増している。ブレトンウッズ協定によって設立されたIMFでは加盟国には出資割合に応じて議決権が割り当てられている。表2-1で示しているように、2010年に合意されたIMF議決権シェアの改革案により、中国の出資比率は米国、日本に次ぐ3位に浮上した。しかしながら、約17％のシェアをもち事実上の否決権を有する米国はIMF改革に前向きな姿勢であったが、2015年12月になってようやく上下両院が中国など新興国の出資比率を引き上げるIMF改革案を承認したのである。

表2-1 IMFにおける議決権の比率

	2010年改革案(%)	2015年8月時点(%)
アメリカ	16.47	16.74
日本	6.14	6.23
ドイツ	5.31	5.81
フランス	4.02	4.29
イギリス	4.02	4.29
中国	6.06	3.81

出所：IMF公表データにもとづき筆者作成。

表2-2 中国主導の新しい国際金融機構構想

名称	設立時期	参加国	資本金	その他
BRICS新開発銀行（NDB）	2014年7月（2015年7月開業）	BRICS 5カ国	当初500億ドル（7年間で1,000億ドルへ増資）	本部：上海 初代総裁：K.V.カマート（インド）5カ国均等出資。
アジアインフラ投資銀行（AIIB）	2015年12月	57カ国	1,000億ドル	本部：北京 初代総裁：金立群 上位5カ国：中、印、露、独、韓
上海協力機構開発銀行	2005年10月に合意			

出所：各種資料にもとづき、筆者作成。

　既存の国際金融機構のなかでの影響力拡大を図るとともに、中国は自国主導の金融機構の創設にも力を入れている。**表2-2**に示しているように、BRICS新開発銀行、AIIBが設立される運びとなり、上海協力機構開発銀行設立の可能性も議論されている。

　BRICS新開発銀行は2012年にインド、そしてAIIBは2013年に習近平国家主席によって提案されたものであるが、両銀行はすでに動き出している。世界銀行やIMFと拮抗する存在に成長できるかどうかは不明ながら、現状において、IMF改革が一歩前進したことにより国際金融システムにおけるBRICSの発言権が拡大したとはいえ、IMFにおけるBRICSの議決権シェアは14.7%であり、重要事項を否決するために必要とされる15%には至っていない。

表 2-3　中国が設立した主な国際金融基金

基金名	設立時期	資本金
中国・アフリカ発展基金	2006 年	50 億ドル（目標）
シルクロード基金	2014 年	400 億ドル
中国・ラテンアメリカ協力基金	2015 年	各種基金総額：800 億ドル
中国・ラテンアメリカ産業能力協力基金	2015 年	
中国・欧州共同投資基金	検討中（2015 年提案）	
中国・フランス基金	検討中（2015 年提案）	

出所：各種資料にもとづき、筆者作成。

　2006 年に、ムーディーズ（Moody's Investors Service）とスタンダード＆プアーズ（Standard & Poor's）の両格付け機関は中国の債務支払い能力の格付けをワンランク引き下げた。これに対して、中国政府は強く反発し、ムーディーズ、スタンダード＆プアーズ、フィッチ・レーティングズ（Fitch Ratings）の世界三大格付け機関の中立性に疑問を呈した。これ以降、中国国内では中国主導の格付け機構の設置が検討されるようになった。2016 年 4 月に開かれた BRICS の会合においては、BRICS 独自の格付け機構の設立も議論されたという[12]。

　さらに 2016 年 3 月に開かれたボアオ・アジア・フォーラムにおいて、中国はアジア金融協力協会の設立を呼びかけたのである。

　自国の経済力をテコに、開放性金融機関を設立するとともに、中国はさらに中国が自由に投資先を決定できるシルクロード基金を含む各種基金をも立ち上げており、また創設が検討されている。表 2-3 で示しているように、こうした基金を活用した中国の金融外交はとくに習近平体制に入ってからの 2014 年以降、活発に展開されている。

　シルクロード基金はアンゴラ方式のアップグレード版ともいわれている[13]。2002 年にアンゴラで内戦終結後の 2003 年から中国はインフラ建設用に 45 億ドルの借款を提供し、その見返りとしてアンゴラ政府は資源、あるいは石油開発権を提供するという形で、アンゴラとの経済協力を強化してい

る。そして、中国・アフリカ発展基金の設置の際に、アンゴラ方式が応用されたのである。このように、中国は金融外交を通じて、自国に経済的利益をもたらすとともに、金融大国としての地位を入手しようとしている。

　こうした戦略にもとづき、多国間のみならず、中国は二国間の金融協力の枠組みの構築にも尽力している。これまで中国は日本、韓国、シンガポール、タイなどのアジア諸国、ロシア、アラブ首長国連邦、イギリス、ドイツ、アルゼンチン、南アフリカなど30近くの国・地域と金融協力にかかわる協定を結んだ。

　また、中国は人民元建ての通貨スワップ協定にも積極的である。チェンマイ・イニシアティブ（CMI）の提唱者である日本が中国を含む多くのアジア諸国との間で通貨スワップ協定を結んだが、こうした日本の動きを当時の中国は今後の世界通貨システムを織りなす重要な一環となる可能性があると認識したという[14]。

　経済力の増大を背景に、こうした金融外交も実を結び、国際金融分野における中国の存在感が急速に拡大している。2015年5月末時点、中国は32カ国の中央銀行と、人民元と相手国通貨を直接融通しあう通貨スワップ協定を締結し、その総額は約3.1兆元に達する[15]。米国の通貨スワップ協定の総額が60億ドルであるということを考慮に入れると、かなりの金額である。また人民元の取引高はアジア太平洋地域においては4年前にすでに日本円、米ドル、香港ドルを追い越しており[16]、国際決済銀行（BIS）の調査によると世界で9位、国際銀行間通信協会（SWIFT）の調査によると世界で7位となっている[17]。

　最後に付け加えるならば、国際金融秩序におけるドルの優位は依然として確固たるものがある。いま世界の貿易決済の8割はドル建てで、その貿易量と比べると人民元の国際シェアは低い[18]。人民元の通貨スワップ協定の総額は伸びているものの、こうした通貨スワップ協定を通じて実際に使用された金額については、米国は5,830億ドルであるが、中国は50億ドルにすぎない[19]。つまり現状では、人民元は貿易には使用されているが、実際に必要とされている通貨にはなりきれていない。また中国の人民元債券市場は2014年時点で世界で6位であるが、その残高は対GDP比で41％にすぎず、

世界トップ10カ国のなかでもっとも低い[20]。人民元の国際化にはなお時間がかかり、ドルの基軸通貨としての地位は揺らいではいないのである。

ブレトンウッズ体制で米ドルの国際化を推し進めたのはIMFと世界銀行である。こうしたことから、中国は当初AIIB設置を通じて、人民元の国際化を推し進めようとした[21]。しかしながら、後述のように国内金融改革が道半ばであり、国際金融市場における人民元の信用度はまだまだ高いとはいえない。こうした情勢のもとでは、中国主導のAIIBもドルを基軸通貨としつつ、人民元の国際化を図るという手段に頼るしかない。

積極的に展開されている金融外交により、中国は金融大国の地位を築き上げようとしている。このため、中国は既存の国際金融秩序における自国の地位を高めようとしつつも、AIIBなど自国主導の国際金融機構や、国際ルールに拘束されない中国独自の基金の設置にも力を入れている。

II　金融外交をめぐる国内の政治力学

中国主導の国際金融機構が今後ブレトンウッズ体制に挑戦するまで成長できるかは不明であるが、他方において既存の国際金融システムの一員として影響力の拡大を図るためには中国の国内金融改革が必要不可欠となる。

中国の国際金融戦略は人民元国際化、地域での通貨協力、国際通貨体制の改革という三つの柱から構成されている[22]。2000年代初頭から中国は人民元の国際化に取り組み始め、2008年以降国際金融秩序の改革をうながそうとする政策を積極的に展開し始めた。第I節で論じたように、国際秩序における中国の影響力を拡大させようと中国政府は積極的な金融外交を行っている。しかしながら、中国の金融外交は国内の金融改革を必須としている一方で、金融自由化は既得権益層から根強い反発を受けており、なかなか前進できないでいる。

1　賛否両論のなかで進む金融改革

人民元を国際準備通貨にし、人民元の国際化を図るうえで、国内の金融・資本市場の整備とともに、段階的に人民元の自由交換性の実現と資本取引の

自由化が求められる[23)]。

　新興国が往々にして回避しようとしている政策であるだけに、人民元の自由交換、資本取引の開放、為替取引の開放などの人民元の国際化については、中国国内で激しい論争が交わされている。

　中国社会科学院世界政治経済所の余永定は香港での人民元決済量の増加は企業がオンショアとオフショアのレートの差に目をつけた結果であるにすぎず、人民元国際化より先に、まず段階的に資本取引の自由化を行うべきであると主張する[24)]。そして北京大学国家発展研究院教授で、世界銀行のチーフ・エコノミストを務めた林毅夫は中国の一人当たりの GDP はまだ低く、中国はいまだに発展途上国であり、しかも金融市場も発達していないため、人民元の自由交換は時期尚早であると主張する[25)]。

　他方、中央銀行、国務院発展センターの巴曙松は人民元の国際化を強く主張している。彼によれば、経済規模世界 2 位の中国にとって、人民元国際化は自然の流れである。人民元の国際化により、貿易や対外投資の為替リスクを回避でき、メリットが大きいという[26)]。

　中国の行政機構も立場が分かれている。商務部と沿海地方政府は変動相場制の導入に消極的である。また低金利の融資を受けることが困難になるため、地方政府、国有企業は金利の自由化の動きに抵抗している。結局のところ、外交、経済政策の形成と決定にかかわる財政部、国家発展改革委員会、商務部、商業銀行、国有企業、沿海地域の地方政府などが反対に回っている。

　これに対して、人民元の国際化は中国人民銀行、中国証券監督管理委員会、一部の地方政府から支持を集めている。中国人民銀行は 2012 年に「わが国の資本取引開放を加速する条件は基本的に成熟している」、「金利、為替改革、資本取引開放を共同歩調で推進する」と題する二つの報告書をまとめた。同報告書において、名指しをしなかったものの余永定の主張を批判し、金利と為替の改革、資本取引開放を強く提唱し、改革開放のリスクはコントロール可能な範囲内にあるという[27)]。

　賛否両論があるにせよ、人民元国際化は国内の反対がもっとも少ない改革の一つとされる。こうしたことから、論争が激しく交わされるなかでも人民元国際化は紆余曲折がありながら動き出している。2002 年の時点において

第 2 章　中国の金融外交

すでに周小川・中国人民銀行総裁のもとで金融改革のプランが練り上げられていた[28]。その後、米国など先進国による人民元の不当操作の批判にさらされるなか、周小川の計画を実行に移そうとした段階で、商務部、中華全国工商連合会などが、為替改革が貿易に与える影響は甚大であるとして強く反対した[29]。それでも中国人民銀行は反対を押し切って、2005年7月に中国は実質的に米ドルにペッグする方式を放棄し、複数通貨の変動を反映させる通貨バスケット方式を採用した。そして2009年、中国は人民元での貿易決済を部分解禁した。

　国際金融危機は人民元国際化の追い風となった。こうしたなかでも胡錦濤政権は極めて慎重な姿勢で臨んだ。2009年4月に開かれたG20の首脳会合（ロンドンサミット）の際に国際金融システムの改革に対する関心が高まった。ロンドンサミットに先立って、周小川はドル基軸体制の限界を訴え、IMFのSDRを活用した通貨システム改革案を提言した。しかし中国の国内からは異なるメッセージが出た。周小川の提案が出されて数日後に外務省スポークスマンは、周小川提案は彼個人の考えにすぎないとのコメントを出した[30]。2009年7月に何亜非外交部副部長はイタリアで開かれたG8の会合での記者会見で、「IMFのSDRを活用した通貨システム改革案は政府の主張ではなく、学術的な議論である」と改めて釈明した[31]。さらに2010年1月1日に、楊潔篪外交部長も外交部のホームページで声明を発表し、中国は自国の国力と地位にふさわしい国際的責任と義務を担うが、国力と自国の発展段階を超えるようなことはしないと表明したのである[32]。こうした慎重姿勢を反映して、IMF改革を中国とともに推し進めたいというフランスのサルコジ大統領の強い呼びかけにも、中国政府は積極的に応じなかった[33]。

　しかし習近平政権に入ってから、人民元国際化に向けた取り組みは一気に加速した。劉鶴中央財政経済指導小組弁公室主任・国家発展改革委員会副主任は周小川とタッグを組んで金融改革を積極的に推し進めた[34]。2015年、周小川は2015年に為替に対する規制撤廃を示唆した[35]。SDRバスケットに人民元を組み入れるには通貨の兌換性を必要としているが、2015年5月に公表されたIMFの中国経済に関する審査報告書では、SDRバスケットに人民元を組み入れることは仮定の問題ではなく、いつ入るかという問題だと

の意見を示し、同時に中国政府は2、3年のうちに事実上の変動相場制への実現をめざすべきだと注文した[36]。こうしたなか、中国銀行総裁に昇格した陳四清は「人民元国際化は中国経済のグローバル地位上昇の必然の結果であり、国際通貨システムの改革を推し進める重要な選択である」[37]との認識を改めて表明した。

2　経済成長鈍化のなかの金融改革

2015年8月11日から、人民元の対ドル中間レートは、中国人民銀行がマーケットレートをもとに毎朝発表するレート（1日の変動幅はこの中間レートの±2％に規制）ではなく、前日の市場の終値を基準に決めるようになった。この算出方法の変更を、中国政府は金融の市場化に向けた重要な一歩と高く評価した。

算出方法の変更により、8月11日から、中国は対ドルレートの基準値を累計4.51%切り下げた。他方市場は、変動幅の拡大は中国政府の元安誘導と受け止め、上海株式市場が大幅に下落した。

2015年11月、IMFは人民元をSDRの構成通貨に加える決定を下した。これを受け、2016年10月から新しいバスケット通貨構成でSDRの運営が始まった。過去5年の財とサービスの輸出額の基準を満たしていたものの、自由利用可能という基準を完全に満たすまで人民元のさらなる改革が必要とされる[38]。

2015年12月、中国政府はドルやユーロなど主要通貨に対する人民元の変動を示す新たな指数を公表し始め、「人民元は対ドルでは下落しているが、通貨バスケットに対しては小幅に上昇しており、人民元は依然として強い通貨である」[39]との見解を発表した。こうした中国の動きを、市場は中国政府による元安容認と受け止め、オフショア市場で人民元は下落し、中国国内のドル買いにより資本が一気に流出した。他方2016年1月に、中国政府は株式市場においてサーキットブレーカー[40]に踏み切った。

2015年夏から年末にかけての元安混乱により、資本流出の危険性を指摘する声が中国の国内外で一気に浮上し、人民元国際化にともなうリスクが再び注目されるようになった[41]。そして、人民元がSDR構成通貨に採択され

たことに関しても、為替レートの急変動を危惧する声も上がっている。余永定は中央銀行による資本管理の重要性を強調する[42]。また2009年以降、中国はオフショア市場を推進する政策を採用したが、余永定はオフショア市場への人民元供給を減らすことを提唱した[43]。林毅夫も現段階における資本取引の開放に強い反対意見を表明している[44]。

しかしながら、金融改革の推進役である中国人民銀行副総裁を務めていた張燕玲はさらなる金融改革を呼びかけた[45]。そして、改革派の旗振り役である中国人民銀行総裁の周小川はインタビューに応じ、資本管理しない方針を明らかにした。彼によれば、「市場メカニズムにもとづき、通貨バスケットに連動しつつ管理為替制度に移行する」ことは既定路線であり[46]、今後も継続していく。

賛否両論が激しく交わされるなか、中国政府は金融改革を引き続き推進していく姿勢を示した。2015年10月、李克強首相が金融問題の座談会を主催し、自由貿易試験区をプラットホームとし、金融の市場化と自由化を推し進めるように、と発言した。同10月に国務院はネガティブリストの導入に関する意見書を出し[47]、12月に上海自由貿易試験区の為替管理改革を一層推進する細則を公布し、商業銀行、農村合作金融機構などに対して利率変動の上限を撤廃した。

他方において、経済が減速するなかで為替レートの安定化を図り、金融リスクを回避することは中国政府にとって喫緊の政策課題である。海外への資本流出で加速する元安を食い止めようと、中国人民銀行は人民元を買い支える為替介入を繰り返した。さらに、繰り広げられる反腐敗キャンペーンのなか、習近平体制は為替市場の安定を維持するために、金融機構の「政治の正しさ」を強調するようになった。2015年10月、反腐敗の巡視グループが中国人民銀行、中国銀行業監督管理委員会、中国保険監督管理委員会、上海交易所、深圳交易所など21の金融機構に査察に入った。これまでの反腐敗キャンペーンは「業務」に重点がおかれていたが、金融機構の場合は「政治の正しさ」に比重をおき、「国家権力を利用し、空売りなどの行為を行い、国家の金融安定に脅威をももたらす」行為を糾弾した[48]。さらに、金融管理の問題も取りざたされている。中国では金融問題の管轄組織は「一行三会」と

称される中国人民銀行、中国銀行業監督管理委員会、中国証券監督管理委員会、中国保険監督管理委員会の四つの組織である。第13次5カ年計画において、金融マクロプルーデンス管理制度[49]の強化が提起されており、金融リスクを管理・監督する仕組みの構築と強化が議論されている。現行においては、イギリスの金融機構改革をモデルに再編が検討されており[50]、中国人民銀行、中国金融監督管理委員会（「一行一会」）案が有力視されているが、統廃合される三つの組織の強い反対に直面している[51]。

3 金融改革の試験区

習近平体制下で、上海自由貿易試験区は2013年7月に設置が承認され、同年9月に始動した。「第二の改革開放政策」と称されている上海自由貿易試験区は中国の野心的な試みで、金融改革の試験区であり、TPP加盟をにらんだ試験的な動きでもある[52]。上海自由貿易試験区において人民元の国際化、金利の自由化、サービス業の開放拡大など、法制度の変更も含まれる政策が認められており、またその制度設計はおおむねTPPの基準に合致しているという。設立して2年足らずの間に李克強首相が数回訪れていることも、政府が試験区を非常に重要視していることを物語っている。しかしながら実際のところ上海自由貿易試験区での政策は現行の政策と整合性がとれていないため、金融改革は円滑に進行していないようである。

人民元がSDR構成通貨に採択されたことを受け、中国は資本勘定を自由化することにした。2015年12月、中国人民銀行は広東自由貿易試験区、天津自由貿易試験区、福建自由貿易試験区において1,000万ドルを限度に、人民元の兌換を認めた。さらに、中国政府は上海、広東、天津、福建の四つの自由貿易試験区を突破口に、金融改革の可能性を模索しようとしている。このため、他の地域でも実践可能な金融改革案を2016年の1年間を期限に国務院に提出するよう、四つの自由貿易試験区は命じられている[53]。

いずれにしても、金融・資本市場の整備、人民元の自由交換性の実現、資本取引の自由化にはなお一定の時間を要する。経済成長の減速により資本流出の可能性が高まるなか、中国政府は金融市場の安定を図るため規制強化を強めつつ、他方において、金融自由化を推し進めようとしている。

おわりに

　中国は自国の金融自由化をうながすことにより国際金融秩序における台頭を図ろうとしている。他方において、こうした対外戦略を成功させるうえで、中国政府は変動相場制への移行、国境をまたぐ株式取引など、資本取引の自由化を含めた金融資本市場の改革をさらに推し進め、通貨取引の自由化、市場の透明性向上を図る必要がある。

　金融外交の進展にともなう形で、中国政府は国内のコンセンサスを取り付けつつ、金融自由化を推し進めようとしている。しかし金融自由化は国有企業改革を含む中国経済の市場化[54]、政治の民主化に関する改革もともなうプロセスでもある。上海自由貿易試験区の経験からもわかるように、金融改革は司法・検察の独立、中央銀行の信用度、政府に対する責任追及制度などの政治面の改革も必要としており[55]、これらはいずれも中国にとって難しい課題である。

　習近平政権は胡錦濤時代において慎重に進められてきた金融改革をより大胆に展開しているが、遅々として進まない国内金融改革が大きな足かせとなっている。現状において中国は、金融大国としての対外戦略をめざしつつも、国内において安定のために党による金融機構の規制を強化しており、「金融自由化と党による管理の強化」というパラドックスに陥っている。

　減速する経済は中国の金融外交をさらに難しくし、人民元は決済通貨としての魅力を失いつつある。ピーク時には中国貿易の37%が人民元で決済されていたが、2015年10月になるとは21%まで落ち込んだという[56]。

　積極的な金融外交を通じて、中国は国際金融秩序における自国の発言権を拡大させ、影響力の向上を狙っている。このため、中国の対外行動は決して「ブレトンウッズ体制へ参加するか」それとも「挑戦するのか」といった二者択一のものではない。中国は既存の国際金融システムの一員としての姿勢を示しつつも、西側主導の国際金融システムへの挑戦姿勢もみられる。

　既存の国際金融システムに参加していくためには、中国は国内金融、政治、司法改革を敢行しなければならないが、現状においてはその展望は決して明るいものではない。他方独自の基金を活用する戦略も経済状況の制約を受け

ている。積極的に金融外交を展開しているが、ドルを基軸通貨としてきたブレトンウッズ体制に挑戦できる金融大国に成長するまでの道のりはまだ相当長いといわざるをえない。

1）"Time US Leadership Woke up to New Economic Era" (April 5, 2015), http://larrysummers.com/2015/04/05/time-us-leadership-woke-up-to-new-economic-era/（2016年4月6日最終アクセス）。
2）Naazneen Barma, Ely Ratner and Steven Weber, "Welcome to the World without the West," http://nationalinterest.org/feature/welcome-the-world-without-the-west-11651（2016年4月6日最終アクセス）。
3）たとえば、ベンジャミン・コーエン（Benjamin J. Cohen）は「通貨が国家のパワーになりうるのか、通貨が他国に与える影響とは何か」という問題から出発し、成果を発表している。
4）1990年以降の米国をはじめとする西側諸国の対中政策は、市場開放にもとづく経済発展がいずれは中国に政治的民主化をもたらすとの前提に立っている。
5）Sebastian Mallaby and Olin Wethington, "The Future of the Yuan: China's Struggle to Internationalize its Currency," *Foreign Affairs*, Vol.91, No.1 January/February, 2012, pp.135–146.
6）C. Fred Bergsten, "The Dollar and the Deficits: How Washington Can Prevent the Next Crisis," *Foreign Affairs*, Vol.88, No. 6, November/December, 2009, pp.20–38.
　　Barry Eichengreen, "The Dollar Dilemma: The World's Top Currency Faces Competition," *Foreign Affairs*, Vol.88, No. 5, September/October, 2009, pp.53–68.
7）Arthur R. Kroeber, "China's Global Currency: Level for Financial Reform," Brookings, http://www.brookings.edu/~/media/research/files/papers/2013/04/china%20global%20currency%20financial%20reform%20kroeber/china%20global%20currency%20financial%20reform%20kroeber.pdf（2013年4月6日最終アクセス）。
8）「李克強在博鰲亜洲論壇2014年年会開幕式情的主旨演講（全文）」、http://www.gov.cn/guowuyuan/2014-04/11/content_2656979.htm（2016年4月6日最終アクセス）。
9）陳四清「打造国際化『金融力』」『財経年刊：2013年予測与戦略』、2013年、68-71頁。
10）王毅「2014、中国特色外交風生水起」、http://www.fmprc.gov.cn/mfa_chn/zyxw_602251/t1224950.shtml（2015年7月3日最終アクセス）。
11）青山瑠妙「台頭を目指す中国の対外戦略」日本国際政治学会編『国際政治』第183号、2016年3月、116–130頁。
12）"BRICS FMs Discuss Launch of Bank Institute, Ratings Agency," http://theBRICSpost.com/BRICS-fms-discuss-launch-of-bank-institute-rating-agency/#.Vxyt6tRKOK1（2016年4月23日最終アクセス）。
13）「糸路基金起航」、http://www.infzm.com/content/108368（2016年4月6日最終アクセス）。

14）何亜非「中国：大国崛起下的金融外交」『中国新聞週刊』2014年7月21日、59頁。
15）中国人民銀行『人民元国際化報告（2015）』、2015年6月、2頁。
16）"Battle is on for Offshore Renminbi Market," http://www.ft.com/intl/cms/s/2/4b9725c8-15d3-11e5-be54-00144feabdc0.html#axzz3iqjGoA8C（2016年4月6日最終アクセス）。
17）「アングル：人民元が『メジャー入り』、取引高ランキングが急上昇」、http://jp.reuters.com/article/2015/01/15/yuan-angle-idJPKBN0KO0H720150115（2015年8月1日最終アクセス）。
18）「国際通貨　人民元の虚実（上）」『日本経済新聞』2015年12月3日。
19）Benn Steil and Dinah Walker, "Are China's RMB Swap Lines an Empty Vessel?," http://blogs.cfr.org/geographics/2015/05/21/swaplines/（2015年7月3日最終アクセス）。
20）Guonan Ma and Wang Yao, "Can the Chinese Bond Market Facilitate a Globalizing Renminbi," *FGI Working Paper*, May 2015.
21）「亜投行前途」『財経』総第426期、2015年4月6日、65頁。
22）胡濱「活用外儲、推進人民幣国際化」『財経国家週刊』、2013年第9期、51頁。
23）関根栄一「『管理された』人民元国際化の現状と展望」、https://www.mof.go.jp/about_mof/councils/customs_foreign_exchange/sub-foreign_exchange/proceedings/material/gai20150518/02.pdf（2015年8月27日最終アクセス）。
24）「余永定詳解央行制定的人民幣国際化路線」、http://finance.sina.com.cn/china/jrxw/20140419/012718849372.shtml（2015年8月1日最終アクセス）。
25）「林毅夫：人民幣資本帳戸開放應有一定管制　否則会出現危機」、http://economy.caijing.com.cn/20150329/3850776.shtml（2015年8月1日最終アクセス）。
　　「林毅夫：中国未来仍須以投資為主」、http://opinion.caixin.com/2012-01-16/100348818.html（2015年8月1日最終アクセス）。
　　「人民幣国際化不盡是利？林毅夫：如果人民幣成交際主要儲備当然十分光栄、但経済利益成許要付出相当大的代価」、http://finance.china.com.cn/roll/20140415/2335408.shtml（2015年8月1日最終アクセス）。
26）「人民幣国際化：機遇与選択（一）」、http://bashusong.baijia.baidu.com/article/34194（2015年8月1日最終アクセス）。
27）《我国加快資本帳戸開放的条件基本成熟》http://www.pbc.gov.cn/image_public/UserFiles/diaochatongjisi/upload/File/%E6%88%91%E5%9B%BD%E5%8A%A0%E5%BF%AB%E8%B5%84%E6%9C%AC%E8%B4%A6%E6%88%B7%E5%BC%80%E6%94%BE%E7%9A%84%E6%9D%A1%E4%BB%B6%E5%9F%BA%E6%9C%AC%E6%8-8%90%E7%86%9F.pdf（2015年8月1日最終アクセス）。
　　《協調推進利率、匯率改革和資本帳戸開放》http://www.pbc.gov.cn/image_public/UserFiles/diaochatongjisi/upload/File/%E5%8D%8F%E8%B0%83%E6%8E%A8%E8%BF%9B%E5%88%A9%E7%8E%87%E3%80%81%E6%B1%87%E7%8E%87%E6%94%B9%E9%9D%A9%E5%92%8C%E8%B5%84%E6%9C%AC%E8%B4%A6%E6%88%B7%E5%BC%80%80(1).pdf（2015年8月1日最終アクセス）。

28)「期待周小川」財経国家新聞ネット、http://www.ennweekly.com/2013/0401/10336.html（2013年4月1日最終アクセス）。
29) 同上。
30) Yu Yongding, "How Far Can Renminbi Internationalization Go?," in Barry Eichengreen and Masahiro Kawai eds., *Renminbi Internationalization: Achievements, Prospects, and Challenges,* Asian Development Bank Institute and Brookings Institution, 2015, pp.56－57.
31)「澄清尤為必要：2009年中国財経十大『被誤読』、http://www.chinanews.com/cj/news/2009/12-31/2048865.shtml（2015年7月3日最終アクセス）。
32)「楊潔篪：中国将継続承担与国力相符国際責任」、http://news.sina.com.cn/c/2010-01-01/180719383368.shtml（2015年7月3日最終アクセス）。
33) Gregory Chin, "China's Rising Monetary Power," in Eric Helleiner and Jonathan Kirshner eds., *The Great Wall of Money: Power and Politics in China's International Monetary Relations,* Cornell University Press, 2014, pp.198－200.
34) Alex He, "China's Goals in the G20: Expectation, Strategy and Agenda," *CIGI Papers,* No.39, September 2014, p.13.
35) IMFC Statement by Zhou Xiaochuan Governor, People's Bank of China on behalf of the People's Republic of China, https://www.imf.org/External/spring/2015/imfc/statement/eng/chn.pdf（2015年7月3日最終アクセス）。
36)『日本経済新聞』2015年5月28日。
37)「中国銀行行長陳四清在『2015陸家嘴論壇』上発表演講」、http://www.boc.cn/aboutboc/bi1/201506/t20150629_5223117.html（2015年7月3日最終アクセス）。
38) 関根栄一「IMFの特別引出権（SDR）への人民元の採用の意味と今後の焦点」、http://www.nicmr.com/nicmr/report/repo/2016/2016win06.html（2016年4月6日最終アクセス）。
39)「人民元為替レート指数が発表　人民元は新たな時代に突入」、http://japanese.china.org.cn/business/txt/2015-12/14/content_37312378.htm（2016年4月6日最終アクセス）。
40) サーキットブレーカーとは、相場の急変時に取引を強制終了する仕組みである。
41)「人民幣国際化面臨的三大機遇和三大挑戦」、http://www.lwgcw.com/NewsShow.aspx?newsId=37889（2015年8月1日最終アクセス）。
42)「社科院学部委員余永定：匯率管理『爬行（目丁）住欠陥多　可加強資本管制穏定金融市場』」『21世紀経済報道』2016年1月19日。
43)「余永定：加強資本管制令人遺憾　但没有更好的選択」、http://www.investbank.com.cn/information/Detail.aspx?id=93484（2016年4月6日最終アクセス）。
44)「金融改革四大難」『財経国家週刊』総第138期、2015年4月、29頁。
45)「人民幣『入籃』：実質性改革的開始」、http://news.inewsweek.cn/detail-2558.html（2016年4月6日最終アクセス）。
46)「専訪周小川」、http://weekly.caixin.com/2016-02-12/100908570_all.html（2016年4月6日最終アクセス）。

第2章　中国の金融外交

47)「国務院関於実行市場準入負面清単制度的意見」『人民日報』2015年10月20日。
48)「金融機構的『政治正確』很重要」『北京青年報』2015年10月25日。
49) 金融システム全体のリスクを分析・評価し、それにもとづく政策対応を図ることをマクロプルーデンス管理という。
50) "Chinese Financial Regulation: Takeover Bid," http://www.economist.com/news/finance-and-economics/21678817-stockmarket-mayhem-prompts-drive-more-coherent-oversight-takeover-bid（2016年4月6日最終アクセス）。
51)「『一行三会』命運如何」『財経国家週刊』総第155期、2015年11月、56-57頁。
52)「上海自貿区的『試験田』意義何在」『環球』2013年8月1日、56頁。
「上海自貿区倒逼改革」『中国新聞週刊』2013年9月30日、63頁。
53)「広東、天津、福建自貿区領到了国務院的哪些金改新任務？」、http://m.yicai.com/news/4720231.html（2016年4月6日最終アクセス）。
54) Eswar S. Prasad, "China's Efforts to Expand the International Use of the Renminbi," http://www.brookings.edu/~/media/research/files/reports/2016/02/04-china-international-use-renminbi-prasad/rmbreportfinal.pdf（2016年4月6日最終アクセス）。
55)「人民幣国際化系列：改革的困局」、http://www.voachinese.com/content/internationalization-20150325/2696386.html（2015年8月1日最終アクセス）。
56) "The Price of China's Controlled Currency: Stunted Role in Global Trade," http://www.wsj.com/articles/yuan-loses-luster-in-global-trade-1457950712（2016年4月6日最終アクセス）。

第3章
「法の支配」の国際政治[1]
——東・南シナ海をめぐる協調と競争

毛利亜樹

はじめに

　本章は、東シナ海と南シナ海紛争をめぐる中国の対外行動の源泉を国連海洋法条約体制という「法の支配」の角度から議論する。

　2000年代後半から、中国などの新興国の台頭により、既存の米国優位の国際秩序は変化するとの見通しが議論されてきた。その主要論点の一つは、米国と中国は支配大国と台頭国とが衝突するという「ツキュディデスの罠」に陥るのかどうかである[2]。米中関係に注目したこれらの議論に対し、近年、地域諸国の意思に焦点を当てた研究がでている[3]。たとえばゴー（Evelyn Goh）は、米国優位の階層性に対する地域諸国の承認や抵抗という交渉の過程に注目し、秩序変容をとらえようとした。ゴーは、南シナ海紛争を事例に取り上げ、ASEAN諸国が米国のリーダーシップに期待しているために、米国主導の国際秩序には弾力性があると結論づけた[4]。

　しかし、米国の覇権を支える価値、権利、義務、コンセンサスの再交渉[5]という枠組みは、米国が条約締結国ではなく、かつ積極的な関与を避けてきた、国連海洋法条約体制における東シナ海と南シナ海の紛争を十分に説明できていない。そこで本章は、まず、中国を含む国連海洋法条約体制における沿岸国の外交課題を整理する。次に、個別の地域紛争であった東シナ海と南シナ海の紛争が連動し、「法の支配」が東アジア国際関係の焦点になってきた過程を分析する。

I　海洋における外交問題群

1　三つの紛争

　1982年に採択された国連海洋法条約は「海の憲法」と呼ばれる一方で、条約の規定をめぐり外交問題が生じてきた。海を挟んで向かい合うがその距離は400海里に満たない国家の間で、外交交渉により排他的経済水域（EEZ）と大陸棚の境界を画定する必要が生じたのである[6]。この問題はどのように複雑なのだろうか？

　第一に、国連海洋法条約は大陸または島の領土を起点とする海域に対する沿岸国の管轄権を規定しているが、領土問題を裁く機能はもっていない。このため、境界画定を交渉する関係国間に帰属認識の異なる陸域があるとき、領土問題と海洋の管轄権の分配という二つの紛争が重なる。領土紛争を解決せずに、海域における権限の範囲を明確にする方法での紛争解決は極めて困難といわれている[7]。

　さらに領土問題は、帰属問題とは別に、国連海洋法条約の島の定義に合致するかどうかという沿岸国の管轄権についての論点にもかかわってくる。1969年の北海大陸棚事件判決は、海域に対する沿岸国の権利・管轄権は、陸地の主権にもとづくという考え方を示した[8]。つまり、島が領海や接続水域法等の海域を設定する際の権原なのである。ところが東・南シナ海では国際法上の島といえるかどうかも外交問題の一つである。

　第二に、沿岸国間の管轄権の配分方法について、EEZおよび大陸棚の境界画定に関する国連海洋法条約の条文（第74条・83条）は、実質的に外交による問題解決という原則論を示すのみである[9]。このため関係国は、判決から境界画定の法的主張を形成し、それが国際法的に支持されていることを明らかにしたうえで、相手当事国との協議による合意形成に向かわざるをえない[10]。境界画定は、国際法にもとづく沿岸国の管轄権を外交交渉により配分するという政治課題といえるだろう。

　第三に、海洋の利用をめぐる沿岸国の管轄権と利用国の航行・上空飛行の権利のバランスという論点もある。排他的経済水域制度の導入は、海洋資源を管理利用する沿岸国の利益と、軍事目的を含む公海における海洋利用国の

利益との間の妥協であったといわれる[11]。しかし、米国などが排他的経済水域の軍事利用を含む航行・上空飛行の自由は認められるとの立場をとるのに対し、中国などの沿岸国は、安全保障の利益を脅かす場合には認められないとの立場をとっている[12]。

要するに、国連海洋法条約体制のもとで、東アジアの海洋では（1）領土主権の帰属、（2）沿岸国間の管轄権の配分、（3）沿岸国の管轄権と利用国の航行・上空飛行の自由とのバランスという三つの紛争が生じてきた[13]。領土主権の問題には、国際法上の島なのかどうかという管轄権の論点も含まれる。そこで次項では、東・南シナ海における三つの紛争を米国主導の安全保障秩序の文脈で整理しよう。

2 米国と東・南シナ海の紛争

21世紀に入り、米国の覇権秩序にはコモンズの支配という基盤があると考えられるようになった。コモンズの支配とは、米国が他国よりも海、空、宇宙を軍事的に利用できる一方で、これらの空間で他国との軍事的競争に勝利できることを指す。これにより米国はグローバルな貿易や通信を下支えし、平和と秩序を提供しているという[14]。米国は国連海洋法条約の締結国ではないが、コモンズの支配には航行・上空飛行の自由が埋め込まれている。

コモンズを支配する圧倒的な米国の軍事力は東アジアの海で抑止力を発揮してきた。たとえば、第3次台湾海峡危機で米国は二つの空母打撃群を派遣し、台湾に対する中国の恫喝を止めさせた。以来人民解放軍は、海、空、宇宙そしてサイバー空間も含めて、米軍の介入を抑止、拒否するシステム作りに邁進したといわれる。

他方で、米国は中国のかかわるすべての地域紛争に積極的に関与してきたわけではない。第二次世界大戦後に沖縄を占領した米軍は、尖閣諸島を射撃訓練場として利用していた。1970年半ばに台湾、続いて中国が尖閣諸島に対する主権を突如主張し始めたが[15]、1972年に日米間の沖縄返還協定が発効するとき、米国政府は尖閣諸島に対する日本の施政権を認め、日米安全保障条約が適用されるとしつつも、主権問題には中立の立場をとった[16]。尖閣諸島の施政権と主権を区別する米国の苦しい説明は中国への配慮であった

といわれる。しかし、仮に尖閣諸島をめぐり日中の緊張が高まると、日米同盟の維持と中国との友好関係の構築という米国の二つの要求を満たすことは困難になる[17]。

　尖閣諸島に比べれば、南シナ海における米国の役割は極めて限られてきた。南シナ海では、中国が1974年にパラセル諸島、1988年にスプラトリー諸島をベトナムから武力で奪い、1995年にミスチーフ礁の実効支配をフィリピンから奪った。しかし、1991年にフィリピン議会が米国との基地協定の更新を拒んだことから、1990年初めの時点で、東南アジアの安全保障への米国の長期的関与は不確かなようにみえた[18]。2000年代も、米国は中国との紛争管理におけるASEANによる努力にすら関心を払ってこなかった[19]。

　海洋における三つの紛争に即せば、安全保障の提供者たる米国は、コモンズへのアクセスを可能にする軍事的優位と航行・上空飛行の自由の維持に明確な利益をもっている。その一方で、米国は東・南シナ海の主権問題には直接の関与を避けてきたが、東シナ海では日本との同盟関係によって中国との紛争に巻き込まれうる微妙な立場にある。次項にみるように、東・南シナ海では、米国の抑止力が存在しつつも、国連海洋法条約体制のもとで海洋の主権と管轄権をめぐる地域諸国の対立が展開してきたのである。

3　主権と管轄権をめぐる沿岸諸国の対立

　1990年代の中国は、国連海洋法条約体制を前提としつつ、海洋における主権と管轄権を最大限に確保する国内法を整備してきた。1992年に中国政府は「中華人民共和国領海および接続水域法」(「領海法」) において尖閣諸島や南シナ海の島嶼を自国領土として位置づけた[20]。1996年に国連海洋法条約を批准した中国は、「中華人民共和国排他的経済水域と大陸棚法」等により海域の管轄権を設定した[21]。中国の国内法は、日本と一部のASEAN諸国との主権問題だけでなく、それらの国々との管轄権の重複、そして米国などの海洋利用国の航行の自由との関係の問題も含んでいた。

　東シナ海では、重複する沿岸国の管轄権を外交交渉で切り分けることは1970年代以来の課題であった。日中間に限定して述べるが、中国側は尖閣諸島周辺を含む大陸棚の共同開発に関心を示したが、日本側は日中間の境界

画定がまず必要との立場であった[22]。日本は中間線を境界画定の法理として主張し、尖閣諸島と中国大陸との間に中間線を引いている[23]。中国は大陸棚自然延長論により沖縄トラフまでの管轄権を主張し、尖閣諸島を日本の領土、さらには日本の排他的経済水域・大陸棚の起点として認めていない[24]。つまり、尖閣諸島の主権をめぐる異なる認識があるなか、それに触れずに両国の権限の範囲を配分することは政治的かつ法的に極めて複雑という現実があった。このために、日中両国の法的主張は1970年代から平行線をたどってきたのである。

　1996年に日中両国が国連海洋法条約を批准すると、権原の重複範囲は大陸棚に加えて排他的経済水域にも広がり、日中の境界画定はさらに複雑化した。中国との境界が未確定のまま、1990年代半ばには日中中間線を越えた中国の海洋調査船や軍艦の活動がみられ、2000年代初めより中国側による一方的な資源開発が問題となってきた[25]。2008年6月、日中両国は「境界画定の合意のない間は双方の法的立場を損なうことなく協力する」と確認し、交渉を継続することで一致した（「2008年6月合意」）[26]。「2008年6月合意」は、尖閣諸島の主権をめぐる双方の立場が異なるなかで海洋資源の管轄権を共有するという、極めて細い道を通るような日中協力の試みであった。しかし、中国側は合意を履行していない。

　東シナ海の日中交渉が海洋管轄権の分配に焦点を当てていたのに対し、南シナ海では、軍事的に非力なASEAN諸国にとっての問題は中国の武力を背景にした現状変更であった。1990年代に入り、ASEAN諸国は会議外交の枠組みに中国を引き入れるべく働きかけ始めた[27]。ASEANによる取り組みの本質的なねらいは、南シナ海の領土主権争いが解決されるまでの現状維持であるという[28]。しかし、ASEAN諸国に海洋法の受諾の姿勢をみせつつ、同時並行的に、フィリピンが領有権を主張しているミスチーフ礁に構造物を建設する中国の戦術は「話し合いつつ奪う」（talk and grab）と呼ばれていた[29]。

　中国と衝突してきたフィリピンやベトナムの働きかけにより、ASEANは法的拘束力のある「南シナ海における係争当事者間の行動規範」を将来的に中国と妥結することをめざしてきた。この外交努力により、ASEANは2002年に中国と「南シナ海係争当事者間の行動宣言」の締結にこぎ着けた[30]。

しかし、中国は紛争当事国間の二国間協議による問題解決という強い選好を押し通し、問題解決を遅らせてきた[31]。しかも海洋で中国と対立しているのは一部の ASEAN 加盟国であり、ASEAN として対中姿勢がまとまっているわけではない[32]。

中国を含む沿岸国は国連海洋法条約体制に対応すべく国内法を整備してきた。しかし、中国と日本や一部の ASEAN 加盟国とで領土主権の帰属認識は異なり、その結果管轄権の重複も生じた。つまり、日本や一部の ASEAN 加盟国は、ともに中国と海洋の主権と管轄権をめぐり対立している。しかし、東シナ海と南シナ海の問題の焦点は異なり、日本と ASEAN 関係国は各々中国と交渉していた。ところが、2009 年から南シナ海紛争が再燃すると、日本、米国、ASEAN 関係国の連携がみられるようになる。

II 国連海洋法条約体制下の競争

1 大陸棚延長申請と「九断線」問題

2009 年に東シナ海と南シナ海の沿岸諸国にとり重要な機会が訪れていた。領海の基線から 200 海里を超える大陸棚を設定しようとする諸国は、2009 年 5 月 13 日までに「大陸棚の限界に関する委員会」(大陸棚限界委員会) にデータを提出することになっていた。この大陸棚延長申請は、東シナ海と南シナ海沿岸国に、自国の海洋管轄権への国際機関の支持を獲得するだけでなく、他国の主張に疑問を呈する機会を提供したのである。この意味で、大陸棚延長申請は国連海洋法条約体制下の諸国の権益競争だといえる。

ここで中国政府は、問題解決を遅らせるという従来の戦略を変えず、おおむね各国の申請に反応するアプローチをとった[33]。2008 年 11 月に日本が太平洋側の 7 区域を申請すると[34]、中国と韓国は日本の沖ノ鳥島を起点とする大陸棚の延長申請に反対する口上書を提出した。このなかで中国は、沖ノ鳥島は岩であり島としての地位はないため、日本の主張は国連海洋法条約に適合していないと主張した[35]。後述するが、後にインドネシアがこの中国政府の主張に言及することになる。

中国は南シナ海で中国と対立する ASEAN 関係国の申請にも反応した。

2009年5月、マレーシアとベトナムは、南シナ海における両国の大陸棚の延長を共同申請した[36]。これに対し2009年5月、中国は口上書を大陸棚限界委員会に提出し、「中国は南シナ海および隣接海域における島々に対して争う余地のない主権を有しており、関連海域ならびにその海底およびその下について、主権的権利及び管轄権を有している」と主張した。この口上書に、九つの破線が引かれた南シナ海の地図が添付されていた[37]。

　中国の地図には南シナ海のすべてを取り囲む破線が描かれており、「九断線」(nine-dash line, nine-dotted line) と呼ばれている。南シナ海に破線を引いた地図は、中華民国政府が使い始め中華人民共和国にも受け継がれたが、ASEAN諸国との間で問題化したのは1993年の政府関係者や専門家が個人の資格で参加する国際会議の場であった[38]。それ以来、「九断線」の意味にかんする中国での議論には、(1)「九断線」内部の陸地に対する領有権、(2) 国境線、(3) 歴史的権利の範囲などがあるという[39]。中国の「九断線」にかかわる主張の曖昧さはASEAN側の疑念を強めてきたが、中国政府は意図的にその意味を説明していないという[40]。

　ASEAN諸国の大陸棚延長申請は、南シナ海紛争を一層際立たせたといえる。しかし、中国は2009年5月の口上書においても「九断線」の意味を明確にしなかった。ところが、次項にみるように、中国を取り巻く南シナ海の風向きは変わりつつあった。

2　航行の自由と国際法遵守をめぐる国際協調

　中国は2000年代後半に突如として自己主張を強めたのではなく、継続的に海洋での主権と管轄権の強化に取り組んできた[41]。中国側では、中国の自制にもかかわらず、ベトナム等が係争海域での石油開発を進めていることが問題になっていた。2006年に中国で「国家主権、安全保障、発展利益」を守るべきとの外交・軍事方針が確認されると、海洋政策の主軸も「争議の棚上げ、共同開発」から「領有権の主張と擁護」に変化したという[42]。中国の海洋管理体制が実質化するにつれ、ベトナムやフィリピンの漁民に対する拿捕や銃撃事件も生じた[43]。これに危機感を強めたASEAN諸国当局者たちは、「南シナ海係争当事者間の行動宣言」の実施を阻止してきた中国に

対する強い不満をオバマ政権にも伝えていた[44]。

 2009年3月に生じたインペッカブル号事件は、南シナ海における中国の自己主張の強まりについて米国を目覚めさせた事件といわれる[45]。米軍の発表によれば、海南島沖の南シナ海の公海上で中国漁船、海洋法執行船、中国海軍が連携し、米海軍調査船インペッカブル号の進路を妨害した[46]。この事件は海、空、宇宙、サイバー空間というグローバル・コモンズへのアクセス確保という問題意識がオバマ政権に広がっていたなかで生じた[47]。さらに、2010年3月から5月にかけての外交日程で、台湾やチベット問題に並んで南シナ海を「核心的利益」とする中国政府高官の発言が複数あった。こうしてオバマ政権は中国に対する懸念を強め、ASEAN関係国との調整に乗り出した[48]。

 その成果は早速、2010年7月に現れたようにみえる。第一に、2010年7月8日、インドネシア政府が大陸棚限界委員会に口上書を提出し、中国政府の「九断線」の主張は「国連海洋法条約を覆すに等しい」と批判した。インドネシアは、中国の「九断線」内部の海域に対する主権的権利と管轄権の主張は、島から生じる海域に限定されない限り国連海洋法条約とは整合しないとの立場を明らかにした。さらにインドネシアの口上書は、日本の沖ノ鳥島について独自の大陸棚および排他的経済水域をもたない岩であるとの中国の主張に言及し、中国政府は南シナ海でもこの立場を維持するのかと提起していた[49]。第二に、2010年7月19日から開かれたASEAN外相会議の共同コミュニケも、「南シナ海の係争当事者間の行動宣言」とともに、「国連海洋法条約を含む国際法原則の精神に則った平和的方法による南シナ海紛争の解決」を確認した[50]。第三に、2010年7月23日、ハノイでのASEAN地域フォーラムにおいて、クリントン米国務長官(Hillary Rodham Clinton)は、領土紛争での中立姿勢を堅持しつつも、航行の自由、アジアの海洋コモンズに対する自由なアクセス、そして南シナ海における国際法規の遵守は米国の国益であると言明した[51]。

 これに対し中国の楊潔篪外相は、南シナ海の航行の自由と安全に問題は生じていない、南シナ海問題は当事国の二国間協議で解決すべきであると真っ向から反論した[52]。しかし、2010年9月から10月にかけての米ASEAN首

脳会議、第1回拡大ASEAN国防相会議でも南シナ海問題は取り上げられた[53]。さらに、同年10月末の東アジアサミットの議長声明でも海洋法条約を含む国際法の原則に則った紛争の平和的解決の重要性が確認された[54]。海洋における中国の行動に懸念をもつ米国と東アジア地域諸国が連携し、「法の支配」を確認することで中国の国際法に沿わない主張と行動を牽制したのである。

3 「法の支配」をめぐる日中の競争

「法の支配」が東アジア国際関係の焦点になったことを理解するには、南シナ海情勢と東シナ海との結びつきを検討しなければならない。

2000年代後半からの南シナ海紛争の再燃は、海洋での主張を強める中国にどう対処するかという点で、日本の安全保障上の懸念として認識されつつあった。2008年12月、2隻の中国公船が尖閣諸島の領海に一時侵入するという、それまでみられなかった動きがあった[55]。2010年9月には、尖閣諸島沖で中国漁船が海上保安庁の巡視船に体当たりした。日本が逮捕した船長の勾留を延長すると、中国側はレア・アース禁輸や日本人拘束などの強烈な対抗措置をとった[56]。中国が露骨に圧力をかけてくる状況に直面し、日本政府は米国やASEAN諸国と連携し、多国間対話の場で海洋問題を議論するよう中国を強くうながす必要性を認識したという[57]。つまり、東シナ海における中国との海洋問題に対する日本のアプローチは、日中二国間だけでなく東アジア地域の多国間外交にも広がったといえる。

しかし、南シナ海と東シナ海の双方で中国は自己主張を強めているという日本の認識と同盟国米国のそれとは温度差があった。2010年9月末、前原誠司外相との会談で、クリントン国務長官は日米安保条約第5条が尖閣諸島に適用されるという米国政府の立場を確認した。しかし、オバマ政権のアジア政策担当者には、日本の不手際な対応により米国は日中の諍いに巻き込まれるのではないかとの不信感が強かった[58]。

2012年7月、日本政府は石原東京都知事の尖閣3島の購入計画の阻止を目的として、国による購入を決定したといわれる。この時点で日本外務省は中国側が日本政府による購入をしぶしぶ受け入れるだろうとの感触を得てい

たといわれるが、8月中旬以降に中国側の態度は急激に硬化した。中国では反日デモが全土に広がり、尖閣諸島周辺海域への中国船舶の侵入が繰り返されるようになった。中国側の変節の背景には、直前に開かれた第18回党大会に向けた北戴河会議で、尖閣情勢が権力闘争の材料として使われた可能性があるといわれる[59]。

日中双方の国内政治の板挟みになり米国は苦慮した。そこで中国側は米国が「尖閣は日米安全保障条約の対象」になるが「領土紛争不介入の原則」を守るため、日中双方に「平和的解決」をうながすという建前論に終始している点を見逃さず、連日のように尖閣周辺海域で日本への挑発行為を繰り返しているといわれる[60]。

さらに、中国政府は国連で自国の立場を法的に正当化する措置を次々にとった。第一に、9月13日に国家海洋局が「釣魚島とその付属島嶼」を含めて領海基線を明確にする通達を中国国内で発布し、翌日中国政府はこの領海基線の座標と海図を国連事務総長に提出した[61]。第二に、9月17日に中国政府は大陸棚限界委員会に東シナ海における200海里を超えた大陸棚の延長申請を行うと発表し[62]、12月14日に申請を行った。中国の申請は、東シナ海の大陸棚は沖縄トラフまで続く中国大陸の自然延長であるとしており、尖閣諸島がここに含まれると主張していた[63]。東シナ海における中国政府の自然延長論は目新しいものではない。しかし、2012年秋の中国側の行動の新たな特徴は、日本こそが「戦後国際秩序への挑戦者」であるとの同時期に行われていた国際的な宣伝との組み合わせで展開した点にある[64]。2012年秋から中国は、尖閣諸島周辺の領海に中国船舶を連日侵入させつつ、法的措置と宣伝による自国の主張の正当化と実質化を試みるようになったのである。

中国政府の宣伝や法的措置に日本政府は反論するとともに、国際社会の原則として「法の支配」の重要性を掲げた。2012年9月26日、国連総会で一般討論演説を行った野田佳彦首相は、「法の支配」は国際社会の持続的繁栄のための人類の「叡智」であると主張した。そして日本は国際法に従って紛争の平和的解決を図ることを強調した[65]。

以上をまとめると、日中双方が東アジア地域さらに国連をも舞台に、各々

が正しいと考える「法の支配」にもとづく国際秩序を追求したといえるだろう。

おわりに

本章では、東シナ海と南シナ海での紛争をめぐる中国の対外行動の源泉と国際関係を、国連海洋法条約の観点から議論してきた。議論をまとめよう。

第一に、国連海洋法条約体制により、東シナ海と南シナ海の沿岸諸国は外交交渉によるEEZと大陸棚の境界確定という政治課題を抱えることになった。このことは、国連海洋法条約体制が、関係国間の外交交渉の蓄積により内容が確定されていく、緩やかで可変的な「法の支配」であることを示している。東シナ海と南シナ海の紛争には、領土主権の帰属をめぐる認識の違い、沿岸国の海洋管轄権の分配、沿岸国と海洋利用国の航行・上空飛行の自由という三つの紛争が重なり合っている。ところが国連海洋法条約には領土問題を裁く機能はなく、条約の規定や解釈には論争もある。米国は、航行・上空飛行の自由の維持に利益をもつ一方で、沿岸国同士の主権の認識の違いや海洋管轄権の分配には関与を避けてきた。このような条件のもとで、日本やASEAN関係国は各々で中国に対する外交努力を続けてきたのである。換言すれば、2000年代後半まで、東シナ海と南シナ海の紛争とは、米国優位の国際秩序における個別の地域紛争であったといえる。

第二に、沿岸国にとり、問題は国連海洋法条約のもとでいかに権益を確保するかである。中国もそのような沿岸国の一つとして、国連海洋法条約体制のもとで国内法を整備してきた。この意味で、中国も国連海洋法条約に沿って行動している。ただし中国は、国内法により自国の管轄権を設定しつつその執行能力の拡充に努めた一方で、海洋隣国との間で主権の認識や境界確定の法理をめぐる隔たりを解決してこなかった。現に、中国は南シナ海において「九断線」の意味を明確にしてこなかった。東シナ海でも、日本と「境界画定の合意のない間は双方の法的立場を損なうことなく協力する」と確認したものの、合意を履行していない。全体として中国は、国連海洋法条約が想定する外交交渉による問題解決を遅らせる一方で、権益の実質化を優先させ

てきたのである。

　第三に、国連海洋法条約は、大陸棚延長申請により関係国間の海洋管轄権をめぐる競争をうながした。中国は他国の申請に反応するという受け身の姿勢をとっていたが、その海洋管理能力の実質化は南シナ海で中国と対立するASEAN諸国や日本だけでなく、米国の懸念も招いた。こうして2010年代には、米国、日本、ASEAN関係国は協調しながら航行・上空飛行の自由と国際法の遵守による紛争の平和的解決という「法の支配」を問題として取り上げた。ここに、個別の地域紛争であった東シナ海と南シナ海の紛争は連動した政治空間となったのである。

　以上を総合すれば、国連海洋法条約体制が求める交渉による問題解決の義務を十分に果たさないまま、自国の権益を追求する中国の行動が関係国の懸念を招き、これにより東シナ海と南シナ海の紛争は当事国同士の地域紛争から普遍的ルールをめぐる交渉に変化したといえる。「法の支配」を確認することで、米国、日本、そしてASEAN関係国は中国の一方的な行動に制約をかけようとしている。しかし、中国もまた、自らの利益に正当性を付与する「法の支配」を推し進めようとしている。国連海洋法条約という「法の支配」の実質は、今後の東アジア国際関係の展開が決定するであろう。

1) この論文は、科学研究費助成事業基盤研究A「中国の台頭と東アジアにおける地域協力枠組み発展の政治過程」(2012年-2014年度)における研究成果の一部である。
2) 米中関係を戦争に至らない範囲内で管理するための議論は豊富である。Aaron L. Friedberg, *A Contest for Supremacy: China, America, and the Struggle for Mastery in Asia*, New York: W.W. Norton & Company, 2011（邦訳として、佐橋亮監訳『支配への競争――米中対立の構図とアジアの将来』日本評論社、2013年). Kenneth Lieberthal and Wang Jisi, *Addressing U.S.-China Strategic Distrust*, the John L. Thronton China Center, Brookings, 2012. James Steinberg and Michael E. O'Hanlon, *Strategic Reasssurance and Resolve: U.S.-China Relations in the Twenty-First Century,* New Jersey: Prinston University Press, 2014. 田中明彦「パワー・トランジッションと国際政治の変容――中国台頭の影響」『国際問題』No.604（2011年9月）、5-14頁。
3) David A. Lake, *Hierarchy in International Relations*, Ithaca: Cornell University press, 2009. 白石隆、ハウ・カロライン『中国は東アジアをどう変えるか――21世紀の新地域システム』中公新書、2012年。Evelyn Goh, *The Struggle for Order: Hegemony, Hierarchy,*

and Transition in Post-Cold War East Asia, Oxford University Press, 2013. 大庭三枝『重層的地域としてのアジア——対立と共存の構図』有斐閣、2014年。

4) Goh, ibid, Chapter 3.
5) Goh, ibid, p.4.
6) 阿南友亮「浅略的互恵関係の模索と東シナ海問題 2006–08 年」高原明生・服部龍二編『日中関係史 1972–2012 Ⅰ 政治』東京大学出版会、2012年、443–485頁。阿南友亮「海洋をめぐる日中関係——新たな秩序形成の模索」家近亮子・松田康博・段瑞総編『岐路に立つ日中関係』晃洋書房、2007年、186–216頁。Reinhard Drifte, "From 'Sea of Confrontation' to 'Sea of Peace, Cooperation and Friendship'? Japan Facing China in the East China Sea," *Japan Akutell*, 3/2008, pp.27–51.
7) 西本健太郎「南シナ海における中国の主張と国際法上の評価」『法学』第78巻第3号、2014年、225–259頁。
8) 三好正弘「日中間の排他的経済水域と大陸棚の問題」栗林忠男・秋山昌廣編著『海の国際秩序と海洋政策』東信堂、2006年、258、277頁注1。
9) 栗林忠男「排他的経済水域・大陸棚の境界画定に関する国際法理——東シナ海における日中間の対立をめぐって」『東洋英和女学院大学大学院紀要』第2号、2006年、2頁。坂元茂樹「海洋境界確定と領土紛争——竹島と尖閣諸島の影」『国際問題』No.565、2007年10月、17–18頁。Zhiguo Gao, "China and the LOS Convention," *Marine Policy*, May 1991, p.207.
10) 坂元茂樹「海洋境界確定と領土紛争」村瀬信也・江藤淳一編『海洋境界画定の国際法』東信堂、2008年、52頁。
11) Peter Dutton, "Three Disputes and Three Objectives: China and the South China Sea," *Naval War College Review*, Vol.64, No.4（Autumn 2011）, p.54.
12) 林司宣「排他的経済水域の他国による利用と沿岸国の安全保障」『国際安全保障』第35巻第1号、2007年6月、57–80頁。Ronald O'Rourke, "Maritime Territorial and Exclusive Economic Zone（EEZ）Disputes Involving China," Congressional Reserch Service, October 22, 2012.http://fas.org/sgp/crs/row/R42784.pdf（2016年12月20日閲覧）。
13) Dutton, "Three Deisputes and Three Objectives."
14) Barry R. Posen, "Command of the Commons: The Military Foundation of U.S. Hegemony," *International Security*, Vol.28, No.1（Summer 2003）, pp.5–46.
15) 1968年の国連アジア極東経済委員会（CCAFE）の調査により、東シナ海の日本と台湾の間の大陸棚、次いで黄海の大陸棚が豊富な石油・天然ガスを埋蔵していると報告された。当初、日本と台湾が関心を示し、次いで韓国が参入して3者による東シナ海大陸棚の共同開発が構想されたが、これに中国が激しく反発し、頓挫した。三好正弘「日中間の排他的経済水域と大陸棚の問題」栗林忠男・秋山昌廣編著『海の国際秩序と海洋政策』東信堂、2006年、259–260頁。
16) M. Taylor Fravel, "Explaining Stability in the Senkaku（Diaoyu）Islands Dispute," Gerald Curtis, Ryosei Kokubun, and Wang Jisi eds., *Getting the Triangle Strait: Managing China-*

Japan-US Relations, Washington D.C.:The Brookings Institution, 2010, pp.147‐148.
17) ラインハルト・ドリフテ『冷戦後の日中安全保障——関与政策のダイナミクス』(坂井定雄訳) ミネルヴァ書房、2004 年、73‐74 頁。
18) Ralf Emmers, *Geopolitics and Maritime Territorial Dispute in East Asia,* New York: Routledge, 2010, p.97.
19) Goh, *The Struggle for Order*, p.100. G・W・ブッシュ政権のライス国務長官は 2005 年と 2007 年に ARF を欠席したり米・ASEAN 首脳会議を延期したため、「東南アジア軽視」との批判を浴びていた。
20) 「中華人民共和国領海及毗連区法」1992 年 2 月 25 日施行。
21) 「中華人民共和国専属経済区和大陸架法」1998 年 6 月 26 日施行。
22) 決済書「海洋法問題に関する日中非公式協議」1979 年 10 月 12 日 (情報公開法に基づく外務省開示文書、2014‐285)。
23) 坂元「海洋境界画定と領土紛争」、62 頁。
24) 阿南友亮「浅略的互恵関係の模索と東シナ海問題 2006‐08 年」高原明生・服部龍二編『日中関係史 1972‐2012 Ⅰ 政治』東京大学出版会、2012 年、464 頁。
25) 濱本幸也「大陸棚の共同開発」『国際問題』No.565, 2007 年、31 頁。
26) 「東シナ海における日中間の協力について (日中共同プレス発表)」2008 年 6 月 18 日。http://www.mofa.go.jp/mofaj/area/china/higashi_shina/press.html (2015 年 10 月 26 日閲覧)。
27) 佐藤考一『「中国脅威論」と ASEAN 諸国』勁草書房、2012 年、153‐155 頁。
28) Goh, *The Struggle for Order,* p.107.
29) ドリフテ『冷戦後の日中安全保障関係』、83 頁。
30) 佐藤『「中国脅威論」と ASEAN 諸国』、173 頁。
31) Goh, *The Struggle for Order*, p.106. M.Taylor Fravel, "China's Strategy in the South China Sea," *Contemporary Southeast Asia,* Vol.33, No.3 (2011), pp.299‐300.
32) 佐藤『「中国脅威論」と ASEAN 諸国』、第 6 章。大庭三枝「東アジア地域秩序の変容と日 ASEAN 協力」木宮正史編『朝鮮半島と東アジア』岩波書店、2015 年、290‐293 頁。
33) Michael D. Swaine, M. Taylor Fravel, "China's Assertive Behavior Part Two: The Maritime Periphery," *China Leadership Monitor*, No.35, (Summer 2011). M. Taylor Fravel, "China's Strategy in the South China Sea," *Contemporary Southeast Asia,* Vol.33, No.3 (2011), pp.292‐319.
34) 総合海洋政策本部「「大陸棚限界委員会」へ提出した我が国の大陸棚の限界について」、https://www.kantei.go.jp/jp/singi/kaiyou/CS/jpn_es.html (2015 年 10 月 31 日閲覧)。
35) Note Verbale CML/2/2009, http://www.un.org/depts/los/clcs_new/submissions_files/jpn08/chn_6feb09_c.pdf (2014 年 12 月 1 日閲覧)。
36) Joint Submission to the Commission on the Continental Shelf pursuant to Article 76, paragraph 8 of the United Nations Convention on the Law of the Sea 1982 in respect of the southern part of the South China Sea, Exective Summary, http://www.un.org/depts/los/clcs_

new/submissions_files/submission_mysvnm_33_2009.htm（2014 年 12 月 1 日閲覧）.
37）Note Verbale CML/17/2009, http://www.un.org/depts/los/clcs_new/submissions_files/mysvnm33_09/chn_2009re_mys_vnm_e.pdf（2015 年 10 月 31 日閲覧）。マレーシア・ベトナムの大陸棚延長申請に関する口上書は大陸棚限界委員会のウェブサイトに掲載されている。http://ww.un.org/depts/los/clcs_new/submissions_files/submission_mysvnm_33_2009.htm（2016 年 12 月 20 日閲覧）.
38）佐藤『「中国脅威論」と ASEAN 諸国』、162 頁。
39）西本「南シナ海における中国の主張と国際法上の評価」、230 – 232 頁。
40）Dutton, "Three Disputes and Three Objectives," p.45. C. Schofied and I. Storey, *The South China Sea Dispute: Increasing Stakes and Rising Tentions*, The Jamestown Foundation, 2009, p.21. M. Taylor Fravel, "China's Strategy in the South China Sea," pp.299 – 300.
41）Alastaiar Iain Johnston, "How New and Assertive Is China's New Assertiveness?," *International Security*, Vol.37, No.4（Spring 2013）, pp.7 – 48.
42）青山瑠妙『中国のアジア外交』東京大学出版会、2013 年、217、226 頁。
43）ベトナム人研究者に対するインタビュー。2010 年 12 月、京都、2012 年 12 月、ハノイ。
44）Goh, *The Struggle for Order*, p.106. ベトナム外交当局者へのインタビュー、2012 年 12 月、ハノイ。
45）Dutton, "Three Disputes and Three Objectives," p.43.
46）American Forces Press Service, "Chinese Vessels Shadow, Harass Unarmed U.S. Surveillance Ship," March 9, 2009, http;//www.navy.mil/search/display.asp?story_id=43294?（2015 年 10 月 26 日閲覧）.
47）新田紀子「オバマ政権の東アジア政策と航行の自由」久保文明・高畑昭男・東京財団「現代アメリカ」プロジェクト編著『アジア回帰するアメリカ——外交安全保障政策の検証』NTT 出版、2013 年、68 – 69 頁。
48）ヒラリー・ロダム・クリントン『困難な選択』（上）（日本経済新聞社訳）、日本経済新聞出版社、2015 年、125 – 126 頁。新田「オバマ政権の東アジア政策と航行の自由」、72 頁。Jeffery A. Bader, *Obama and China's Rise: An Insider's Account of America's Asia Strategy*, Brookings Institution Press, 2012, pp.104 – 105.
49）Note Verbale from the Permanent Mission of the Republic of Indonesia, July 8, 2010.
50）Joint Communiqué of the 43rd ASEAN Foreign Ministers Meeting —— "Enhanced Efforts towards the ASEAN Community: from Vision to Action," Ha Noi, 19 – 20 July 2010.
51）Secretary of State, "Hillary Rodham Clinton Remarks at Press Availability," Hanoi, Vietnam, July 23, 2010, http://www.state.gov/secretary/rm/2010/07/145095.htm（2010 年 8 月 1 日閲覧）.
52）中華人民共和国外交部「楊潔篪外長駁斥南海問題上歪論」2010 年 7 月 25 日、http://www.mfa.gov.cn/chn/gxh/tyb/zyxw/t719371.htm（2010 年 8 月 1 日閲覧）。
53）大庭『重層的地域としてのアジア』、229 頁。
54）Chairman's Statement 17th ASEAN Regional Forum, 23 July 2010, Ha Noi, Viet Nam.

Chairman's Statement of the East Asia Summit(EAS)Ha Noi, Viet Nam, 30 October 2010.

55) 外務省『平成 21 年度版外交青書』(電子版)、http://www.mofa.go.jp/mofaj/gaiko/bluebook/2009/html/h2/h2_03.html(2013 年 5 月 1 日閲覧)。

56) 毛利亜樹「韜光養晦の終わり――東アジア海洋における中国の対外行動をめぐって」『東亜』2010 年 10 月、99-100 頁。

57) Tomotaka Shoji, "The South China Sea: A View from Japan," *NIDS Journal of Defense and Security*, 15, Dec.2014, p.131. 大庭「東アジア地域秩序の変容と日 ASEAN 協力」、283 頁。

58) Bader, *Obama and China's Rise*, p.107.

59) 国分良成「日中 GDP 逆転と尖閣諸島」国分良成・添谷芳秀・高原明生・川島真著『日中関係史』有斐閣アルマ、2013 年、242-247 頁。

60) 春原『暗闘尖閣国有化』、246-247 頁。

61) 「国家海洋局印発"保護辨法"明確保護釣魚島領海基点」『人民日報』2012 年 9 月 13 日。「我国向聯合国秘書長交存釣魚島及其附属島嶼領海基点座標表和海図」『人民日報』2012 年 9 月 15 日。

62) 「我国決定向大陸架界限委員会提交東海部分海域 200 海里以外大陸架劃界案」『人民日報』2012 年 9 月 17 日。

63) 「中華人民共和国東海部分海域 200 海里以外大陸架劃界案執行適要」、Commision on the Limits of the Continental Shelf(CLCS)outer limits of the continental shelf beyond 200 nautical miles from the baselines: Submissions to the Commission: Submission by the People's Republic of China, http://www.un.org/depts/los/clcs_new/submissions_files/submission_chn_63_2012.htm(2015 年 8 月 26 日閲覧)。

64) たとえば、以下の白書がある。中華人民共和国新聞弁公室「釣魚島是中国的固有領土」2012 年 9 月。2012 年 9 月から約 2 年間の中国による国際場裏での日本批判については、以下を参照されたい。毛利亜樹「習近平中国で語られる近代戦争――日清戦争、二つの世界大戦、抗日戦争と日本をめぐる言説」『アジア研究』第 60 巻第 4 号、40-50 頁。

65) 「第 67 回国連総会野田総理による一般討論演説「明日への責任・3 つの叡智」2012 年 9 月 26 日、http://www.mofa.go.jp/mofaj/gaiko/unsokai/67_address_pm_jp.html(2015 年 8 月 31 日閲覧)。

第4章
中国外交における「軍事外交」
―― 軍事力の向上にともなう量的・質的変化とその影響

土屋貴裕

はじめに

　中国は積極的に友好的かつ協力的な「軍事外交」(military diplomacy) を展開、喧伝している。それにもかかわらず、近年、周辺諸国や国際社会との摩擦が増加しており、その外交目標である中国にとって望ましい国際環境を作り出すことに成功していないのはなぜだろうか。本章では、中国の軍事力の向上にともなう「軍事外交」の量的・質的変化とその影響を分析することで、中国の「軍事外交」が「強制」性を含むものとなっていることを明らかにする。

　習近平政権の発足以降、繰り返し提起されている概念の一つとして、米国との「新型の大国間関係」がある。習近平は、国家副主席であった2012年2月に訪米した際、初めて米国との「新型の大国間関係」(a new type of relations between major powers) という概念を提起した[1]。この「新型の大国間関係」の定義は明確ではないものの、「米中が紛争に突入することを意味するものではなく、覇権を求めるものでもない」と説明されている[2]。

　しかし、この概念は、2007年5月に中国人民解放軍海軍の楊毅少将が、中国を訪問した米国太平洋軍司令官のティモシー・キーティング（Timothy J. Keating）大将と会談した際、「ハワイを基点として米中が太平洋の東西を『分割管理』する」と提案したように、米中による「太平洋2分割論」を国際社会に想起させた。事実、伝統的な大陸国家である中国は、近年、自らを「海洋国家」であると称し、「シーパワー」(Sea Power) としての将来像を描き出している。

中国の外交戦略方針は、2009年7月に「堅持韜光養晦、積極有所作為」（才能を隠し力を養うことを堅持しつつ、積極的に為すべきところは為す）へと修正されたといわれている[3]。これを受け、海洋権益の保護を目的とした活動も積極性を増している。たとえば2010年4月、計10隻からなる海軍の艦艇が沖ノ鳥島西方海域で大規模総合演習を実施した。同年9月には尖閣諸島沖で中国漁船が海上保安庁巡視船に衝突する事件が発生したことは記憶に新しい。

　このような近年の中国の海洋進出を、軍事力を背景とした「強制外交」（coercive diplomacy）としてとらえる向きもある[4]。ただし、近年の中国の行動は、現状の変更を相手に迫る「威嚇」や「強制」性をともなう行動として「脅迫戦略」（blackmail strategy）に位置づけられるものであり、トマス・シェリング（Thomas C. Schelling）やアレクサンダー・ジョージ（Alexander L. George）らの定義した「強制外交」の概念とは必ずしも一致しない[5]。

　中国は自らの主張する主権や領土といった「核心的利益」に対して、「積極防御」を行っているという主張を堅持し、「ハード・パワー」を強化している[6]。他方で、平和的台頭・発展（原語は「和平崛起」）を掲げるとともに、2014年7月には米国の主催する「環太平洋合同軍事演習」（Rim of the Pacific Exercise: RIMPAC）に中国海軍が初めて参加するなど、自国に有利な国際環境の構築のために、直接的・間接的に軍事力を使用し、協力関係を構築しようとする「軍事外交」を積極的に展開している[7]。

　本章の問題意識はこの点にある。中国では「党の軍に対する絶対領導」が貫徹されており、軍が政治に介入することはないという政治原則があるにもかかわらず、軍事外交はすでに対外政策の重要な変数になりつつある[8]。日米をはじめとする既存の国際秩序にとって、台頭する中国との外交・安全保障面における摩擦・衝突が急増していることから、中国の対外行動、とりわけ海洋進出の意図と目的を正確に把握することは、喫緊の課題となっている。

　以下、第一に、中国の軍事外交に関する定義について、中国人民解放軍発行資料などをもとに明らかにするとともに、軍事外交に関する先行研究に照らして、中国が軍事外交をどのように位置づけているかを見出す。また、中国の軍事外交の最終的な到達点（目的）は何かを明らかにする。第二に、時期区分により、軍事外交の対象となる地域とその手法に差異がみられるかを

検討するとともに、中国がどのような軍事外交を展開しているのかについて、中国の軍事力の向上にともなう「軍事外交」の量的・質的変化を分析する。第三に、軍事力の向上にともなう量的・質的変化が中国の軍事と外交との関係にもたらす影響について、先行研究や実例をもとに考察する。

I 外交における軍事外交の役割

1 軍事外交に関する理論的考察

(1) 外交における軍事力の使用

国家の対外政策の一形態として、軍事力の行使をともなわない「外交」による説得と軍事力の行使をともなう「戦争」との間に存在する軍事力の使用形態は、協力的な軍事力の使用としての「軍事外交」と、敵対的な軍事力の使用とに分類することができる（表 4-1 参照）。つまり、外交において軍事力は、友好的、協力的に用いられる場合と敵対的に用いられる場合とがある。

この点について、アンドリュー・コッティ（Andrew Cottey）とアンソニー・フォースター（Anthony Forster）は、外交における「軍事外交」が仮想敵・潜在敵との信頼醸成や協調による紛争予防に有効であることを論じている[9]。中国では、2011 年 12 月に出版された『中国人民解放軍軍語』のなかで、「軍事外交」を「国家あるいは国家集団が軍事およびその関連領域において行う対外交流・往来活動。軍事人員の交流・往来、軍事および軍備管理に関する渉外、軍事援助、軍事情報協力、軍事技術協力、国際平和維持活動、軍事同盟活動などを含む。軍事外交は国家外交の重要な構成要素である」と定義している[10]。

他方、外交における敵対的な軍事力の使用は、軍事力を間接的もしくは限定的に行使することで、相手の行動を「抑止」（deterrence）するか、あるいはすでに引き起こされた行動の変更を「強要」（compellence）するか、さもなければ直接的に軍事力を行使するものである[11]。「強要」は、すでに引き起こされた行動を覆すことを「強制」（coercion）するか、現状の変更を相手に強要する「脅迫戦略」を行うことが含まれる。

為政者が対外政策の手段として外交交渉を行うか、国家の対外政策の一形

表4-1 外交における軍事力の使用

行　動	協力的な軍事力の使用（＝「軍事外交」）	敵対的な軍事力の使用
目　的	自国に有利な国際環境の構築	領土主権・海洋権益の保護・伸張
手　段	軍事力の直接的・間接的使用	軍事力の間接的使用
方　法	合同軍事演習、友好訪問、軍事援助など	軍事演習、哨戒・示威行動など

出所：筆者作成。

態として軍事力を行使するためには、その権限を掌握していることが前提となる。たとえば、軍事外交や軍事戦略に関する研究者である人民解放軍の張芳は、「軍事と外交はともに政治の範疇であり、両者はともに国家の政治的役割である。これらは国家政治の異なる領域において異なる形式で行われるものであるが、どちらも国家意思を集中的に体現したものである」と定義している[12]。

少なくとも、党が国家を領導する党国体制を堅持し、「党の軍に対する絶対領導」が貫徹されている中国において、軍事と外交は、いずれも党の対外政策の手段であると考えられる。

(2) 中国の「軍事外交」と「威嚇外交」

前述の定義にもとづけば、中国の「軍事外交」は、協力的な軍事力の使用に限定されると理解される。たとえば、防衛研究所では、中国人民解放軍国防大学防務学院副院長の郭新寧の定義を紹介したうえで、①人的交流、②安全保障対話、③安全保障協力、④教育訓練、⑤情報発信の五つの分野に分類している[13]。これらはいずれも「軍が行う協力的な外交」分野であり、その代表例の一つとして、UNPKO（国連平和維持活動）を事例に分析している[14]。

他方で、郭は軍事外交の主な形式を、①（経常性）人員往来、②対外軍事協力（政治・経済・技術・訓練・援助面での軍事的な協力）、③軍事談判・交渉、④マルチ安全保障対話・協力、⑤対外非戦争軍事行動、⑥対外軍事情報工作、⑦対外軍事文化宣伝の七つに分類している[15]。同様に、同じく人民解放軍の張啓良は海軍外交を、①「友好外交」、②「協力外交」、③「信任外交」、④「威嚇外交」という四つに類型化している[16]。

両者の相違点は、防衛研究所の分類は軍が行う協力的な外交に限定しているのに対して、郭は「対外非戦争軍事行動」や「対外軍事情報工作」を軍事外交に含めている点にある。郭は、「対外非戦争軍事行動」について、「主に軍事力を非暴力、非殺傷手段のために用いるか、あるいは一定の条件下で、有限な暴力的手段の運用を国外において遂行し、規模や強度が戦争レベルに到達しない軍事行動」であると定義している[17]。

　そのうえで、郭は、具体的な形式として「国外で実施する人道主義援助、危険除去災害援助活動、国際平和維持活動（原文ママ）への参与、武装護航あるいは護送、機雷掃海・機雷除去活動、反テロ・反麻薬等の法執行活動へのサポート、非戦闘人員の避難、軍事威嚇行動の実施など」をあげている[18]。とりわけ、「軍事威嚇行動の実施」が、軍事外交における「対外非戦争軍事行動」として含められている点は特筆に値する。

　「対外非戦争軍事行動」について、郭は、「戦争は国家間の利益矛盾を解決するための道具として代えがたい戦略的価値があるが、巨大なリスクと破壊をともなうものである。対外非戦争軍事行動を選択することには一定の限界があるが、それにともなうリスクや破壊は戦争よりも小さいため、各国は重視するようになってきている」と肯定的にとらえている[19]。その理由として、「対外非戦争軍事行動」の主な効能には、①環境の構築（塑造）、②信任の増進、③戦争の抑制、④国際協力の推進、⑤軍事能力の向上という五つがあると述べている。

　なかでも、「戦争の抑制」については、「軍事威嚇行動それ自体は戦争行為ではないが、戦争相手を震え上がらせ、それが簡単に戦争を発動するのを抑えることができ」、「また、国際平和維持活動は敵対している双方に対して仲裁・監視し抑制することができ、衝突が発生するのを避けることや、衝突がより一段と拡大・エスカレーションするのを阻止することを助ける」ものであると説明している[20]。

　このことから、中国が展開・喧伝する「軍事外交」の概念は、友好的、協力的な軍事力の使用として定義されており、敵対的な側面は含まれていないように思われるが、実際のところ、軍内で用いられている定義には「（軍事）威嚇外交」が含まれており、敵対的な軍事力の使用を含むものとして定義さ

れている。

2　中国の軍事外交の目的と手段
(1)　中国の軍事外交の目標

国家は、「自国に有利な国際環境の構築」を外交目標（目的）とし、外交目的達成のための「手段」として、軍事・経済（ハード）、文化（ソフト）などを駆使する。つまり、外交上の目標・目的を達成するために、軍事力を「手段」として用いることとなる。その用いられ方は、前項で述べたとおり、「軍事外交」のような友好的、協力的な軍事力の使用と、敵対的な軍事力の使用とがある。後者は、「強要」や「抑止」を目的とした間接的ないしは限定的な使用と、その延長線上にある直接的な使用、すなわち「戦争」とに分けることができる。

中国の海洋戦略について、ジョセフ・ナイ（Joseph S. Nye Jr.）は、「発展のために今後30年から50年の間、平和的環境を必要としており」、「米国はその間もっとも強力な国家であり続ける」ため、「再び鄧小平の残した『スマート・パワー』戦略に戻ろうとしている」と分析する[21]。しかし、軍事力と外交との関係は、もともと「スマート・パワー」としての側面を有しており、中国は、国家目標実現のために、軍事力を「スマート・パワー」として、あるいは本来の「ハード・パワー」として使い分けているのではないだろうか[22]。

外交手段としての軍事力は、有事においては武力行使の形で用いられるが、平時においては、望ましい国際環境を作るため、ハイレベル往来や事務協議、専門交流、合同演習・合同訓練などの軍事交流による信頼醸成、良好な周辺環境の構築、戦闘力の向上、兵器輸出など多様な形で「ハード・パワー」が用いられる[23]。ただし、とりうる行動は、その時点の自国のアセットと国際環境によってさまざまである。

たとえば、中国の軍事外交について、松田康博は、類型化やハイレベル往来に関する整理を行っている[24]。松田は、中国の軍事外交を、ロシアと米国を両極におき「基本的には相手を『敵、味方、中間勢力』に分類して、闘争、協力、抱き込みを使い分ける『統一戦線工作』の考え方を延伸させたもの」としてとらえている。

そのうえで、地政戦略にもとづいて、①戦略的パートナーシップ型、②戦略配置型、③周辺国抱き込み型、④先進国抱き込み型、⑤牽制型、⑥衝突回避・軍事力近代化促進型、と六つに類型化している。この類型は、軍事力を「敵対的」な目的で用いるか、「協力的」な目的で用いるかで分類されているが、実際には、硬軟織り交ぜた中国の軍事力の使用は、地政戦略の枠組みだけでは説明しきれない[25]。

(2) 中国の「軍事外交」に含まれる「軍事威嚇行動」

実際には、前掲の郭や張などの論考にみられるように、中国の「軍事外交」の定義自体に、軍事往来、専門交流、人材育成、軍備管理、軍事援助、軍事貿易、平和維持活動、駐在武官管理、区域安全協力、合同軍事演習などに加えて、軍による対外的な示威行為といった「威嚇」が含まれており、自国に有利な国際環境の構築という目的・目標のためには、他国に自らの主張を「強要」することもありうると理解すべきであろう。

2014年11月28日から29日にかけて開催された中国共産党中央外事工作会議において重要講話を行った習近平中国共産党総書記は、平和外交を強調し、「国家間の相違と議論について、対話と協議による平和的な解決を促進し、武力による脅しの恣意的な使用に反対する」と述べた[26]。しかし、他方で「断固として領土主権と海洋権益、国家統一を守り、島の問題を適切に処理する」とも強調した。

また、2015年1月29日には、中央軍事委員会委員らが全軍外事工作会議と第16期武官工作会議の代表らと会見した際に、習は、「党の外交方針を貫いて軍事外交の新しい1頁を開き、『中国の夢』と『強軍の夢』に寄与していくべきだ」と強調した[27]。また習に続いて、翌30日の全軍外事工作会議では、范長竜・中央軍事委員会副主席、常万全・国防部長、楊潔篪・国務委員らがそれぞれ軍事外交について講話を行った[28]。

習がこの会見時に述べているとおり、「新たな情勢のもとで、軍事外交は国家の外交と安全（保障）戦略のなかにおける重要性がさらに高まり、その地位はこれまで以上に突出したものになる」ことが予想される[29]。実際に、中国は近年、軍事外交をこれまで以上に積極的に展開する一方で、東シナ海

および南シナ海などにおいて「威嚇」をともなう外交を展開している。そこで、次に中国の軍事外交のこれまでの展開についてみていきたい。

II　中国における軍事外交の展開

1　中国の軍事外交の特徴と傾向

　中国の軍事外交は時期によってどのような変化や特徴、傾向がみられるのだろうか。この点については、中国人民解放軍内でも軍事外交史に関する研究がいくつか存在する。いずれも毛沢東期と鄧小平期とを分ける1978年を一つの区切りとしているものの、時期区分についてはまだ定位されていない。そこで、まずは代表的な軍内の研究における時期区分を比較しつつ、中国の軍事外交の史的展開を概観する。

　中国人民解放軍国防大学戦略教研部主任（当時）の肖天亮（現国防大学副校長）は、建国以降の軍事外交を以下の六つの時期に区分している[30]。①1949-1960年：「一辺倒」の外交総方針を貫徹し、帝国主義の侵略拡張を攻撃、②1961-1971年：米ソの二重の圧力に抗し、アジア・アフリカ・南米の民族解放運動を積極的に支援、③1972-1978年：反覇権主義「ライン」の創設を推進し、工作の重点調整を下準備、④1979-1989年：改革開放初期の軍事外交、⑤1990-1999年：全方位軍事外交の発展、⑥2000-2009年：全方位軍事外交の開拓・発展と飛躍。

　これに対して、張芳は、大きなトレンドとして以下の三つの時期に区分して整理している[31]。①1949-1978年：生存外交のなかの中国軍事外交、②1979-2009年：発展外交のなかの中国軍事外交、③2010年-現在：国際システム転換期のなかの中国軍事外交および直面する挑戦（課題）。張の区分に特徴的なのは、2009年を区切りにしている点である。冒頭で外交戦略方針の転換に触れたが、張の区分はこれと符合するものと考えられる。

　元第二砲兵雑誌社社長兼主編（編集長）の万発揚は、肖と張の時期区分とそれぞれ重なり合う部分があるが、以下の四つに時期を区分している[32]。①1949-1955年：厳しい始まり、②1956-1978年：曲折した発展、③1979-1989年：不断の開拓・発展、④1990-2012年：全面推進。毛沢東期を大躍

表 4-2　中国の軍事外交に関する主な事柄（年表）

年　月	主な事柄
1949 年 11 月	ソ連、東欧国家に駐在武官を派遣。
1951 年　3 月	中央軍事委員会対外連絡処成立。
1952 年　2 月	外国軍学員が初めて訪中・学習。
1953 年　7 月	朝鮮戦争停戦協定署名。
1955 年　6 月	陸軍第 196 師団が初の対外開放部隊に。
1959 年　4 月	中国高級軍事代表団が東欧、モンゴルなどをソ連経由で訪問。
1972 年　1 月	国連に軍代表団を派遣。
1985 年 11 月	海軍艦艇編隊が初めて外国（パキスタン、バングラデシュ、スリランカ）を訪問。
1990 年　4 月	国連の停戦監視団に軍事観察員を派遣。
1992 年　4 月	国連平和維持任務に初めて平和維持部隊を派遣。
1995 年 11 月	『中国の軍備管理と軍縮』白書を発表。
1997 年　2 月	海軍艦艇編隊が初めて太平洋を横断し米国などアメリカ大陸 4 カ国を訪問。
1998 年　7 月	初の国防白書『中国の国防』を発表。
2002 年　3 月	軍が初めて国際人道主義物資援助任務を請け負う。
2002 年　5 月	海軍艦艇編隊が初めてグローバル航行訪問を実施。
2002 年 10 月	初の外国軍隊との合同実兵演習実施。
2003 年　8 月	初めて諸外国の観察員に実兵演習を開放。
2003 年　9 月	初めて外国軍と海上合同演習を実施。
2004 年 11 月	第 1 回 ASEAN 地域フォーラム安全政策会議挙行。
2005 年　8 月	「部隊地位協定」を初めて交渉締結。
2005 年　8 月	中ロ両軍、初の大規模合同軍事演習を挙行。
2008 年　5 月	国防部プレスリリース制度を正式に運用開始。
2008 年 12 月	アデン湾、ソマリア海域に初めて海軍護衛航行編隊を派遣。
2009 年　4 月	海軍成立 60 周年を記念し、多国間海上活動を挙行。
2009 年 11 月	空軍成立 60 周年を記念し、国際フォーラムを挙行。
2010 年　1 月	初めて軍隊名義で海外に国際救援隊を派遣。
2014 年　7 月	環太平洋合同演習（Rim of the Pacific Exercise: RIMPAC）に初参加。
2015 年　1 月	全軍外事工作会議開催、習近平主席が重要講話。

出所：中華人民共和国国防部ホームページなどをもとに筆者作成。

進運動で区切り、プロレタリア文化大革命期を「曲折した発展」と表現、鄧小平期以降については冷戦終結を区切りにしているのが特徴である。

　これらの中国の軍事外交史に関する区分は、中国の軍事力やおかれていた国内外の政治状況を反映したものであることがみてとれる。とくに、肖の区

分は、外交総方針のなかに軍事外交が位置づけられていることを示している。評価が定まっていないのは近年の展開であるが、少なくとも、中国の軍事外交は、2000年代には諸外国との軍事交流や合同軍事演習が本格化するなど、発展・飛躍段階を迎えているとみてよいだろう（表4-2参照）。

2 拡大・深化する軍事外交活動

(1) 軍高官の外国訪問

　軍事外交の主な任務は、国際的な軍事往来、軍事協力、軍事交渉、対外宣伝、軍事行動などに分類されており、とりわけ「国際的な軍事往来は、国家と軍の代表の往来であり、通常は二国間もしくは多国間の軍事代表団の相互訪問活動の形で行われる」[33]。外交訪問の目的はさまざまであるが、国家元首や軍高官が相手国に赴く場合、主として両国間の信頼を醸成し、交流・交易の促進などについて交渉、締結を行うことを目的としている。

　建国当初の1949年11月、中国はソ連、東欧諸国に駐在武官を派遣、その後も1959年4月にはソ連経由で東欧やモンゴルなどに高級軍事代表団を派遣するなど、外国軍との往来は東側諸国を中心に行われてきた。他方、近年では中国共産党中央軍事委員会委員クラスをはじめとして、軍高官が積極的に外国要人との往来を行い、軍事面での交流を深めている。それでは、近年の軍事面での交流はどの地域・国に重点がおかれているのであろうか。

　2011年から2015年の軍高官の地域別・国別累計訪問数をみてみたい。地域別の訪問回数は、東南アジア（55回）と欧州（55回）が最多で、次にロシア・中央アジア（39回）、南米（33回）、南西アジア、中東（29回）の順となっている（図4-1、4-2参照）。これを国別でみてみると、ロシア（22回）、米国（21回）が群を抜いて多く、次いでシンガポール（11回）、インド（8回）、インドネシア（8回）の順となっている（表4-3参照）。

　このことから、軍事外交のもっとも代表的な形式の一つである軍高官の外国訪問については、近年、ロシアと米国という大国に重点がおかれていることがわかる。また、ASEAN諸国、とりわけシンガポール、インドネシアに対する信頼醸成を重視していることがみてとれよう。他方、欧州に対する軍高官の訪問は、旧ソ連のウクライナ、ベラルーシ、東欧を中心として、積極

図 4-1　軍高官の訪問回数および二国間演習の実施回数（地域別、2011－2015 年）

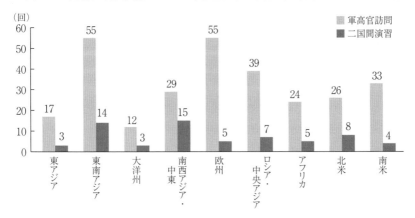

出所：中華人民共和国国防部ホームページなどをもとに筆者作成。

図 4-2　中国人民解放軍高官の外国訪問回数（地域別、2011－2015 年）

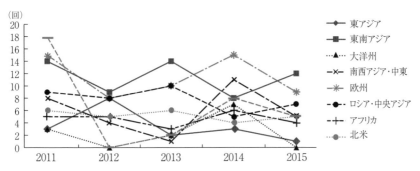

出所：中華人民共和国国防部ホームページなどをもとに筆者作成。

表 4-3　国別の軍高官訪問回数（上位 5 位、2011－2015 年）

1	ロシア	22 回
2	米　国	21 回
3	シンガポール	11 回
4	インド	8 回
4	インドネシア	8 回

出所：中華人民共和国国防部ホームページなどをもとに筆者作成。

第 4 章　中国外交における「軍事外交」　75

的な軍事貿易・交流促進を行っている。

(2) 諸外国との合同軍事演習（2001－2015年）

　そこで、次に近年の諸外国との軍事演習数の推移についてみてみたい。合同軍事演習の目的は、協力的な目的で軍事力を使用することによって他国の軍隊と交流を行い、信頼を醸成するとともに軍事技術や最新動向の把握や自軍の能力を向上させることにある。中国は、2002年10月、キルギス共和国軍と初の外国軍隊との陸上部隊による合同軍事演習を実施、翌2003年から海上軍事演習も含めて本格的に合同軍事演習を開始した（**図4-3**参照）。

　2011年から2015年の合同軍事演習の地域別・国別累計訪問数をみてみると、地域別の実施回数は、南西アジア・中東地域（15回）、東南アジア（14回）、北米（8回）、ロシア・中央アジア（7回）の順となっている（図4－1、4－4参照）。これを国別でみてみると、米国（8回）、ロシア（7回）、パキスタン（7回）、インドネシア（4回）、オーストラリア（3回）、ベラルーシ（3回）の順となっている（**表4-4**参照）。

　近年の合同軍事演習も、前述の軍高官の訪問と同様に、米国とロシアに重点がおかれていることがわかる。パキスタンやベラルーシといった軍事貿易面でも関係の深い国のほか、インドネシアやオーストラリアなどとテロ対策や人道支援・災害救助（Humanitarian Assistance/ Disaster Relief: HA/DR）を目的とした軍事演習を実施することを通じて信頼醸成を重視していることが読み取れる。

　以上のとおり、近年の中国の軍事外交をみてみると、中国軍高官の外国訪問数および二国間合同軍事演習回数はともに米国の数がロシアと同等かそれ以上であり、グローバルなプレゼンスをもつ米国との関係をとくに意識して行われていることがみてとれる。中国は1988年から米国との海上軍事安全協議メカニズムなどの安全保障対話を実施、近年二国間の合同軍事演習を実施しており、軍事力の増大にともない、その手法も多様化してきている。

　また、2002年以降、諸外国との合同軍事演習が行われるようになっており、多国間軍事演習にも積極的に参加するようになっている。実際、『国防白書』では、2004年版『中国の国防』で初めて「国防政策」内に「軍事交流と協力」

図 4-3　中国人民解放軍と外国軍との軍事演習実施回数（2001‐2015 年）

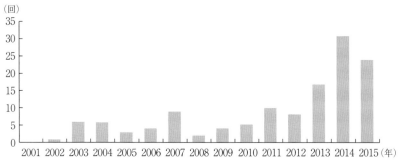

出所：中華人民共和国国防部ホームページなどをもとに筆者作成。

図 4-4　中国と諸外国との合同軍事演習回数（地域別、2011‐2015 年）

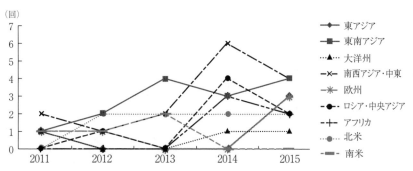

出所：中華人民共和国国防部ホームページなどをもとに筆者作成。

表 4-4　国別の二国間演習回数（上位 5 位、2011‐2015 年）

1	米　国	8 回
2	ロシア	7 回
2	パキスタン	7 回
4	インドネシア	4 回
5	オーストラリア	3 回
5	ベラルーシ	3 回

出所：中華人民共和国国防部ホームページなどをもとに筆者作成。

というテーマが登場するなど、軍事力が高まるにつれて、軍高官の往来のみならず、軍事演習を含む軍対軍の交流など協力的な軍事力の使用に積極的な姿勢をみせており、その対象も拡大してきている。

実際、2014年7月には、米国が主催する「環太平洋合同軍事演習」にも初めて参加し、環太平洋におけるプレゼンスを示した。また、2014年10月には、オーストラリア北部の密林で、中米豪3カ国で初の合同軍事演習「コワリ（Kowari）」での20日あまりにおよぶサバイバル共同訓練を実施、2015年にも両国との合同軍事演習を実施するなど、中国と米・豪との軍事外交関係を拡大・深化させている。

こうした軍事外交は、前述の張芳によれば、第一に、国家戦略の実現性を高める効果がある。第二に、軍事的ソフト・パワーのモデルとしての効果がある。第三に、戦争発生時の（制心理権、制情報権、制世論権などを含む諸権の）優勢に効果がある。第四に、軍隊の近代化建設において、諸外国の交流による軍事技術や最新動向の把握、演習・訓練による能力向上などの効果がある、といった4点に集約されるという[34]。

2015年5月17日には、習近平国家主席は、米国のジョン・ケリー（John Forbs Kerry）国務長官との会談で、「広い太平洋には、中国と米国という二つの大国を受け止めるに十分な空間がある」と改めて述べるなど、中国は米国との「新型の大国間関係」構築を視野に、積極的な軍事外交を展開している[35]。このことから、中国は国や地域ごとというよりも、外交上の目的のために、「協力的」あるいは「敵対的」な軍事力の使用を硬軟織り交ぜて使用しているといえよう。

III 軍事外交と外交政策の関係性

1 現実と目標との間のギャップ

それでは、中国は、拡大・深化している中国の軍事外交活動によって、外交上の目的を達成できているのであろうか。張は、「これまでの中国軍事外交が備えている能力からみて、軍事外交の目標の実現と軍事外交の能力との間には、まだ一定の努力すべき空間が存在する」と指摘している[36]。そこで、

軍事外交力、軍事外交メカニズム、および軍事外交策略（戦略）の三つについて、目標を実現するための能力を建設し、向上させなければならないと提言している。とりわけ、「軍事外交策略」には、主に法理、世論、軍事外交スタイルの三つの側面で問題があるという[37]。

張は、「中国の軍事外交力建設においてもっとも切迫しているのは、世界の軍事変革の趨勢を理解し、主要国の軍隊建設の状況を理解することである。しかし、さらに重要なことは、総合的な素質の基礎となるいくつかの能力である」と述べ、①イノベーション能力、②学習能力、③コミュニケーション能力、④国家の海外利益を維持する能力という四つの能力不足を指摘している。

とりわけ、張は、第四の国家の海外利益を維持する能力について、「近年、中国軍の国益維持・保護能力は大幅に向上している。ただし、中国は海上の利益およびエネルギーに対する依存が日増しに高まってきており、海外公民の人身の安全から財産の安全まで、中国が継続的に供給できる前線の寄港地を形成し、中国の長距離海上交通路の防衛任務をサポートすること以上に、切迫して重要なものはない」と強調している。

具体的には、「目下、中国は人民解放軍が反海賊、人道主義救援、災難救援活動など、非伝統的安全保障の使命能力を向上させる必要がある。これらの任務も非同盟政策の中国が海外施設を建設するために中国が日増しに高める海上力を有効に保護することで、中国の武装力をさらに広い海域において、低コストで、さらに長いローテーション周期で、これらの任務が提示する新しい課題を遂行することができる」のだという[38]。

そのために、張は「中国は、米軍のようなグローバルな軍事基地ネットワークを構築できていないが、人民解放軍のグローバルなプレゼンス能力の提供を進め、軍によるサポートを提供するために、中国の日増しに拡大・発展する政治および経済的利益にとってとりわけ重要な地区に対して、中国は少なくとも限られた基礎的施設を建設すべきである」と提言している[39]。

このように、中国が反海賊、人道主義救援、災難救援活動などの非伝統的安全保障を展開し、グローバルなプレゼンスの能力提供を進めるとともに、政治・経済的利益保護のために、中国軍のシーレーンを確保すべきであり、それをサポートする海外の「重要な地区」に対して基礎的施設を建設すべき

であると提言している点は、中国軍の海洋進出の現実とも符合する。

2　周辺諸国や国際社会との軋轢

　中国は2008年にソマリア海賊対策として初めて艦船2隻をインド洋に派遣したが、こうした遠隔地へ艦隊を展開するためには、燃料補給のための拠点を確保することが不可欠である。中国は、インド洋の要衝に位置する国々に対して、積極的に経済的・軍事的結びつきを深めるとともに、燃料の補給路となる港湾の整備を支援している。中国が支援するこれらの港湾は、世界地図上でインドを取り巻いてようにみえることから、「真珠の首飾り」（String of Pearls）と呼称されている[40]。

　この「真珠の首飾り」は、外洋海軍を志向する人民解放軍海軍の燃料補給の拠点となるものである。たとえば、2013年1月4日、中国紙『国際先駆導報』が掲載した評論記事「海軍が初の海外戦略拠点を設置か」では、人民解放軍は西側諸国のような海外軍事基地を設けることはないが、国際的慣例に沿って海外戦略拠点を設置することが可能で、インド洋に初の海外戦略拠点を設ける可能性があると論じた[41]。

　同記事によれば、海軍は、インド洋において、①艦艇の補給拠点として、ジブチのジブチ港、イエメンのアデン港、オマーンのサラーラ港、②固定した艦艇拠点、固定翼機の整備拠点として、セーシェルなど、③大型艦艇武器装備修理施設として、パキスタンのグアダル港などに、それぞれ戦略拠点を設置する可能性があるという。ただし、それらはあくまでシーレーン防衛上の拠点であり、前方展開の拠点として軍事基地を他国の港湾に構築しようという意図はないという。

　ただし、2011年12月には、梁光烈・国務委員兼国防部長が同月初めにセーシェルを公式友好訪問した際、セーシェル側がインド洋の航行の安全の維持における中国側の努力およびセーシェルへの支援に謝意を表するとともに、任務執行時の補給・休養・整備を同国で行うよう中国の海軍護衛艦隊を招待した。これに対して、同月13日の外交部の定例会見では、劉為民報道官は、「艦隊の遠洋任務執行時に沿岸国の港湾で補給するのは、世界各国の海軍が一般的に行っていることだ。中国は護衛活動その他遠洋任務上の必要にもと

づき、セーシェルなどの適切な港湾で補給・休養・整備を行うことを考慮する。これは透明性ある行動で、心配する必要はない」と述べている[42]。

また、2014年2月にも、中国の劉暁明・駐英国大使が、英国の王立国際問題研究所（Chatham House）で「中国はアジアの平和・安定の力である」と題する講演のなかで、「中国は平和発展の道を堅持し、覇権主義に反対する。これは中国憲法にはっきりと記されている。中国はこれまでに外国の領土を少しでも占領したことはなく、海外に軍事基地を一切保有していない。中国の国防政策は完全に防御的で、平和的なものである」と述べるなど、疑念を払拭する発言が繰り返し行われている[43]。

こうしたなか、2015年5月10日、ジブチのイスマイル・オマル・ゲレ（Ismail Omar Guelleh）大統領が、中国が同国に海軍基地を建設しようとしていることを認めるとともに歓迎の意を示した。中国外交部は、この報道を否定したものの、「目下、中国は海外に軍事基地を建設していない」と述べるにとどまり、態度に変化がみられた。事実、同年11月26日には、中国外交部の洪磊報道官が、中国はジブチにおける後方支援拠点の建設について同国と交渉していることを明らかにした。

さらに、翌2016年1月21日、洪磊報道官は「中国とジブチは、補給施設の建設に向けて協議を進め、合意が得られた」と公表し、「中国軍による活動をよりしやすくし、地域の平和と安定への一層の貢献につながることから、重要な意義がある」と述べた。他方、ジブチは米国がレモニエ基地を反テロ情報収集の拠点としており、中国軍がそこに拠点を設けることで、米国の情報収集活動に深刻な影響がでる可能性も指摘されている[44]。

このように、中国の軍事外交は、中国と当該国との間では友好的、協力的なものとして受け止められ、防衛研究所が「PKOは成功例の一つ」であると指摘しているように、信頼醸成や協調による紛争予防をはじめとして拡大、深化してきている。他方で、戦力投射能力の構築・進展にともない、経済的利益確保のための国際協力活動が本格化し、グローバルな展開能力を進めることで、周辺諸国や国際社会の懸念や軋轢をも引き起こしている。

たとえば、中国が軍事外交の一つとして進める兵器の売却・拡散は、国際社会の不安定度を増している可能性や、既存の権威主義体制の固定化につな

がる可能性がある。また、2014年7月の「環太平洋合同軍事演習」への参加時には、中国が同演習海域へ演習とは別に情報収集艦を派遣するなど、国際社会の不信感は払拭しきれていない。2016年8月9日には、米国太平洋艦隊のスコット・スウィフト（Scott H. Swift）司令官は、南シナ海問題をめぐる国連海洋法条約附属書VIIにもとづく仲裁裁判所の裁決後も、中国が同海域において空中パトロールを展開したり、ロシアと合同軍事演習を実施すると発表するなど、状況を不安定化させる行動をとっていることに懸念を表明している[45]。

おわりに

　以上のとおり、中国は「平和的台頭」（原語は「和平発展」、「和平崛起」）を掲げるとともに、積極的な「軍事外交」を展開してきている。しかし、中国は積極的に友好・協力的な「軍事外交」を展開・喧伝する一方で、周辺諸国や国際社会との間で軍事力を間接的ないしは限定的に使用した摩擦を増加させており、外交目標である中国にとって望ましい国際環境を作り出すことに必ずしも成功していない。

　中国の軍事力の使用の友好・協力的な側面と敵対的な側面との間に齟齬が存在している理由は、第一に、中国が展開・喧伝する「軍事外交」の概念には敵対的な側面は含まれていないが、実際には軍内で用いられている定義には「（軍事）威嚇外交」が含まれており、敵対的な使用を含むものとして定義されているからである。第二に、軍事力の向上にともない中国の「軍事外交」に量的・質的変化が生じており、中国の主張する「平和的台頭」と自らの一方的な主張を「強要」する敵対的な軍事力の使用との間で齟齬が生じていることが理由としてあげられる。第三に、戦力投射能力の構築・進展にともない、経済的利益確保のための国際協力活動が本格化する一方で、中国と当該国との間では「協力的」と受け止められる「軍事外交」が、周辺諸国や国際社会の懸念を引き起こすこととなっているからである。

　とりわけ、中国の軍事力向上にともない、合同軍事演習や示威行動も増加の一途を辿っており、自国の主権や権益保護に関する主張を他国に強制する

可能性は、将来にわたって増大するものと考えられる。こうした中国の言行の不一致について、中国自身は論理的に矛盾していないと考えているものと思われる。それは、一つは依然として中国の「協力的」な軍事力の使用には、能力的制約、軍事的制約などの面で限界があると考えられているからであろう。いま一つは国家主権や海洋権益に対する「保護」は、あくまでも「積極防御」戦略にもとづいて行われるものであると考えられているからであろう。

1) "Vice President Xi Jinping Attends the Welcome Luncheon Hosted by the U.S. Friendly Groups and Delivers a Speech," *Ministry of Foreign Affairs, the People's Republic of China*, February 16, 2012. http://www.fmprc.gov.cn/eng/wjb/zzjg/bmdyzs/xwlb/t906012.htm（なお、本章におけるインターネット情報の最終アクセス日は2016年12月31日である）.
2) "China's Four Tasks for Building New-type Relationship with Major Powers," *People's Daily Online*, December 19, 2013, http://english.peopledaily.com.cn/90883/8489787.html.
3) 2009年7月に開かれた第11回駐外使節会議において、「韜光養晦、有所作為」という外交方針に修正を加えたといわれる。高原明生「インタビュー 中国にどのような変化が起きているか――日中関係の脆弱性と強靱性」『世界』811号、2010年12月、102-103頁、朱威烈「関于"韜光養晦、有所作為"外交方略的思考」『国際展望』2010年第3期、2010年6月、1-7頁、111-121頁など参照。
4) たとえば、Patrick M. Cronin, "Countering China's Maritime Coercion," *The Diplomat (WEB)*, February 27, 2015. http://thediplomat.com/2015/02/countering-chinas-maritime-coercion/, Patrick M. Cronin, "Testimony before the House Armed Services Committee, Rebalancing to the Asia–Pacific Region and Implications for U.S. National Security Committee on Armed Services House of Representatives," One Hundred Thirteenth Congress, July 24, 2013, http://docs.house.gov/meetings/AS/AS00/20130724/101183/HMTG-113-AS00-Wstate-CroninP-20130724.pdf などを参照。なお、軍事力と外交との関係については、たとえば、ポール・ゴードン・ローレン、ゴードン・A・クレイグ、アレキサンダー・L・ジョージ『軍事力と現代外交――現代における外交的課題』（木村修三ほか訳）有斐閣、2009年などを参照。
5) Thomas C. Schelling, *Arms and Influence*, New Haven: Yale University Press, 1966; Alexander L. George, *Forceful Persuasion: Coercive Diplomacy as an Alternative to War*, Washington, D.C.: United States Institute of Peace Press, 1991, pp.5-6.
6) 「積極防御」の戦略方針は、1956年3月6日に中国共産党中央軍事委員会拡大会議以来、中国人民解放軍の軍事工作の基本指導思想となっている。積極防御戦略の歴史的変遷については、斉藤良「中国積極防御軍事戦略の変遷」『防衛研究所紀要』第13巻第3号（防衛省防衛研究所、2011年）、25-41頁等にも詳しい。また、「積極防御」戦略と近年の対外拡張の関係については、土屋貴裕「中国流の戦争方法――習近平

政権下の軍事戦略」川上高司編著『「新しい戦争」とは何か』ミネルヴァ書房、2016 年、172 - 173 頁参照。

7) 中華人民共和国国務院新聞辦公室「中国的和平発展」中華人民共和国国務院新聞辦公室ホームページ、2011 年 9 月 6 日、http://www.scio.gov.cn/zfbps/ndhf/2011/Document/。中国の「和平崛起」論については、たとえば小島朋之「中国は『和平崛起』外交展開」『東亜』439 号、霞山会、2004 年 1 月、41 - 48 頁、および高木誠一郎「中国『和平崛起』論の現段階」『国際問題』540 号、日本国際問題研究所、2005 年 3 月、31 - 45 頁などを参照。

8)「習近平：進一歩開創軍事外交新局面」新華網、2015 年 1 月 29 日、http://news.xinhuanet.com/politics/2015-01/29/c_1114183775.htm。

9) Andrew Cottey and Anthony Forster, *Reshaping Defence Diplomacy: New Roles for Military Cooperation and Assistance,* New York: Oxford University Press, 2004. また、アトキンソン（Carol Atkinson）は、米国の外交政策における交換留学などを通じたソフト・パワーを分析している。Carol Atkinson, *Military Soft Power: Public Diplomacy through Military Educational Exchanges,* New York: Rowman & Littlefield, 2014.

10)『中国人民解放軍軍語』北京：軍事科学出版社、2011 年、1063 頁。

11) ただし、シェリングは、「抑止」と「強要」はどちらも「強制」に含まれると考えた。詳しくは、Thomas C. Schelling, *Arms and Influence,* New Haven: Yale University Press, 1966 を参照。

12) 張芳『当代中国軍事外交：歴史與現実』北京：時事出版社、2014 年、1 - 2 頁。

13) 郭は、「軍事外交とは、主に主権国家の国防部門と武装力および両者から権限を授けられた団体あるいは個人が、国家の利益と国家の安全を増進し実現させることを旨とし、とりわけ国防と安全保障を目標として、その他の国家、国家集団、あるいは国際組織の関係部門と交流、交渉、活動することを指し、一国の対外関係と相対的な外交における重要な側面および構成部分であり、同時に当該国の対外関係において国防政策を体現したものである」と定義している。郭新寧『論軍事外交輿当代中国実践』北京国防大学出版会、2011 年、94 頁。

14) 防衛省防衛研究所『安全保障レポート 2014』防衛省防衛研究所、2015 年。

15) 郭『論軍事外交輿当代中国実践』、100 - 113 頁。

16) 張啓良『海軍外交論』北京：軍事科学出版社、2013 年。

17) 郭『論軍事外交輿当代中国実践』、109 頁。

18) 同上。

19) 同上。

20) 同上。

21) Joseph S. Nye, Jr., "Our Pacific Predicament," *The American Interest,* Vol.8, No.4, February 12, 2013. http://www.the-american-interest.com/2013/02/12/our-pacific-predicament/.

22)「スマート・パワー」の概念については、Richard L. Armitage and Joseph S. Nye, Jr., "CSIS Commission on Smart Power: A Smarter, More Secure America," *The Center for*

Strategic and International Studies, 2007, http://csis.org/files/media/csis/pubs/071106_csissmartpower-report.pdf、および Joseph S. Nye Jr., *The Future of Power,* New York: Public Affairs, 2011（邦訳は、ジョセフ・S・ナイ『スマート・パワー——21世紀を支配する新しい力』（山岡洋一・藤島京子訳）日本経済新聞出版社、2011年）を参照。同概念から、「軍事外交」は「公共外交」（パブリック・ディプロマシー）の側面も併せもつものと考えられる。

23）軍事力などの物理的強制力を指す「ハード・パワー」に対して、「ソフト・パワー」とは、軍事力や経済力によらず、文化などの魅力によって望む結果を得る力を指す語として定義される。Joseph S. Nye. Jr, *Soft Power: The Means to Success in World Politics,* New York: Public Affairs, 2004（邦訳は、ジョセフ・S・ナイ『ソフト・パワー——21世紀国際政治を制する見えざる力』（山岡洋一訳）日本経済新聞社、2004年）参照。

24）松田康博「中国の軍事外交試論——対外戦略における意図の解明」『防衛研究所紀要』第8巻第1号、防衛省防衛研究所、2005年、1 - 37頁、同「中国の軍事外交——軍事安全保障と地政戦略の結合」川島真編『中国の外交——自己認識と課題』山川出版社、2007年、94 - 114頁、および同「中国人民解放軍の対外関係——『中国の国防』の記述を手がかりに」日本国際政治学会2011年度研究大会、2011年。

25）張啓良『海軍外交論』北京：軍事科学出版社、2013年。

26）「習近平出席中央外事工作会議併発表重要講話」新華網、2014年11月29日、http://news.xinhuanet.com/politics/2014-11/29/c_1113457723.htm。

27）「習近平：進一歩開創軍事外交新局面」新華網、2015年1月30日、http://news.xinhuanet.com/politics/2015-01/30/c_127439927.htm。

28）「全軍外事工作会議在京召開 范長竜常万全楊洁篪出席併講話」新華網、2015年1月31日、http://news.xinhuanet.com/mil/2015-01/31/c_1114205077.htm。

29）同上。

30）肖天亮『新中国軍事外交』北京：国防大学出版社、2011年。

31）張『当代中国軍事外交：歴史與現実』、第3 - 5章。

32）万発揚『中国軍事外交理論與実践』北京：時事出版社、2015年。

33）張英利主編『軍事外交学概論』北京：国防大学出版社、2009年、34頁。

34）張『当代中国軍事外交：歴史與現実』、15 - 18頁。

35）「習近平会見美国国務卿克里」新華網、2015年5月17日、http://news.xinhuanet.com/politics/2015-05/17/c_1115309355.htm。

36）張『当代中国軍事外交：歴史與現実』、204頁。

37）同上、204 - 208頁参照。

38）同上、208頁。

39）同上。

40）"China Builds up Strategic Sea Lanes," *The Washington Times,* January 17, 2005, http://www.washingtontimes.com/news/2005/jan/17/20050117-115550-1929r/?page=all。

41）海韜「海軍建首批海外戦略支撑点？」『国際先駆導報』20130104期、2013年1月4日、

5 頁。また、2014 年 11 月には、世界に 18 の海外軍事拠点を設ける可能性が報じられた。"Chinese Naval Base for Walvis Bay," *The Namibian(WEB)*, 19 November, 2014. http://www.namibian.com.na/indexx.php?archive_id=130693&page_type=archive_story_detail&page=1.

42）「2011 年 12 月 13 日外交部発言人劉為民挙行例行記者会」中華人民共和国外交部ホームページ、2011 年 12 月 13 日、http://www.fmprc.gov.cn/mfa_chn/fyrbt_602243/jzhsl_602247/t886766.shtml。

43）「駐英国大使劉暁明在英国皇家国際問題研究所的演講：中国是亜洲的和平穏定力量」中華人民共和国外交部ホームページ、2014 年 2 月 6 日、http://www.fmprc.gov.cn/mfa_chn/dszlsjt_602260/t1125904.shtml。

44）Con Coughlin, "China Deal Threatens Only American Military Base in Africa," *The Telegraph(WEB)*, July 21, 2015. http://www.telegraph.co.uk/news/worldnews/africaandindianocean/djibouti/11752759/China-deal-threatens-only-American-military-base-in-Africa.html.

45）Sam LaGrone, "U.S. Pacific Fleet's Swift Calls for Military Transparency in China Visit," *USNI News(WEB)*, August 9, 2016, https://news.usni.org/2016/08/09/u-s-pacific-fleets-swift-calls-military-transparency-china-visit.

第5章
中国の対EUパートナーシップ関係の発展
——「求同存異」の発展方式

山影 統

はじめに

　冷戦終結後、1990年代後半になると中国は外交政策を「大国間の調整」に力点をおき、中国と大国間の関係がパートナーシップの構築によって進展し、これがメカニズムとなる方向で発展し、大国関係が着実に安定に向かっていることを強調するようになった[1]。そのなかで今日に至るまでもっとも順調に発展しているのが中・EUパートナーシップ関係であろう。1998年に「建設的パートナーシップ」関係を締結して以降、中・EUは、2001年には「包括的パートナーシップ」、2003年には「包括的戦略パートナーシップ」とその関係を着実に深化させている。
　また、中国は2003年に「対EU政策文書」を発表した。これは、中国が発表した最初の対外政策文書である。そしてこの文書は、「『積極的な参与』という新しい総体的外交思想の指導のもとで作成されたものであり」、「『反応式』外交に慣れ、『主動的な出撃』（原文ママ）がなかった」中国外交の新たな展開として「中国外交の主導性を表している」と評価された[2]。
　習近平体制になった後も中国は引き続き対EU関係を重視している。2014年3月には習が欧州諸国を歴訪し、また中国の国家主席として（国交樹立したEEC時代を含め）初めてEUの本部を訪問した。さらに4月には2003年に次いで二つ目となる「対EU政策文書」を発表し、両者のさらなる関係発展に向けて戦略的に外交政策を展開する意思をみせている。
　とくに、ここ数年の中国外交は、米中関係ではサイバー・スパイ問題、東

アジアとの関係では領有権問題や歴史認識問題などで行き詰まりをみせているなかで、対西欧外交のみ順調であるという指摘さえ存在する[3]。

なぜ中国のとくに大国に対するパートナーシップ関係のなかで、中・EU関係が比較的順調に発展できているのであろうか。本章では、中・EU間におけるパートナーシップの発展認識の差異および、両者の間に存在する諸問題を検証することを通じて、この問いを明らかにするとともに中国のパートナーシップ外交の特徴を明らかにすることを目的とする[4]。

I　中・EU関係の歴史的展開とその基本姿勢（1975〜1989）

中国は1949年の建国後、二国間関係として多くの西欧諸国と接触してきたが、共同体としての西欧との関係は、1975年9月16日のEEC（欧州経済共同体）との外交関係樹立からはじまる。中国側にとって西欧との接近は安全保障、経済両面で重要であった。とくに、1975年から80年にかけて、中国はNATO（北大西洋条約機構）メンバー国にある軍需産業関係の企業へ視察団を積極的に派遣し、武器購入のみならずNATOの対ソ防衛戦略に興味を抱いていた[5]。

西欧諸国では、中国の国連「復帰」や米中接近以降、次々と中国との国交樹立がなされ、二国間交流が活発化し、経済関係も拡大した。こうしたことからEC（欧州共同体）も中国との関係樹立に徐々に積極的になっていき、1973年には、「中国が望むならば、共同体は同国との関係を樹立する用意がある」とのメッセージを送っていた[6]。

中・EEC外交関係樹立後[7]、1978年に双方の間で貿易協定が締結され、ECと中国の経済、貿易、産業分野における交流促進が目標として掲げられた。この貿易協定は中・EC関係の発展の大きな一歩であるとされ、中国にとってはソ連の覇権に反対し、中国とECとの間の貿易と経済技術協力を推し進めるものであったとされる[8]。そして、もう一つ重要な点として、この協定によって、EECと中国間で通商問題を定期的に協議するための合同委員会が創設され、初の常設機関をもつことになったことがあげられる[9]。この協定は、「中・EEC貿易経済協定」へと1985年に改訂される。今日において

も中・EU両者の関係は、原則的にはこの協定にもとづいている。

　しかし、1989年の第二次天安門事件（六・四事件）によって両者の関係は冷え込むこととなった。事件を受けてEC首脳会議は中国の行為を激しく糾弾する「中国に対する宣言」を採択し、厳しい政策措置を発動することを決定した[10]。制裁措置は主に、1.人権問題を適切なフォーラムで取り上げ、中国における裁判に出席し、監獄を訪問する独立したオブザーバーの入国を認めることの要請、2.軍事協力の停止と中国への武器禁輸、3.閣僚およびハイレベル間での接触の禁止、4.EC加盟国による新規プロジェクトの延期、5.文化・科学・技術協力の制限、などを行った[11]。これに対して、中国は内政干渉であると厳しく非難した[12]。

　翌年、ECにおいて段階的に両者の関係を再構築することが理事会および欧州議会によって議決され、中国への制裁措置は武器禁輸を除いて解除された。武器禁輸の解除は現在においても中国の対EU政策の主要目標の一つである。また、中国側もEC側に働きかけ、銭其琛外相がEC外相と会談を行うなどした[13]。こうして、92年に両者の関係は正常化した。

II　冷戦後の中・EU関係における両者の基本姿勢

　1990年代後半から今日に至るまで、中・EU関係は、パートナーシップ関係を中心として着実に発展している。しかしながら、「発展」認識は中・EU間において必ずしも一致するものではない[14]。本節では冷戦終結以後の中・EU関係を概観するとともにそこに潜在的に存在する対立要素について明らかにしたい。

1　システム化する中・EU関係

　冷戦後の中国とEUの関係は、大きく三つの発展段階を経て現在に至っている[15]。第一に「21世紀に向けた長期的で安定的で建設的なパートナーシップ」関係（1998年、以下、建設的パートナーシップ）[16]、第二に「包括的パートナーシップ」関係[17]（2001年）、第三に「包括的戦略パートナーシップ」関係（2003年）[18]である。さらに2013年には「中国・EU協力2020年戦略

計画」(EU-China 2020 Strategic Agenda for Cooperation. 以下、「2020 年計画」) が中・EU 中国首脳協議で合意され、2014 年には中国が 2 回目となる対 EU「政策文書」を発表している。

　この間、中・EU 関係は経済関係にとどまらず、多方面で協力関係が構築された。1992 年の環境対話を皮切りに、エネルギー対話 (1994 年)、人権対話 (1995 年)、情報通信対話 (1997 年) などの政治・分野別対話の枠組みが構築された[19]。そして、こうした継続的な対話の一つの成果として 1998 年に「中・EU 首脳会議」(サミット) が当時 EU の閣僚理事会議長国であったイギリスのロンドンで行われ、以後毎年中国と閣僚理事会義国との間で交互に開催されるようになった[20]。

　さらに、2005 年のサミットによって外務次官級による「中・EU 戦略対話」が、2008 年には、第 7 回サミットにおける中国側の提案によって「中・EU ハイレベル経済貿易対話」などが行われるに至った[21]。こうした、多分野にわたる重層的な対話枠組みはよりシステム化することになる。「中・EU ハイレベル経済・貿易対話」に加えて、2010 年には「中・EU ハイレベル戦略対話」、2012 年には「中・EU ハイレベル・人的文化交流対話」の閣僚級の常設対話枠組みの設立によって、中・EU における対話枠組みは「三本の柱」構造を構築した[22]。このように、中・EU 関係は多くの分野において枠組み化が進んでいる。

2　EU の対中政策とその特徴

　冷戦後まず中・EU 関係を主導的に発展させようとしたのは EU 側であった。1993 年 11 月 1 日マーストリヒト条約 (欧州連合条約) が発効し、EU が設立された。これにより中国と EU の関係は転機を迎えた。それまで中国と外交関係をもっていた EEC は外交に関する権限がなく、両者の関係は主として通商と経済協力に限定されていた。しかし、EU の設立によって「共通の外交・防衛政策」がその柱として含まれるようになり、EU が独自の対中国外交政策を展開する基礎が確立された[23]。

　こうしたなか、欧州委員会は 1994 年に「新アジア戦略に向けて」を発表し、アジア地域の経済発展にともない、今後の EU が世界経済をリードするため

にはアジアにおける経済的なプレゼンスを強めなければならず、さらに地域・世界の平和と安定性を確保するために政治的な対話を行う必要があるという指針を示した[24]。これは確かにそれまでの経済のみならず政治的なプレゼンスの拡大浸透を模索しているという点では新しいものであるが、あくまでアジア経済の急速な発展に対してEUはどのように対応するべきなのかという点に主眼がおかれていた。

翌年7月、欧州委員会は、「欧州・中国関係のための長期政策」を発表した[25]。この文書をさらに発展させたものとして、1998年3月に欧州委員会は「中国の包括的パートナーシップの構築」を採択し、EUは対中関係を「包括的パートナーシップ」と規定した。

このように、1990年代半ばからEUは中国を重視し、欧州委員会は2001年には、「EUの対中戦略――1998年のコミュニケーションの実施、並びに欧州共同体の政策を強化するためにとるべき措置」(以下「EU対中戦略文書2001」)を[26]、2003年には「EU・中国関係における共通利益と挑戦――成熟したパートナーシップに向けて(EU・中国関係についての1998年および2001年の欧州コミュニケーションの更新)」以下「EU対中戦略文書2003」)という政策文書を策定し、その関係は「包括的パートナーシップ」から「包括的戦略パートナーシップ」へとその関係を「成熟」させたとしている[27]。さらにその3年後の2006年にも新たな対中戦略「EU・中国――より緊密なパートナー、増大する責任」(以下、「EU対中戦略文書2006」)[28]を発表した。

2001年から2006年の三つの政策文書では、対中関係の「成熟」を強調する一方で、その根幹は1998年の「包括的パートナーシップの構築」において提示した目標をいかに達成できたのか、もしくは今後どう達成していくのかという行動指針を示したものである。各レベルの対話制度も、この目標を達成する手段の一つである。したがって、EUが対中関係においてどのような利益ないし成果を見込んでいるのかを確認するためには「包括的パートナーシップの構築」を読み解く必要がある。

このなかで、EUは以下の五つを目標として設定した。1. 政治対話の強化を通じ、中国が国際社会により深くかかわるようにする、2. 法治国家と人権尊重を基盤とする中国の開かれた社会への移行を支援する、3. 世界貿易制度

に十分に参画させ、持続可能な経済社会改革プロセスを支援することで、中国の世界経済への統合を強化する、4.使用可能な欧州の財源をより効果的に活用する、5.中国における EU のプレゼンスを高める。

とくに重要なのが、二つ目の目標である。「EU 対中戦略文書 2003」では、この問題は、チベット問題とも関連づけられ、「チベットの真の自治権確保を前提として、チベット問題に関して双方が受け入れ可能な解決策を見出すことをめざし、中国とダライ・ラマとの間で行われている直接コンタクトをより深めるよう両者にうながす」とした。さらに、2006 年の文書でも、「民主主義、人権、共通の価値の普及が EU の政策の根本的な原理であり、二国間関係においても最重要なものである」と言及されている。このことからもわかるように EU の対中政策は、政治問題、とくにチベット問題を含む人権問題に関して、EU の中国に対するコミットメントがパートナーシップ関係の前提となっている。

しかし、こうした EU の対中国戦略は、EU の影響力のもとで中国が経済を自由化し、法律を改定し、政治を民主化させるという「時代錯誤」な信念をベースにしたものであった[29]。さらに、中国側ばかりに利があり、EU への見返りが少ないこの「無条件の関与」にもとづいて中国を EU の「友好政策」に引きつけようとした結果として、EU は中国の価値観に反する行動をも受け入れざるをえなくなってしまったとされる[30]。

3 冷戦後の中国の対 EU 政策とその特徴

1990 年代半ばから後半にかけて、中国は国際情勢認識を多極化ととらえ、そのなかでも米国、ロシア、日本、EU といった「大国関係の調整」に力点をおくようになり、パートナーシップ関係を重視するようになった[31]。「パートナーシップ」とは、第一に双方の協力が軍事同盟を目的とせず、さまざまなレベルの共通利益に基礎をおき、第二に対抗の方式ではなく、対話の方式によって、存在する意見の食い違いや紛争を解決し、第三に第三国に対するものではない、と定義づけられる[32]。

蘇浩の研究によると、パートナーシップは、「友好協力レベル」(第一レベル)、「善隣パートナーシップ」(第二レベル)、「包括的パートナーシップ」(第

三レベル)、「戦略的パートナーシップ」(第四レベル)という四つに大きく区分できるという[33]。さらに蘇は、「友好協力レベル」は、いわゆる「平和共存五原則」にもとづくもので、「協力」が相互の尊重と相互の利益にもとづく一種の安定的関係を意味する。「善隣パートナーシップ」は、地政学的な色あいの濃いもので、相互の発展促進のため近隣国との友好協力を強調するものである。第三レベルの「包括的パートナーシップ」は、政治・経済・貿易・安全保障・文化などの分野での多方面の協力を含む二国間協力の包括性が重視される。そして、もっとも高度なレベルなのが、「戦略的パートナーシップ」で、国際政治の構造を決定づける、大国間の良好な関係を維持するものと位置づけられるとしている[34]。また「戦略(的)」とは、1.「長期性」、2.「全局性」、3.「多様化」という三つの要素を含むものをいう[35]。

中国外交部の表現に沿うと、中・EU関係は、「建設的パートナーシップ」、「包括的パートナーシップ」、「包括的戦略パートナーシップ」へと深化しているとされる[36]。上述した蘇浩の分析を中・EU関係に当てはめると、「建設的パートナーシップ」は第二レベル、「包括的パートナーシップ」は第三レベル、「包括的戦略パートナーシップ」は第四レベルとなり、段階的に発展している印象を受ける。しかしながら、1998年の段階で中国にとって対EU関係の位置づけは確固としたものではなかったと考えられる[37]。

中国がEUの存在を対外政策のなかで明確に位置づけたのは、「中国対EU政策文書」(以下、「中国対EU政策文書2003」)[38]を発表した2003年以降である。本章冒頭でも述べたように、この政策文書は、EUのみならず対外政策において中国が発表した初の「政策文書」であり、「積極的な参与」という新しい相対的外交思想の指導のもとで作成されたものであるとされる[39]。そして、これまで国際舞台では低調で、「反応式」外交に慣れ、「主動的な出撃」が多くなかった中国外交の主導性を示すものであると評価された[40]。それまでの中国の対EU認識は、EUの中国重視の程度と比べて、さほど明確なものではなく、より二カ国関係を重視する傾向が強かった[41]。こうしたなかで中国が政策文書を発表したのは、EUとの関係の重要度を引き上げたことを意味する。

文書内において、中国は対外政策について、「平和共存五原則」の基礎の

もとで、公平な国際政治経済の新秩序の確立を推し進め世界の多様性を尊重し、国際関係の民主化を促進し、世界平和を維持し、共同発展を求めるとしている。また、EU を世界の重要なパワーの一つと位置づけ、とくにその経済規模を評価している。また、中国は対 EU 政策における基本的な姿勢や、経済関係における中国と EU の関係性、さらに各協力分野[42]においての方針を明らかにしている[43]。

　文書では対 EU 政策目標として、1．「互尊互信」[44]、「求同存異」[45]によって政治関係の健全で安定的な発展を促進し、世界の平和と安定を共同で維持する、2．「互恵互利」、平等な協議、経済協力の深化、共同発展を推し進める、3．互いに繁栄し、長所を取り入れ短所を補い、人文交流を拡大させ、東西文化の調和と進歩を促進させる、という三つをあげている。このなかで、とくに筆者が強調したいのは、「求同存異」の部分である。これは、対立のある問題を棚上げし、共通の利害関係のもののみを処理していこうというものである。すなわち、EU の人権問題などに関するコミットメントを前提にしているパートナーシップ認識とは正反対のスタンスをとっているのである。2004 年の中・EU ビジネスサミットでの温家宝首相（当時）のスピーチにおいても、中・EU 発展の原則として、1．「互尊互信」、2．「平等互利」、3．「求同存異」、4．「協力共勝」をあげている[46]。

　チベット問題においても、この「求同存異」のスタンスのもと、ヨーロッパの各界人がチベットに訪問することを奨励するが、それはあくまで中国の法律、法規を尊重していることが前提であり、「チベット亡命政府」に接触し、「ダライ・ラマ集団」の分裂活動に便宜を図ることのないように要求するとしている。

　2003 年の政策文書においていま一つ重要なのが、中国が EU との政治関係における自国の姿勢と、経済関係における中国自身の立ち位置を明確にしている点である。政治面においては、台湾問題における「一つの中国」や香港・マカオについて「一国二制度」の原則や、その後両者の関係に影を落とすようになったチベットに関しても述べている。そして、「いわゆるチベット亡命政府」に接触しないように要求し、集団的分裂活動に与しないように求めている。また、人権問題については、両者の立場には隔たりがあること

を認め、平等と相互尊重のもとで対話を行うことを是としている。

経済関係においては、EU は経済・技術先進国であり、多くの資金をもっているのに対し、中国自身は、経済は持続成長しており、市場は広大で、労働資源は豊富であるとしている。また、環境保護、貧困扶助、人材育成などEU からの援助を期待しており、経済面においてはEU と中国の関係は援助国と被援助国という位置づけであった。

こうして中国は、その対EU 政策の基本的な姿勢を明らかにしたが、この文書に限らず幾度も強調しているのが、中・EU 間には「根本的な利害対立」が存在しないということである[47]。

中国と EU 双方は明確な形で政策文書を公開したが、政治的にはコミットメントを避けたい中国とコミットメントを重視しているEU という関係発展に関する両者の認識に大きな差異がみられることもまた明らかになった。この対立構造は、その後の中・EU 関係にも影響を及ぼすようになった。

Ⅲ 「包括的戦略パートナーシップ」以降の関係とパワー・バランスの変化

前節で述べたように、中・EU 関係において、その発展アプローチは正反対のものである。本節では、2003 年の中・EU の「包括的戦略パートナーシップ」関係の構築後に徐々に顕在化してきた、両者間の問題を検証する。

1 諸問題にみえる中国の優位性

2003 年に「包括的戦略パートナーシップ」として新たな関係に踏み出した中国とEU であったが、その関係の深化にともなって、課題も多く見受けられるようになった。そして、両者の間のパワー関係にも変化が生じてきた。

両者のパワー・バランスに大きな影響を与えたのが2008 年の国際金融危機であった。金融危機以後、中国の国際情勢認識や対外姿勢に変化がみられるようになり、とくに国際情勢認識では、金融危機を中国に有利な変化ととらえる傾向が強くなった[48]。こうしたなか、中国は経済的なプレゼンスをも加速させていき、米国債以外に欧州債を購入し、さらにギリシアのピレウス港の一部を 35 年租借するなどし、EU に対しても経済的なプレゼンスを

強めるようになった[49]。

　中国の影響力は、経済だけでなく、政治問題にも及んだ。とくに2008年の中国の首脳会談キャンセルは、それを裏づける象徴的出来事であった。2008年11月に当時の議長国であったフランスのサルコジ大統領がチベットの精神的指導者であるダライ・ラマ14世と会談を行うことを発表した際、中国側がこれを内政干渉として12月1日に行われる予定であった第11回中・EU首脳会談をキャンセルした。

　結局第11回サミットは、2009年5月にチェコのプラハで行われたが、キャンセルの影響を受けてか、その共同声明はそれまでのものに比べて、非常に簡素な内容となっている[50]。また、同サミットの合同記者会見の場で温家宝首相は、中国の戦略協力でもっとも重要なのは相互尊重と内政不干渉原則であると強調した[51]。さらに第12回サミット（2009年11月）の共同声明では、それまでは人権対話の項目にのみ限定的に使われていた、「相互尊重」（mutual respect）と「平等」（equality）という文言が、戦略パートナーシップ関係全体の基礎であると明記されるようになった[52]。このように、文章の表現上においても従来よりも中国の意向が反映されているものとなったのである。

　中国とEU間の関係の変化は、中国・EU双方に原因があると考えられる。中国側の最大の要因としては経済発展を中心とした国力の増加によるいわゆる「大国」認識がある。中国側の研究者によると、「EUは衰えている。政治的には分裂しており、軍事的には影響力がない。経済的には、巨大であるが、われわれはもはやEUを恐れない。なぜなら中国がEUを必要としている以上にEUが中国を必要としているからである」という認識まででていたという[53]。

　こうした中国の対EUアプローチ戦術は三つあるとEU側の研究者は指摘している[54]。すなわち、第一に自国の中央にコントロールされたシステムと、EUの開かれた市場と政府の間にあるミスマッチを利用して自国の経済を保護しつつ利益を得る。第二に主要な問題に関するEUの圧力を、公式対話を受け入れておきながら、結局議論のみで行動のともなわないものにする。第三にEU諸国間の分裂を利用する。サルコジ大統領のダライ・ラマ14世と

の面会をめぐる首脳会談のキャンセルも、EU諸国の間に不信感を芽生えさせようと企てたものだとしている[55]。ただし、中国はチベット問題を、「核心的利益」であって人権問題とはとらえていない。そのため彼らにとって、ダライ・ラマとの面会は「核心的利益」を侵すものであって、サミットのキャンセルがEUの諸国間の分裂を狙ったものとするのは、一方的にすぎるきらいもある。しかしながら、EU側の視点に立った際に、「包括的戦略パートナーシップ」が、彼らが当初に想定したほどの成果がでていないという一種の危機感が存在していたのは確かであろう。

さらにこうした中国側の「戦術」を助長させるEU側の理由としては、EU諸国が貿易、政治、その両者、もしくはそれ以外の問題というようにしばしば対立するアプローチを用いて個別的に中国と接近しているためという指摘がある[56]。EUメンバーは、中国の欧州経済への強い影響にどのように対処するのか、どのように中国に対して政治的関与を行っていくのかという二つの主要問題の間で意見が分かれてしまったからであった[57]。

2 貿易摩擦問題

政治的な問題以外にもEUの懸念となっているのが、貿易不均衡の問題である。中・EU貿易の貿易総額は、2004年は1,775.85億ユーロ、20010年3,973.85億ユーロ、2014年は4,673.09億ユーロであり、年々その規模は増加している。しかし、貿易構造はEU側の一方的な貿易赤字である。EU側貿易赤字は、2004年は808.21億ユーロ、2010年は1,7404.77億ユーロ、2014年は1,378.49億ユーロとなっており、2006年以降増加もしくは横ばいとなっている[58]。

EU側も2000年代半ばにはこの問題を憂慮しており、「EU対中戦略文書2006」の付属文書「EU・中国　通商と投資――競争とパートナーシップ」のなかでも触れられている[59]。そこでは「EUの利益の保護」として、貿易摩擦が生じた場合は、まずは対話と交渉が模索されるとしながらも、もし失敗すればWTOの紛争処理制度を用いることができるとしている。一方でWTOの利用は「協力」が「対立」に取って代わるわけではなく、あくまで多国間ルールのなかで明らかにするためである、とされている。

中・EU貿易で争点となっているものは知的財産権保護問題、中国の市場

表 5-1　EU の対中貿易額

年	貿易総額 (億ユーロ)	EU 輸入 (億ユーロ)	EU 輸出 (億ユーロ)	貿易収支 (億ユーロ)
2004	1775.85	1292.03	483.82	-808.21
2005	2127.55	1610.08	517.47	-1092.60
2006	2595.13	1958.17	636.96	-1321.21
2007	3056.86	2338.63	718.23	-1620.40
2008	3274.03	2491.02	783.01	-1709.02
2009	2976.95	2152.74	824.21	-1328.53
2010	3973.85	2839.31	1134.54	-1704.77
2011	4314.44	2950.29	1364.15	-1586.14
2012	4362.60	2920.54	1442.06	-1478.48
2013	4282.43	2800.89	1481.54	-1319.35
2014	4673.09	3025.79	1647.30	-1378.49

出所：欧州委員会発表の "European Union, Trade in Goods with China" のデータをもとに筆者が作成。

経済地位認定問題など多岐にわたっているが、もっとも伝統的な争点の一つであり、頻繁に取り上げられるのが、ダンピング問題である。2012 年の EU の中国製太陽光パネルに対する反ダンピング調査および関税賦課措置をめぐって、中国と EU 両者による報復的措置の応酬によって貿易摩擦は激化した[60]。欧州委員会による調査開始以降、シームレス鋼管、携帯通信機器、陶磁器、食品・台所用品など、EU は中国の対 EU 輸出品の反ダンピング調査・課税の対象を拡大し、それに対して中国は徹底抗戦の構えをみせ、EU 域内産ワインや高性能ステンレス鋼管、化学物質トルイジンなど、EU の対中輸出品に対して反ダンピング調査や課税を行うなどした[61]。

そのほかに 2007 年以降中・EU パートナーシップ協力協定締結に向けた交渉が開始されたが、こちらも 2011 年に第 6 回実務責任者会合以降、会合は行われていない[62]。中国側もこれに不満を感じており、2015 年 6 月 29 日に第 17 回中・EU サミットのためベルギーのブリュッセルを訪問していた李克強首相は『ファイナンシャル・タイムズ』紙などの質問に対する回答に

対して、中・EU間の投資の流れを「全く満足いくものではない」と非難し、中国企業が欧州企業を買収する際の円滑な道筋をつける双方向貿易協定の早期締結を強く訴えたという[63]。投資の規模についても、貿易総額に比して、満足いくものではなく、包括的でバランスのとれた高水準の投資協定の早期締結が新たな中・EU協力関係の可能性を生み出すとも指摘した[64]。こうした投資に関する中国の積極的な姿勢は、第17回サミットの共同声明にも明記され、2015年9月に開かれた経済貿易ハイレベル対話において、中・EU共同投資基金も視野に入れた具体的な協力方式についての話し合いを行うことが確認された[65]。

3 「2020年戦略計画」と二つ目の「対EU政策文書」

2003年中・EU関係が両者の間で「包括的戦略パートナーシップ」と位置づけられてから10年後の2013年に、中国とEUは北京で開かれた第16回サミットのなかで、「中国・EU協力2020年戦略計画」を発表した。これは、EUの中期成長戦略「欧州2020」と中国の努力目標である「二つの百年」[66]と第十二次五カ年計画に沿う形で中・EU関係の関係深化目標を謳ったものである。そして、毎年のサミットにおいてその進度は報告されるものとしている[67]。

「2020年戦略計画」では、2003年以降拡大した協力領域について、サミットと「三つの柱」（ハイレベル戦略対話、ハイレベル経済通商対話、ハイレベル人文交流対話）を通じて、戦略計画の目標達成をめざすとしている。「三本柱」構造が成立したのは、各閣僚級のハイレベル対話枠組みが整備された2012年以降のことであり[68]、中・EU関係の「制度化」が構造的に整理できるところまで来ていることを示している。

さらに2014年に中国は2003年以降二つ目となる政策文書である「中国対EU政策文書：深化する互利共勝の中・EU包括的戦略パートナーシップ」（以下、「中国対EU政策文書2014」）を発表した[69]。この時期に政策文書が発表されたことは、習近平政権下においても中国がEUを引き続き重視していると考えることができる。

文書内で、中国はEUについて、中国が平和発展の道を歩み、世界多極化

を推進するための重要な戦略パートナーであり、「新しい四つの現代化（新四化）」[70]と「二つの百年」における目標を達成するための重要な協力相手だとしている。そして、EUとの関係を強化・発展させることは、中国が推し進める長期的で安定的で「健康的」な新型国家関係発展の重要な構成要素であり、中国外交政策の優先方向の一つであるとして、その関係の重要性を指摘している。

　この文書でとくに注目すべきなのが、中国の自己認識の変化が読み取れる点である。文書のなかで、中国は自身について、発展途上国であり、その発展もアンバランスであることを認める一方で、「中国の総合国力は大幅に増大し、重大な国際・地域的な役割においても非常に強い影響力を発揮している」との認識を示すようになっている。さらに、EUについても、「国際金融危機から受けた影響によって、冷戦以来もっとも厳しい挑戦に遭遇している」としている。「中国対EU政策文書2003」では、自身とEUの関係を被援助国と援助国の関係でとらえていたのに対し、この政策文書では経済分野においてもほぼ対等な位置づけとなっている。さらに、中・EUは新興市場国家と先進諸国の代表的なものであり、多極的な世界システムに対して重要な戦略を共有しており、世界平和を維持する二大パワーであるとしている。

　いま一つ「中国対EU政策文書2014」で注目すべきは、人権およびチベット問題に関しての部分である。そこには、「中国は相互尊重と内政不干渉原則のもとでEUと人権対話を継続し、（中略）EUは、公民、政治、経済、社会および文化的権利と発展の権利を含む各種人権を重視し、客観的かつ公平に中国の人権状況を取り扱い、個別的案件で中国の司法的主権と内政に干渉することを停止し、双方の人権対話と協力のために良好な雰囲気を作り出さなければならない」とEU側に要求している。2003年の文書に比べて、14年のものは人権問題に関して、EUに対する強い不満をもっていることが読み取れる[71]。チベット問題に関しても、2003年では、中国の法律を尊重する限りは、EU各界の人士がチベットを訪問することを是としていたのに対し、2014年版ではそうした文言は消え、いかなる身分や形式においてもEU加盟国はダライ・ラマ「集団」との接触は行わないという強い文言のみがみられる。

このように二つの「政策文書」の文言を比較検証してみても、2003年と比べて、近年の中国のEUに対する姿勢は強くなっており、10年間での相対的なパワー・バランスが変化したことがわかる。

おわりに

　本章では、冷戦後の中国の対外政策、とくにパートナーシップ関係の展開およびその特徴について、対EU政策を事例に明らかにしてきた。最後に中国の対EU政策を総括しつつ今後の中・EU関係を若干展望したい。

　冷戦後、中国はとくに大国間ではパートナーシップ関係を重視するようになった。しかし米国や日本との間では行き詰まりをみせるなか、EUとのパートナーシップ関係は順調に発展していった。最初の働きかけこそEU側であったものの、両者の関係が進展していくなかで、中国は2003年に「中国対EU政策文書2003」を発表し、主体的に外交政策を展開する意思をみせるようになった。そして今日までに中・EU関係は政治・経済分野で多角的な対話システムを構築している。

　EUとの関係において中国が強調しているのが「根本的利害対立が存在しない」点であり、その発展方式は、共通利害では協力し、利害の異なる分野はそのまま残しておくという「求同存異」方式によって行われるという点である。つまり、中国はEUが関心を示している人権問題やチベット問題については、EUによる干渉を明確に否定している。他方で、EUにとってのパートナーシップとは中国への関与が前提である。つまり、両者は関係発展のプロセスこそ変わらないものの、最終的な目標は正反対の構造となっている。

　こうして2008年にサルコジ大統領がダライ・ラマ14世と面会した際に、中国はサミットの中止という強い姿勢でEUに臨んだ。さらに、以降のサミットの共同声明でも中国側の意向がより反映されるようになった。こうしたとくに2000年代後半にみられる中国の優位の態度は、EU諸国内にみられる対中政策の不一致に加え、世界経済の危機におけるEUのパワーの相対的弱体化、さらに同時期のいわゆる「台頭中国」から来る中国自身の大国認識によるものである。

いずれにせよ、中国は今後も EU をパートナーとして重視しつづけるであろう。2016 年 7 月に北京で開かれた第 18 回サミットでは、習近平が、EU が「一帯一路」建設に積極的に参加することを歓迎し、さらに戦略対話を発展させる必要性などを強調した[72]。

　他方で懸念材料も存在している。それは、中国が主導権を握りつつある「求同存異」の発展プロセスに対して EU 側の不信感がみられる点である。それが顕著に表れているのが、2016 年 6 月に EU が発表した政策文書「EU の新たな対中戦略の要素」(Elements for a New EU Strategy on China) である。この政策文書では、EU の対中ポリシーメイキングに際して、米国やアジア太平洋地域のパートナー（日本、韓国、ASEAN 諸国、オーストラリア等）の存在を十分考慮に入れると明記されている。すなわち EU は中国が標榜する「求同存異」方式のまま今後も独自に中・EU 関係を発展させることに警戒感を示した形となった。

　このように中国の「求同存異」を原則としたパートナーシップ関係発展プロセスは、「台頭中国」も相まって、比較的順調に今日まで推移してきた。この構図は今後も「根本的な利害対立が存在しない」うちはうまく機能するであろう。しかしながら EU が対中政策のなかで米国をはじめとする第三国との関係性を考慮すると明言したものの、この「根本的利害対立が存在しない」状況がいつまで続くのかは不分明である。そうした意味では「求同存異」方式が今後も順風満帆に関係発展をうながすか、今後も注視する必要がある。

1) 小島朋之『現代中国の政治——その理論と実践』慶應義塾大学出版会、1999 年、328-329 頁。
2)「中国の対『EU 政策文書』を解読」『北京週報』（日本語版）、No.46（2003 年）、http://www.bjreview.cn/JP/JP/2003.46/200346-world1.htm。
3) Minxin Pei, "The China-Europe Lovefest," *The National Interest*, 2014.7.11, http://nationalinterest.org/feature/the-china-europe-lovefest-10859（2015 年 1 月 30 日最終アクセス）。
4) 中・EU 関係における同一の問題に対する双方の認識の差異を扱った先行研究としては、Zhongqi Pan ed., *Conceptual Gaps in China-EU Relations: Global Governance, Human Rights and Strategic Partnerships,* Hampshir: Palgrave Macmillan, 2012.

5) David Shambaugh, *China and Europe:1949-1995,* Research Notes and Studies No.11, Contemporary China Institute, School of Oriental and African Studies, University of London, 1996, p.12.

6) 川崎晴朗「中国と欧州共同体」『外務省調査月報』XVII, No.1（1976年4月）、99頁。また、実際に外交関係樹立に向けた直接的な接触は1973年の秋に当時の欧州委員会副委員長ソームズ（Sir Christopher Soames）が中国駐英大使の招待により北京を訪問したことからである。（Francis Snyder ed., *The European Union and China,1949-2008: Basic Documents and Commentary,* Oxford and Portland, Oregon: Hurt Publishing, 2009, p.42.）

7) 周知のようにECはEEC、ECSC（欧州石炭鉄鋼共同体）、ユーラトム（欧州原子力共同体）の総称である。中国が外交関係を樹立したのは三つの共同体のうちEECのみであるが、これは当時特に異例なことではなかった。川崎、同上、83頁。

8) 王泰平『新中国外交50年』中巻、北京出版社、1999年。

9) 林大輔「EU・中国関係の40年――経済・通商関係から包括的な戦略的パートナーシップ形成へ、1975-2015年」、*EUSI Commentary*, Vol.58（2015年8月30日）、http://eusi.jp/mail-magazine/commentary/commentary_058/（2015年9月2日アクセス）。

10) 田中友義「30年を迎えたEUと中国外交関係――成熟したパートナーシップを目指して新たな展開」『国際貿易と投資』No.61、2005年。

11) European Council, "Declaration on China," 26 and 27 June 1989, European Council: Madrid, Snyder, 2009, pp.741‒742.

12) 王『新中国外交50年』中巻、1197頁。

13) 同上。

14) 中・EUパートナーシップ関係における双方の発展認識の差異については、拙稿「冷戦後の中国・EU関係における対立構造――『政策文書』にみる関係発展プロセス認識の差異」『問題と研究』第40巻4号、2011年、を参照。

15) たとえば中国外交部ホームページを参照。

16) 中国語：建設性夥伴関係　英語：Constructive Partnership

17) 中国語：全面夥伴関係　英語：Comprehensive Partnership

18) 中国語：全面戦略夥伴関係　英語：Overall Strategic Partnership

19) 林「EU・中国関係の40年――経済・通商関係から包括的な戦略的パートナーシップ形成へ、1975-2015年」。

20) 山口和人「EUと中国の対話」『世界の中の中国』総合調査報告、国立国会図書館調査および立法考査局、2011年3月、59頁。

21) 同上、62頁。

22) 林「EU・中国関係の40年――経済・通商関係から包括的な戦略的パートナーシップ形成へ、1975-2015年」。

23) 山口「EUと中国の対話」、55頁。

24) Commission of the European Communities, "Toward a New Asian Strategy," COM（94）

314final,13.07.94, Snyder, *The European Union and China, 1949-2008: Basic Documents and Commentary*, pp.310-399.

25）このペーパーでは大きく以下の五つの政策があげられている。1. 世界の安全保障と地域安全保障への中国の関与を支援すること、2. 持続的発展や環境・資源保護などのグローバルな問題への中国の関与を支援すること、3. 地域経済の安定化への中国の関与や WTO システムへの中国の参加を支援すること、4. EU と中国との貿易取引を活発化させ、欧州企業のグローバルな競争力を強化すること、5. 中国の法の支配を基本とした市民社会の確立を支援すること。

26）Commission of the European Communities, "EU Strategy toward China: Implementation of the 1998 Communication and Future Steps for a More Effective EU Policy," COM 265 final, 15.5.2001, *The European Union and China, 1949-2008: Basic Documents and Commentary*, pp.403-458.

27）Commission of the European Communities, "A Maturing Partnership –Shared Interests and Challenges in EU-China Relations（Updating the European Commission's Communication on EU-China relations of 1998 and 2001）," COM（2003）533 final, 10.9.2003, ibid, pp.459 – 489.

28）Commission of the European Communities, "EU-China: Closer Partners, Growing Responsibility," ibid. pp.575-584。

29）John Fox and François Godment, "A Power Audit of EU-China Relations," Policy Report, European Council on Foreign relations, 2009.4.17, p.1.

30）Ibid.

31）小島『現代中国の政治――その理論と実践』、328-329 頁。

32）同上、337 頁。

33）蘇浩「中国の大国外交――中国外交の枠組みに見る国際秩序」飯田将史編『転換する中国――台頭する国際戦略』国際共同研究シリーズ 3（防衛省防衛研究所、2009 年）、37 頁。

34）同上、38 頁。

35）小島『現代中国の政治――その理論と実践』、338 頁。

36）たとえば、中華人民共和国外交部サイト上の EU 関係をみよ。「中国同欧盟関係」、http://www.fmprc.gov.cn/mfa_chn/gjhdq_603914/gj_603916/oz_606480/1206_607640/sbgx_607644/（2016 年 9 月 21 日最終アクセス）。

37）増田は、中国が「パートナーシップ」という概念を（再）定義づけて使用するようになったのは、1996 年のロシアとの「戦略協力パートナーシップ」関係確立後であると指摘している（増田雅之「中国の大国外交――戦略パートナーシップをめぐって」『東亜』第 402 号、2000 年 12 月）。そうしたことからも、1998 年の時点で中国が EU との関係を明確に位置づけていたとは考えにくい。

38）「中国対欧盟政策文件」、http://www.fmprc.gov.cn/mfa_chn/ziliao_611306/tytj_611312/zcwj_611316/t27700.shtml（2015 年 9 月 3 日最終アクセス）。

39) 政策文書として公開されているものは、EU 以外には「対アフリカ政策文書」(2006 年) のみである。
40) 馮仲平「中国の対『EU 政策文書』を解読」『北京週報』(日本語版)、No.46 (2003 年 11 月)。
41) 同上。
42) 1. 政治分野、2. 経済分野、3. 教育・科学・文化・衛生分野、4. 社会・司法・行政分野、5. 軍事分野。
43) 「中国対 EU 政策文書 2003」に関する詳細な分析は、拙稿「冷戦後の中国・EU 関係における対立構造——『政策文書』にみる関係発展プロセス認識の差異」を参照。
44) 「相互尊重・相互理解」の意。
45) 「共通点を求め、相違点は残す」の意。
46) 「温家宝総理在中欧工商峰会上的演講」2004 年 12 月 9 日、http://www.fmprc.gov.cn/mfa_chn/gjhdq_603914/gj_603916/oz_606480/1206_607640/1209_607650/t173977.shtml (2015 年 8 月 20 日最終アクセス)。
47) この文言は中国の二つの対 EU 政策文書 (2003、2014) でも用いられているほか、指導者が両者の関係を述べるときにもしばしば登場する。たとえば、「温家宝総理在中欧工商峰会上的講演」2004 年 12 月 9 日。
48) 増田雅之「胡錦濤政権期の中国外交——『韜光養晦、有所作為』をめぐる議論の再燃」『政権交代期の中国——胡錦濤時代の総括と習近平時代の展望』(国際問題研究所、2013 年)、82 頁。
49) "The China-EU Lovefest."
50) "EU China Summit 11th Joint Statement 2009," http://ec.europa.eu/clima/events/docs/0023/joint_statement_en.pdf#search='EU+China+summit+11th+Joint+Statement+2009' (2015 年 9 月 1 日最終アクセス)。
51) 「温家宝與欧盟領導人会見記者時的講話 (全文)」2009 年 5 月 21 日、http://www.fmprc.gov.cn/mfa_chn/gjhdq_603914/gj_603916/oz_606480/1206_607640/1209_607650/t563653.shtml (2015 年 8 月 20 日最終アクセス)。
52) 「第十二次中国—欧盟領導人会晤連合声明 (全文)」2009 年 11 月 30 日、http://www.fmprc.gov.cn/mfa_chn/gjhdq_603914/gj_603916/oz_606480/1206_607640/1207_607652/t630133.shtml (2015 年 8 月 20 日最終アクセス)。
"Joint Statement of 12th EU-China Summit," http://www.consilium.europa.eu/uedocs/cms_Data/docs/pressdata/en/er/111567.pdf (2015 年 8 月 20 日アクセス)。
53) "A Power Audit of EU-China Relations," p.3.
54) Ibid., p.3.
55) Ibid., p.8.
56) Ibid., p.2.
57) Fox と Gotment は、こうした EU 諸国の立場の違いを 1. 積極的産業主義者 (Assertive Industrialists: チェコ、ドイツ、ポーランド)、2. 理想的自由主義者 (Ideological Free-

Traders: オランダ、スウェーデン、デンマーク、イギリス)、3. 協調的重商主義者 (Accommodating Mercantilists: スロベニア、フィンランド、ブルガリア、マルタ、ハンガリー、ポルトガル、スロバキア、イタリア、ギリシア、キプロス、ルーマニア、スペイン)、4. ヨーロッパ追随者 (European Followers: ベルギー、アイルランド、オーストリア、ラトビア、ルクセンブルク、リトアニア、エストニア) の四つに分類し、フランスはそのどれにも属していないとしている。また、こうした立場は時の政権化によっても変化すると指摘している。Ibid., pp.4‐6.

58) "European Union, Trade in Goods with China," http://trade.ec.europa.eu/doclib/docs/2006/september/tradoc_113366.pdf (2016 年 9 月 1 日最終アクセス)。

59) European Commission "Accompanying COM (2006) 631 final: Closer Partners, Growing Responsibilities, A Policy Paper on EU-China trade and investment: Competition and Partnership," COM (2006) 631 final, *The European Union and China, 1949-2008: Basic Documents and Commentary,* p.594. なお、この文書を詳細に分析したものとして、「EU の新対中戦略——競争者、パートナー、責任ある大国としての中国」『みずほ政策インサイト』(みずほ総合研究所、2006 年 11 月)。

60) 林大輔「EU・中国関係の中期的戦略計画と中国の対 EU 政策」、*EUSI Commentary,* Vol.36 (2014 年 7 月 25 日)。

61) 林大輔「EUと中国『包括的な戦略パートナーシップ』の中の通商紛争」、*EUSI Commentary,* Vol.22 (2013 年 9 月 13 日)、http://eusi.jp/mail-magazine/commentary/commentary_022/ (2016 年 8 月 21 日最終アクセス)。

62) 林「EU・中国関係の中期的戦略計画と中国の対 EU 政策」。

63) 「【FT】中国、EU に貿易協定全身を強く呼びかけ」『日本経済新聞』電子版、2015 年 6 月 30 日。

64) 同上。

65) 「第五次中欧経貿高層対話在京挙行　馬凱和欧盟委員会副主席卡泰寧共同主持」、http://www.fmprc.gov.cn/web/gjhdq_676201/gj_676203/oz_678770/1206_679930/xgxw_667993/t1301331.shtml (2016 年 9 月 20 日最終アクセス)。"Investment Plan for Europe goes global: China announces its contribution to #investEU," http://www.consilium.europa.eu/en/press/press-releases/2015/06/29-eu-china-statement/ (2016 年 9 月 20 日最終アクセス)。

66) 「二つの百年」とは、中国共産党成立 100 周年である 2021 年までに小康社会を建設し、GDP と都市農村部の所得を 2010 年比で倍にする。次いで、中華人民共和国成立 100 周年の 2049 年までに富強・民主・文明・調和の社会主義現代国家の建設を達成し、中等先進国のレベルに達する、というものである。

67) 林「EU・中国関係の中期的戦略計画と中国の対 EU 政策」。

68) 同上。ただし林は「三本柱」は「アンバランス」なものであるとも指摘している。

69) 「中国対欧盟政策文件：深化互利共贏的中欧全面戦略夥伴関係」2014 年 4 月 2 日、http://www.fmprc.gov.cn/mfa_chn/gjhdq_603914/gj_603916/oz_606480/1206_607640/1207_

607652/t1143397.shtml（2015 年 8 月 21 日最終アクセス）。
70）「新四化」とは、中国共産党第十八回全国大会で提出された文言であり、中国の特色をもつ新しい工業化、情報化、都市化と農業現代化を融合させて発展させるというもの。
71）林「EU・中国関係の中期的戦略計画と中国の対 EU 政策」。
72）「習近平会見欧州理事会主席図斯克和欧盟委員会主席容克」中華人民共和国外交部サイト、http://www.fmprc.gov.cn/web/gjhdq_676201/gj_676203/oz_678770/1206_679930/xgxw_679936/t1379944.shtml（2016 年 9 月 6 日最終アクセス）。

第 2 部

統治構造と対外行動
　——国内政治的要因

第 6 章
中国における国内政治・社会の変化と対外行動

山口信治 [1]

はじめに

「中国外交は内政の延長である」という格言がある。しかし、この言葉がより厳密にどのような意味をもつかは明らかでない。もしこの言葉が中国において「国内政治が対外政策に影響しうる」という意味で使われるならば、それはある意味で自明であって、中国に限定される話ではない。他方で「国内政治が中国の対外政策を説明するもっとも重要な要因である」という意味であるとするならば、それは非常に疑わしい言説であろう。

問われるべきなのは、国内政治のどのような要素が、なぜ、どのように、どの程度の影響を対外政策に与えるかという、より精確な問いである。本章は中国において国内政治の要因がどのような経路でどのような影響を対外政策に与えうるか、そしてその限界はどこにあるかという点を整理することを目的としている [2]。

本章では国内政治が対外政策に影響を与えうる三つのパターンを検討する。すなわち社会の圧力、政策執行、エリート政治である。

第一に、社会の圧力とは、国内社会におけるナショナリズムの高まりに押されたり、あるいは政府に対する社会の不満の矛先をそらすために、強硬な対外政策をとる、というものである [3]。第二の政策執行の問題は、中央が地方や現場の行動を監視しきれないために、地方や現場が中央の政策を勝手に解釈して行動し、その結果中央の政策がその意図のとおりに執行されないという場合である [4]。第三のエリート政治とは、エリートの多元化によりオーディエンス・コスト（後述）が発生し、対外的緊張に際して相手国に譲歩す

ることが国内政治におけるコストを高め、指導者は安易な妥協ができなくなる、というものである[5]。

　これら三つのパターンが、どの程度妥当性をもっているかという点を明らかにするために、本章ではそれぞれのパターンに応じて中国の国家−社会関係、中央−地方関係、政策決定システムを検討する。このようなマクロな分析は1本の論文で扱うにはテーマが巨大すぎることは否定できない。しかし研究テーマの細分化と相互の関連の希薄化という中国研究の課題を克服するには、大きな問いについて考え、それに答えようとすることが必要である。本章は国際関係論や比較政治学の分析枠組みを参照し、また中国研究における個別分野の先行研究の成果を十分に援用することで議論を構築する。

　もちろん、この三つは考えうるパターンを網羅したわけではない。とりわけ派閥政治やグランド・ストラテジーにおいて国内政治と対外政策がいかにかかわるかといった点は、本章では扱うことができない大きな問題であり、今後の課題とせざるをえない。

　本章は以下のように構成される。第Ⅰ節では三つのパターンを分析するための枠組みを、国際関係論や比較政治学の議論を参照しつつ提示する。第Ⅱ節では中国の国家−社会関係および中央−地方関係の現状を、第Ⅲ節では中国の政策決定システムをそれぞれ分析し、またそれぞれ第Ⅰ節で提示した枠組みに照らした評価を行う。

Ⅰ　分析枠組み

1　社会の圧力

　社会の変化は対外政策にどのような影響を及ぼすのであろうか。ここで検討するのが「転嫁理論」である。「転嫁理論」とは、国内的不安に苛まれ、政権の地位が不安定となった支配者は、紛争を起こすことで国内問題から国民の目をそらし、支持を高めようとする、と主張する議論である[6]。

　しかし、こうした議論が成り立つには、以下の点が重要であることを忘れてはならない。それは、社会の不満や過激なナショナリズムの圧力があったとしても、それが政策決定者にとって致命的に重要でなければ、不満や圧力

が政策に対して影響を与えることはできない、ということである。国内社会に問題があるというだけで、自動的に政策への影響が決定されるわけではないのである。

完全に一枚岩の全体主義体制であれば、政策決定に対する国内社会の影響はほとんどないであろうという想定が可能である。むしろ政策決定者は、大衆運動などの形で国内社会を動員・利用する。また、成熟した民主主義体制においては、民主的制度によって社会からの利益表出が可能であるがゆえに、社会からの不満や圧力がそのまま対外行動に大きな影響を与えることはないであろう。

反対に、政治体制が不安定化した国家、すなわち何らかの要因により民衆の政治参加が拡大し、それを制度化することに失敗した国家においては、体制が不安定であるがゆえに噴出する社会からの不満や、過激なナショナリズムを抑えることができず、攻撃的対外行動をとることがありうると考えられる。またマンスフィールドとスナイダー（Edward Mansfield and Jack Snyder）によれば、民主化移行過程にある国家も同様の理由で不安定であり、こうした国家がもっとも攻撃的対外行動をとる傾向にあるという[7]。よって、国内の社会的不安定やそれと結びつく形での強烈なナショナリズムが、中国の対外行動に影響するとすれば、その政治体制は体制崩壊の危機のような極めて不安定な状態にあると考えられる。

では、政治体制の安定性を分析するうえで重要なのは何か。それは政党を含む、社会からの要求を吸い上げる制度の存在である。ハンチントン（Samuel Huntington）はその古典的著作のなかで、社会の急速な変化と急速な政治参加の拡大に対し、国家が政治制度を作ることでこれを緩和・吸収できない場合、その国家は政治的に不安定となると論じた[8]。非民主主義体制のなかでは一党体制が比較的安定的であるのは、個人独裁や軍事体制に比べて何よりも政党の存在によって、社会の要求を制度化することができるからである。政党は政治参加を組織化するという意味で重要性をもつ。すなわち、組織化された参加と動員を達成するために政党が機能するといえよう。その意味で政党を制限するということは、参加を制限することである。ハンチントンは「近代化途上の国家の安定性は政党の強さに依存する」と述べ、強力な党な

き支配は基本的に弱いもの、崩壊しやすいものであると論じた[9]。ガンディ（Jennifer Gandhi）は、その独裁制の研究のなかで、非民主主義体制における支配者は、支配を継続するために、国民の服従と協力を必要とすると述べた[10]。それによれば、服従を確保するためには、物理的暴力と監視を必要とするが、常にそうした手段に頼るのは一般に高コストであり、また効果的とは限らない。よって非民主主義体制は、国民の協力を得るために、国民の利益をある程度反映させることができるような制度を作るという[11]。

以上より、国家は社会の変化によって生ずるさまざまな要求を制度化によって吸収することで安定を保つ。したがって国家がそうした要求をいかにして制度化できるかという国家側の選択が重要となる。

2　政策執行

中国は「上に政策あれば下に対策あり」といわれるように、中央政府の意図どおりに政策が執行されず、地方政府や各政府機関の政策執行における自主性が高いといわれてきた[12]。そして、対外政策において人民解放軍や海上法執行機関などが党中央の方針を都合よく解釈して行動し、しばしば周辺各国との間で緊張状態を招いてきたとする議論がある[13]。

このような政策執行の問題を分析するのに適した枠組みとして、ここではプリンシパル・エージェント理論を取り上げる。垂直的な組織において、中央の指導者（プリンシパル）は執行機関（エージェント）に対して特定の権限を委託する。しかし指導者と執行機関の間には情報の非対称性が存在し、それぞれの執行機関（部門や地方政府）は、指導部に比べてそれぞれの現場の情報をより多くもっている一方で、指導部に比べて大局的・全般的情勢についての情報は少ない。こうした情報の非対称性の結果、執行機関は指導部の意図どおりに政策を執行せず、自己の利益を追求する余地をもつ[14]。

こうしたエージェント問題の発生を防ぐために、指導者は情報の非対称性を克服し、意図どおりに政策を執行させようとする。その手段として、以下の3種類がある。すなわち①執行機関の活動が指導者によって監視され、正しく執行することに対して報酬によるインセンティブが与えられるか、逸脱に対して罰が与えられること、②マスメディアのような第三者や、法によっ

て行政手続きが監視されること、③執行機関において指導部の選好が内部化され規範化されることである[15]。

ギンズバーグ（Tom Ginsburg）によれば、権威主義体制はイデオロギーを用いた執行機関の規範化と組織内の人事による賞罰や監視機関の設立を通じた監視に頼る傾向にあるという。しかしこうした手法は経済発展などによる社会の多元化と官僚機構の複雑化に対応できないため、法制化を通じて疑似的第三者による監視を強化しようと試みる[16]。

プリンシパル・エージェント理論は政軍関係の分析にも応用されている。フィーバー（Peter D. Feaver）は政軍関係を文民指導者（プリンシパル）とそこから執行の権限を委託された軍（エージェント）の関係としてとらえた。フィーバーによれば、プリンシパル・エージェント理論ではエージェントは政策を実施しない（shirk＝さぼる）インセンティブをもつと仮定するが、軍の場合は政策を実施しないのではなく、専門的見地などから抵抗・逸脱する場合が多い[17]。フィーバーによれば、軍を指導者が監視・制御するための手段は以下のようなものがあるという。たとえば監視手段としては人事上の選抜、組織文化、メディアなど第三者による監視、軍種間対立の利用、「警察的パトロール」（調査の実施、報告書を作らせるなど）、委任関係の改訂があり、懲罰としては会計監査、予算カット、退役、軍事法廷、粛清などである。

以上より、政策執行の問題を分析する際に重要なのが、指導者と執行機関の選好の違い、および指導者が執行機関の行動を監視・処罰することであることが明らかとなった。

3　エリート政治

エリート政治の変化は、国家の対外政策にいかなる影響を及ぼすだろうか。ここで参照したいのが「オーディエンス・コスト」に関する理論である。「オーディエンス・コスト」とは、国家が行動をとる際、国内・国外の聴衆（国民や外国政府）による監督がある場合、行動を変更する（強硬姿勢から後退する）ときに生じる政治的コストのことである。このコストが高い場合、国家は後退することができない[18]。フィアロン（James Fearon）はこうしたコストは民主主義体制において発生すると考えた。コストの発生は、政策転換するこ

とを難しくするがゆえに、逆に対外政策の信頼性を高める。よって、民主主義体制は対外政策の信頼性が高いといえるのである。

これに対して、非民主主義体制においてもオーディエンス・コストが発生しうるとの議論もある。ライとスレイター（Brian Lai and Dan Slater）によれば、軍事独裁体制の方が一党体制よりも攻撃的な政策をとりやすい[19]。理由はリーダーの性質が戦争を好むからではなく、軍事独裁体制下では、エリートの派閥主義をうまくコントロールし、大衆の異議を制限するような効果的な制度が存在しないからであるという。その結果、政党という制度をもつ一党体制が比較的政権を安定させ、安定的対外政策をとることができるのに対し、軍事独裁体制の指導者は、制度を欠くがゆえに、対外政策を利用して支持を集めようとすると彼らは論じた。

また、非民主主義体制においては、政治エリート層の多元化が、オーディエンス・コストを発生させうるとの議論もある。ウィークス（Jessica Weeks）は、エリート層の多元化が進み、リーダーが政策の失敗で罰せられる可能性が高まれば、オーディエンス・コストが高まりうると主張した[20]。

重要なのは指導者とそのほかの政治エリート間の関係である。そのほかの政治エリートが政策の失敗に関して指導者を罰することができるとするならば、指導者に対する制約が強いことになる。指導部の権力分有が制度化された集団指導体制において、指導者の権力はカリスマ性や実績以上に、その地位が源泉となっている。こうした体制において、指導者に対する制約は強いものと考えられる。したがって個人独裁の体制よりは、より制度化された一党体制の方がオーディエンス・コストは高いことになる。

以上の検討からエリートの分化はオーディエンス・コストとして指導者の選択を縛りうる。そしてエリート政治の制度化がその度合いを決めるうえで重要なことが明らかとなった。

本節で検討した三つの理論的枠組みをヒントとして、次節からは中国の現実がどの程度理論の仮定する状況に対応しているかを検討する。

Ⅱ　中国の国家−社会関係

1　中国社会の変化

1990年代以降の中国において、市場経済化と経済発展は、社会の多元化をもたらした。市場経済化のなかで私営経済部門が発達し、それに従い私営企業家が台頭した。また経済発展のなかで、次第に中間層が形成された。その一方で、経済発展至上主義のなかでさまざまな社会矛盾が深まったことも事実である。こうした社会矛盾は時に暴動・抗議活動のような形で噴出してきた。

しかし格差の存在が政府に対する不満に直結するわけではない。ホワイト（Martin King Whyte）は、サーベイをもとに、中国の都市住民は格差に対し比較的寛容であり、とくに市場の競争の結果を受け入れる傾向があるが、他方で権力を利用した富の蓄積に対し不満を抱く傾向があることを明らかにした[21]。さらに、「強硬な対外政策を求める大衆」というステレオタイプも必ずしも正しくない。チャブ（Andrew Chubb）は大都市住民1,417人に対するインタビュー調査を通じて、中国の大都市住民の多くは、海洋問題について強硬な政策を支持しているわけではなく、中国の領有権主張の正当性を支持しているものの、話し合いや妥協を排除していないことを指摘した[22]。

2　資本家の取り込み

注意しなければならないのは、中国共産党は社会が変化していくのを受動的に見守っていたのではない、ということである。中国共産党は社会の変化に適応して支配体制を維持・強化しており、権威主義の強靭性（Authoritarian Resilience）[23]とでもいうべきものをみせているのである。シャンボー（David Shambaugh）によれば、中国共産党は、ソ連・東欧の共産主義体制の崩壊やカラー革命[24]を丹念に研究し、政権維持のために自己を変革して市場経済へ適応する努力を継続してきた[25]。

前述の理論的検討で明らかにしたように、非民主主義体制は、その支配を継続するために、国民の服従と協力を求めようとする。そして物理的強制力による服従のみではコストが大きすぎることから、なんらかの協力を確保す

るメカニズムを作ろうとする。こうした観点に立ったとき、中国ではどのような政策がとられているのだろうか。

協力については、制度化が重要であることは第Ⅰ節第１項ですでに述べた。中国共産党は多様化する社会の利益や要請に対し、これを制度的に吸収する努力を続けてきた。ディクソン（Bruce Dickson）によれば、中国共産党は、市場化にともなって台頭してきた私営企業家に対して、①共産党に入党させること（江沢民の「三つの代表」論）、②新たな集団とのリンクを構築し、国家コーポラティズム的メカニズムを作り上げ、党との協力関係を維持させる、といった対策を通じて、体制内に取り込む政策をとり、大きな効果をあげてきた。そしてその結果として政治的エリートと経済的エリートの統合が起きていると論じている[26]。経済発展にともなう私営企業家や中産階級の台頭は、最終的に政治の民主化をもたらす、といういわゆる「リプセット仮説」は、少なくとも現段階では中国の状況にあてはまっておらず、むしろ一党体制との協力関係を維持している、というのである[27]。

中国共産党は、新興エリートおよび中間層の取り込みを優先しており、それに成功してきた。国分良成は、こうした状況を「中国型の「党国コーポラティズム」体制のもとで、市場化のなかで生まれた新興エリートである私営企業家などは、共産党による「取り込み」による癒着関係の結果、ますます強固な既得権益層として現体制の維持を最優先するようになると思われる」と述べている[28]。同時に中国共産党は、こうした社会の変化に対応した「取り込み」が、党自身を変質させ、その自律性を失わせることに対する警戒心をもっている。鈴木隆によれば、中国共産党は、中間層を党に直接取り込むよりも、国家機関の機能的活性化を通じて党国体制への間接的包摂をめざしているという[29]。

3　地方政治と中国の政治体制

しかし、暴動や抗議活動は、体制の恩恵から漏れた人々が起こす。とくに農民と労働者という、本来中国共産党が階級政党としてもっとも重視すべき階層は、上述のエリート重視の政策のなかで軽視される。暴動や抗議活動のほとんどがこうした階層から来ていることからも、それは明らかであろう。

では中国共産党はこうした階層に対してどのような政策をとっているのだろうか。

第一に、物理的強制力による鎮圧である。第Ⅰ節で述べたガンディの研究は、非民主主義体制は人々の協力を求めると同時に、服従も求めることを指摘していた。服従を確保するのは最終的には物理的強制力である。これは公安部、国家安全部、人民武装警察を中心とした治安管理機構によって担保されている。とくに大規模な暴動に対しては国防部の管轄である人民武装警察が対応する。人民武装警察は66万人規模の人員を有しており、2008年のチベット暴動などにおいて大規模に動員された。こうした物理的強制力の利用は、確実にコストがかかっており、2011年予算では「公共安全費」（治安維持費）[30] が6,244億元となり、国防費6,011億元を超えている[31]。

第二に、限定的譲歩である。中国共産党は、個別イシューについて、要求を受け入れることで懐柔策をとることがある。中国共産党は、住民との間の小規模なヒアリングや協議の場を作ったり、あるいは村レベルで村民代表選挙を行ってある程度の政治参加を許容するなどしている。こうした協議や参加は、あくまで国家の定めたアジェンダのなかで行われ、その結果も国家のコントロール下にあることから、必ずしも漸進的民主化をもたらすようなものではなく、むしろ「協議型権威主義」とでも呼ぶべきものであるという研究もある[32]。

最後に、中国の政治体制の構造的な特質からみて、中央政府と社会の距離は大きく、中央政府からみて暴動やデモの脅威は現時点では限定的である[33]。暴動やデモは、ほとんどが地方政府や企業に対して起きており、中央政府に対して直接的行動がとられることは少ない。暴動や抗議活動の分散性・非組織性・地域性といった特徴のため、こうした行動が大量に発生しているからといってただちに中央政府にとって脅威となってはいない。暴動や抗議活動を引き起こす農民や労働者の階層間に組織的連絡はなく、また同一階層であっても地域をまたぐことはなく、かつシングル・イシューについての行動であることが多い[34]。角崎信也によれば中国の統治システムは政策執行の分権性と、地方権力の中央への忠誠を確保する集権性の組み合わせからなっており、その分権性のために群体性事件の批判の矛先は地方に向かっ

ているという[35]。

　この問題は、次節の政策執行の問題ともかかわる。中国共産党は、改革開放の開始以来、地方政府が経済発展において果たす役割を非常に重視してきた。地方政府による地域経済への積極的なコミットメントは、中国の奇跡的経済発展の原動力となってきた。地方政府における幹部の評価もどれほど経済発展に貢献したかであり、具体的にはその省や県の域内総生産値をどれだけ向上させたかが評価の基準となる[36]。そのため地方政府は、経済発展を至上命題として、地方政府間で熾烈な競争を繰り広げてきたのである。栄敬本はこのような発展至上主義の圧力が地方政府にかかる中国の特徴を「圧力型体制」と呼んだ[37]。「圧力型体制」の帰結は、最終的に負担が農民の上にかかったことである。有力な産業や企業を地元にもつ地方政府は、それに頼って経済発展を達成することができるが、多くの内陸部地方政府は、自己資金および外部からの誘致による投資に頼らざるをえない。このため多くの地方政府は、予算外資金の徴税と土地の強制的収用を積極的に行うこととなり、その負担は農民に課せられてきたのである[38]。

　このような体制において、不満の矛先はまず現場の地方政府に向かう。地方政府に対する異議申し立て・抗議行動は、ある程度まで中央政府にとって問題にならない。「統治システムの分権性とローカル権力の忠誠をつなぎとめる集権性」[39]という中国の政治システムの特徴が、緩衝材のように社会変化の中央政府に対するインパクトを和らげている。よって、さまざまな暴動などがただちに中央の安定性を揺るがしているとはいえないのである。

　したがって、こうした社会的不安定と対外政策との関係も直接的につながるとはみなしがたい。デモの発生は対外的な強硬姿勢の原因ではなく、結果である可能性も検討しなければならない。たとえばウェイス（Jessica Weiss）は反日・反米デモと中国の対外政策の関係を検討し、これらのデモの許容は、人為的にオーディエンス・コストを発生させることで、「人民の意志」を示し、対外政策の信憑性を増そうとする試みであると分析した[40]。

　他方で、今後においても中国共産党政権が安泰であることが保障されているわけではない。とくに地域・階層横断的なイシューは中国共産党にとって大きな脅威となりうる。中国経済の成長鈍化が明らかとなるなかで、従来も

起こってきたデモ・暴動はより深刻さを増す可能性がある。中国共産党にとってもっとも脅威となりうるのは、インターネットを通じて地域・階層を超えて抗議活動が拡大していくことであろう。また新疆ウイグル自治区における暴動にみられるように民族問題も党にとっての懸念材料である。

Ⅲ 政策執行

　前節で述べた地方政府の問題は、政策執行の問題としてとらえなおすことができる。オブライエンと李（Kevin O'Brien and Lianjiang Li）は、地方政府の政策執行は選択的であり、上級からの達成要求が厳しいものについて（徴税と計画生育）は厳格に執行し、その他のもの（農民負担の軽減など）については厳格に執行しない傾向があることを指摘した[41]。このことが示すのは、中央と地方あるいはそのほかの政府部門をプリンシパル－エージェント関係としてみたときに、エージェントに対する監視には問題があるということである。

　それでは分析枠組みにもとづいて中国におけるエージェントに対する監視・管理がどのように行われているか概観してみよう。

　第一に、中国共産党にとって伝統的にもっとも重要なエージェントに対する制御の手段がイデオロギーの管理であった[42]。毛沢東時代は、党、政府、軍においてイデオロギーが共有され、その解釈権を党中央が独占することにより、エージェントの行動が指導者の意図から逸脱しないことが担保されていた。現在でも中国共産党は思想上の統一を重視しており、とくに党の見解に反する言論が現れることに対して非常に神経質である。問題は、社会の多元化のなかで、幹部の思想上の統一の確保が難しくなっていることである。すでにイデオロギーの内容を信念として内面化させる幹部は少なくなった。現在でも中国共産党にとって組織の公式イデオロギーを管理する必要性は高いといえるが、それに依拠してエージェンシー問題を克服することは難しくなりつつある。

　第二に、組織管理である。組織内においてエージェントの行動が監視され、さらにエージェントが正しく政策執行することに対して報酬によるインセン

ティブが与えられるか、逸脱に対して罰が与えられることが、政策執行を保障するうえで重要となる。報酬や懲罰として用いられるのが人事権である。共産主義政党は、ノメンクラトゥーラと呼ばれる厳格な人事管理制度をもっていることが組織上の特質である。中国共産党は、幹部の昇進やローテーションを通じて組織管理を行っている[43]。

中国共産党の組織管理を実施する部門は中央組織部であり、またそのほかに監視機関として中央紀律検査委員会がある。しかし、常時地方の政策執行を監視することは非常なコストがかかり、困難がともなう。また、地方において組織部や紀律検査委員会は、地方党委員会の指導下に置かれる。

オブライエンと李によれば、1984年以降、幹部の人事管理は2レベル上級で行う「下管二級」から1レベル上級で行う「下管一級」に変更となった。すなわち郷レベル幹部の管理は県レベルで、県レベル幹部の管理は地区レベルで行うようになった。このような人事権の調整は、地方の実情をよく知る下級幹部への分権化を意図したものであったが、このことが地方における党委員会書記の権力を増大させ、政策優先順位において必ずしも中央の意向が貫徹されず、選択的に政策が実行される素地を作った[44]。

歴史的にみると、重要な政策を効果的に実施させるために、中国共産党が用いてきた手段は、中央が政策の重点を設定し、これを人事評価に含めることと、運動方式を用いることである。運動方式とは、党中央が動員を呼びかけ、党内にその政策を実施する臨時の特別組織を作り、さらに中央が政策実施を督促するチームを派遣して政策実施を監督する政策執行の方式である。近年では習近平が反腐敗キャンペーンのなかで、中央反腐敗協調小組を活性化させ、各地方や機関に検査チームを送り込んでいる。

第三に、第三者による監視についてみると、中国においてこれは非常に弱いことが明らかである。第三者による監視として、民衆による幹部評価や、報道機関の報道、法制化といったものが考えられる[45]。地方においては、民主評議と呼ばれるほかの幹部や民衆が党委員会書記を評価する集会があるが、これは幹部の人事評価において単なる参考となるだけであり、効果は限定的である。また中央や省などに農民が直接要望を訴えることのできる上訪と呼ばれるシステムがあるものの、地方幹部はしばしば農民らの上訪を妨害

する。報道機関は時に行政機関や地方における幹部の行動を報じることもあるが、中国共産党による報道機関に対する統制も強力であるため、真の第三者とはなりえない。

現在中国共産党が重視しているのは、法制化と疑似的な法の支配を通じた監視である。政治・行政権力から独立した司法機関が存在せず、中国共産党が憲法の上位に立つ中国において、真の法の支配は成立しない。他方で、ルールに基づいた統治という意味で、統治を効率化、制度化することはある程度可能であると思われる。2015年10月に開催された十八期五中全会の主題が「依法治国」の強調であり、これが地方における幹部の腐敗への対策においても重要であるとされているのも、このような文脈から理解可能である[46]。

それでは軍についてはどうであろうか。人民解放軍は、党の軍隊であり、党の指揮に従う一方で、中国共産党の政権の座を最終的に保障する。逆にいえば、中国共産党にとって人民解放軍の忠誠を確保することは非常に重要である。軍の外交・安全保障政策における影響力は、とくに政策決定に限定してみれば、それほど大きいとはいえない[47]。しかし、専門家集団として、政策の執行を担う人民解放軍がエージェンシー問題を引き起こす可能性はある。

従来、人民解放軍に対する中国共産党のコントロールは、政治将校、軍内党組織、総政治部の設置によって担われていた。これらが人事権を握ることと、政治工作によってイデオロギー管理を行うことで、人民解放軍による政策の実施が担保されていた[48]。しかし現在の人民解放軍にとって情報化戦争において統合作戦を遂行することが重要となるなかで、このような政治的コントロールの仕組みは軍事合理性の観点からみて障害となりつつある。人民解放軍の近代化が進んだことでより高度な軍事的知識が必要とされ、また情報化戦争に対応するために迅速な指揮が求められているのである[49]。

また従来の四総部－七大軍区体制では、軍令的機能だけでなく、軍政的機能も併せもつ総参謀部と軍区に大きな権限が集中し、その監視は必ずしも容易ではなかった。その結果として起こりうる問題が、第一に政策の恣意的執行であり、第二に汚職である。第一の政策の恣意的執行が軍によって行われたという直接的証拠を探し出すのは非常に難しい。しかし、外交部の説明と軍の行動が一致しないという事象はしばしばみられるようになっている。た

とえば2007年に人民解放軍が行った人工衛星攻撃兵器（ASAT）による衛星破壊実験について、外交部は何も知らされておらず、説明に苦慮したといわれている。軍は党中央の外交・安全保障政策に正面から異を唱えているわけではないものの、軍による恣意的な執行の結果、本来の党の意図との間にズレが生じる可能性はあるといえよう。

　第二に、習近平の反腐敗運動のなかで、徐才厚・元中央軍事委員会副主席、郭伯雄・元中央軍事委員会副主席、谷俊山・元総後勤部副部長をはじめとする多くの軍高官が汚職の罪によって失脚した。とくに軍用地の売却などによって資金を作り、それを使って官職を売買するという行為が存在していたとされる。このような作戦以外の領域に対する監視も大きな問題があったと考えられる。

　現在習近平が進める国防・軍隊改革は、これらの問題に取り組むこともその目的の一つとなっている。習近平は従来の四総部を解体し、中央軍事委員会直轄の15の部門に分けるとともに、七大軍区を五大戦区に再編した。総参謀部は解体され、軍令機能のみが連合参謀部に引き継がれた。軍内には紀律検査委員会が独立部門として作られ、軍内の監視機能を担うこととなった[50]。

　同時に、「人治」から「法治」へという党の方針のもと、制度化と正規化が重視されるようになった。「依法治軍（法によって軍を治める）」の方針にもとづき、軍事関連の法律を完備して管理を強化することが現在強調されている。とくに中央軍事委員会法制局が制定権限をもつ軍事法規と軍事行政法規を中心に90年代以降、軍事に関する法整備が急速に進んだ。1990年代末には軍事法規は70あまり、軍事行政法規は40あまりであったのが、2015年8月現在ではそれぞれ240以上および99となっている。これも前述の第三者による監視の強化という中国政治の方向性と共通しているといえよう[51]。

　さらに注意しなければならないのは、中国が外交・安全保障政策において、矛盾するかのような行動を示したことをもって軍や外交当局の間に調整不足がある、あるいは政策をめぐる対立があると結論づけるのは早計であることだ。こうしたズレは、政権による意図的な政策の使い分けである可能性もある[52]。

　またそもそも地方政府や人民解放軍は、政策執行にあたって中央から比較

的大きな裁量の余地を与えられている。広大で多様性をもつ各地方に対して、画一的に政策を執行することはさまざまな問題を生じさせるため、非効率である。このため、中央からの指示はしばしば非常に大まかな原則を提示するだけで、具体的な方法を指定しないことが多く、さらに中央からの指示は時に矛盾を含んでいる場合もある。それを具体的にどのように執行するかは、地方政府や部門の裁量に任されることが多い。

　総じてみると、中国における政策執行は、中国共産党によるエージェントの監視には構造的に限界があるために、問題が起きうるといえそうである。ただし、それがどの程度の逸脱を生み出しうるのか、またそれが中国共産党にとって許容できないようなものなのかについては、慎重な検討が必要である。

Ⅳ　政策決定

1　政策決定アクターの多元化と政策決定の制度化

　中国の政策決定システムについてみると、制度化と多元化の進展が明らかである。リバソル（Kenneth Lieberthal）は、中国の政策決定において決定的に重要なのは、党内序列のトップ25〜35名であり、そうした特徴は21世紀に入っても変化していないことを指摘した[53]。しかし一方で、もはや毛沢東の時代のように最高指導者が、自己の意思を国家の意思として押しつけることはできなくなっている。リバソルはこの変化について①最高指導者の権力は毛沢東、鄧小平に比べ非常に限定的となった、②制度化が進展し、鄧小平のように地位はないがインフォーマルに権力をふるうことが少なくなった、③トップグループは、革命戦争をともに戦った世代よりも団結力が弱くなった、④政治システム全体におけるトップグループの権力が前の世代よりも低下した、⑤引退幹部が影響力を及ぼすことがなくなった、という点を指摘した[54]。すなわち、決定の制度、システム自体は大きく変わっていない一方で、中央の最高指導者グループの権力は毛沢東・鄧小平に比べて弱くなっている、という特徴がうかがえる。

　経済発展に従って、党・国家・軍に必要な機能は多様なものとなり、それ

に合わせて党・国家・軍は組織的にも分化していくと考えられる。組織はそれぞれ利益をもち、互いに影響力を競う。このようなボトムアップ型の政策決定は、近年の中国において明らかに顕著となってきている。

現在の中国の政策決定においてもっとも重要な最高政策決定機関は中国共産党中央政治局常務委員会である[55]。中央政治局常務委員会は現在7名の委員で構成されており、原則としてこの7名による集団領導制をとっている。最高指導者は党総書記、国家主席、中央軍事委員会主席を兼ねており、制度的にみて圧倒的に強い権限をもっている。ただし、そのほかの中央政治局常務委員もそれぞれの政策主管担当領域をもっている（領導分工）。それぞれの委員は「系統」と呼ばれる中央から地方にまで至る党政府のそれぞれの政策領域を統括しており、最高指導者の独裁を防ぎ、集団領導制を担保している。とくに胡錦濤政権において、中央政治局常務委員会における集団領導制、領導分工の制度化が進展し、9名の中央政治局常務委員による権力分有が進んだ[56]。しかし、他方でこのような権力分有が固着化した結果、コンセンサス形成に時間がかかり、効率的な決定を下すことが難しくなっていった。

ヤーコブソンとノックス（Linda Jakobson and Dean Knox）によれば、政策決定に携わるアクターが多元化した結果、政治指導者間の合意形成が重要となった[57]。それによれば、今日の中国においては、国内の多様な声が不協和音となって政策決定者に多様な目的を追求するよう迫っており、そのため競合する諸課題を調和させねばならず、「党中央政治局内部での合意形成が党の団結と政治的安定を確保するうえで至上の命令となっている」。そして、党・政府・軍幹部、知識人、研究者、メディア、企業経営者は相互に、そして世論に影響を与えようと努め、ロビー活動を展開している。ヤーコブソンらがあげている政策決定への参加者は、党中央の政治局常務委員会や外事領導小組、軍の中央軍事委員会、政府の外交部以外にも党対外連絡部、商務部、国家発展改革委員会、中国人民銀行、国家安全部などの諸部門や、実業界、地方政府、研究機関、メディアなども関与しているという。

2 政策調整

ただし、中国の政策決定を、完全に分散化した、利益集団の寄り合いのよ

うなものととらえるのは、明らかに誤りである。その意味で、ヤーコブソンとノックスや、シャーク（Susan Shirk）の議論は分散化の程度をやや誇張化しすぎているきらいがある。とくに外交・安全保障問題における政策決定は分散化しているとはとらえがたい側面も多い。

　中国政治における最高指導者の役割は現在でも大きく、重要問題においてトップダウン型政策決定がとられることも多い。とくに戦略レベルの大きな問題において、外交・安全保障政策の最終決定権限は最高指導者にゆだねられる。たとえば軍事についてみると、党や政府のなかで、軍に対する直接の指導権をもつのは、党総書記、中央軍事委員会主席、国家主席を兼職する最高指導者である。党中央政治局常務委員会の委員は通常それぞれ担当政策分野をもつが、軍を担当するのは習近平であり、他の党や政府の指導者が軍を指導することはない。

　このようなトップダウンの政策決定と前項で述べたボトムアップ型の政策形成の間にはギャップがあり、このギャップを埋めるためにも政策調整が非常に重要となっている。こうした政策調整を担う組織として、中央政治局常務委員会や中央政治局の調整・諮問機関である領導小組が注目されるようになっている。

　領導小組が中国の政策決定において果たしている機能については、時期によって変化があると思われるが、たとえば頼静萍は①コンセンサス形成、②政策建議、③政策執行の調整と監督をその機能としてあげている[58]。領導小組は、政策を最終的に決定する機関ではないものの、政策決定過程において重要な協議の場となっていると考えられる。

　領導小組のなかで外交・安全保障問題にかかわる組織としては、中央外事工作領導小組、中央台湾工作領導小組、中央国家安全領導小組の三つが存在する。これら領導小組はいずれも最高指導者が組長となり、党、政府、軍の各部門の代表者がメンバーとなっている。習近平はこの領導小組を重視しており、新たに全面深化改革領導小組、インターネット安全・情報化領導小組、深化国防・軍隊改革領導小組（中央軍事委員会内に設置）などを設置して、その組長を兼任しているほか、財経工作領導小組も兼任した。

　ただし領導小組は、あくまで非公式制度であり、それほど頻繁に会議を開

催するわけではないため、日常的に政策調整機能を果たすことは難しいと思われる。また、領導小組はあくまでも共産党内の諮問機関であり、さまざまな役割を果たすには領導小組組長の威信と党内権力とに依拠するところが多いとされる。

 こうした領導小組の限界も踏まえ、2013年11月の一八期三中全会において、国家安全委員会が設置されることが決定され、翌2014年1月の中央政治局会議において、この組織が中央政治局および中央政治局常務委員会に対して責任を負う党の機関「中央国家安全委員会」として成立すること、主席に習近平、副主席に李克強および張徳江がそれぞれ就任することが発表された。しかしこの中央国家安全委員会が実際にどの程度機能しているのかという点は明らかでない[59]。

 以上のように、中国における政策決定は、毛沢東の時代に比べて細分化、複雑化しているといえ、その結果として政策調整の問題が大きくなっている。ただし重要な問題や大きな戦略方針の決定に関して、最高指導者や中央政治局常務委員会の権限はいまだに大きく、また領導小組や中央国家安全委員会のような政策調整を効率化するための組織が作られていることにも留意が必要である。

おわりに

 本章の内容を要約すると、以下のようになる。中国は、少なくとも現時点において、「転嫁理論」が示すような、国内の不安定性が強硬な対外政策を生み出すという状況にはない。それは中国の国内問題の、政治体制そのものを不安定にする程度が、限定されているためである。中国の政治体制が安定性を維持しているのは、a）中国共産党はエリート層ならびに中間層をうまく抱き込むことに成功していること、b）農民層・労働者層の不満は、物理的強制力による抑え込み、限定的懐柔策が併用されており、また仮にデモや暴動が起きても、地域的・組織的に限定されていることに示されている。

 中国における政策執行は、「エージェント理論」に照らしてみると、エージェントに対する監視は十分に機能しているか疑わしいことがわかる。そもそも

中国においてエージェントの裁量は大きいというだけでなく、権威主義体制のもとで真の第三者による監視を機能させることが本質的に困難であるため、エージェント問題が発生する余地は常にあるといえよう。

「オーディエンス・コスト」の議論が示すような、国内のエリートや社会の監視があるために対外政策において妥協できない、という状況については、現在のところ肯定する要素と否定する要素の両方が混在している。中国政治は以前よりも制度化が進んだことで、指導者に対する監視が強くなったといえる。しかし他方で、中国のエリート政治は集権的特徴が強く、習近平政権下でそれが色濃くなっている。

中国の対外政策に、国内政治が影響を与えていることは間違いない。しかしそれが対外政策決定要因としてどの程度の比重を占めるのかという点はより慎重かつ詳細な検討を必要とする。とくに中国の政治体制の特質がその対外政策にいかなる影響を与えているか明らかにするには、対外政策や比較政治の理論を統合的に用いることが有効であり、さらにこうした研究は理論的研究に対して重要な示唆を与える可能性をもっている。今後の大きな課題はこうした枠組み的な整理を踏まえたうえで、具体的な実証分析を進めることであろう。

1) 本章の内容は筆者個人の見解にもとづくものであり、防衛研究所、防衛省の見解を代表するものではありません。
2) 本章は拙稿「中国共産党の政治指導能力に関する研究 ——国内的不安定が対外関係に及ぼす影響についての予備的考察」『防衛研究所紀要』第15巻第1号、2012年、67-83頁の分析を踏まえつつ、枠組みをさらに拡大したものである。
3) たとえば Susan Shirk, *Fragile Super Power: How China's Internal Politics Could Derail Its Peaceful Rise,* Oxford: Oxford University Press, 2007; Robert Ross, "China's Naval Nationalism: Sources, Prospects, and the U.S. Response," *International Security,* Vol.34, No.2, 2009, pp.46-81. また逆に国内の不安定が抑制的な対外政策を導くと論じたのが M. Taylor Fravel, *Strong Borders, Secure Nation: Cooperation and Conflict in China's Territorial Disputes,* Princeton: Princeton University Press, 2008; M. Taylor Fravel, "Internationals Relations Theory and China's Rise: Assessing China's Potential for Territorial Expansion," *International Studies Review,* Vol.12, 2010, pp.505-532.
4) Ankit Panda, "China's Military May Have Gone 'Rogue' After All," *The Diplomat,* Sep. 23, 2014, http://thediplomat.com/2014/09/chinas-military-may-have-gone-rogue-after-all/

(accessed on Mar.15, 2016).

5) アクターの増加についてはリンダ・ヤーコブソン、ディーン・ノックス『中国の新しい対外政策』（辻康吾訳・岡部達味監訳）岩波書店、2011年（原書：Linda Jakobson and Dean Knox, "New Foreign Policy Actors in China," SIPRI Policy Paper, No.26, 2010）および David M. Lampton, "China's Foreign and National Security Policy-Making Process: Is It Changing, and Does It Matter?" David M. Lampton ed., *The Making of Chinese Foreign and Security Policy in the Era of Reform,* Stanford: Stanford University Press, 2001, とくに pp.12－19 参照。

6) Taylor Fravel, "The Limits of Diversion: Rethinking Internal and External Conflict," *Security Studies,* 19, 2010, pp.307－341 の定義による。

7) Edward Mansfield and Jack Snyder, "Democratization and the Danger of War," *International Security,* Vol.20, No.1, 1995, pp.5－38; Edward Mansfield and Jack Snyder, "Democratic Transitions, Institutional Strength, and War," *International Organization,* Vol.56, No.2, 2002, pp.297－337.

8) Samuel Huntington, *Political Order in Changing Societies,* New Haven and London: Yale University Press, 1968（『変革期社会の政治秩序』上下巻（内山秀夫訳）サイマル出版会、1972年）pp.1－92.

9) Samuel Huntington, "Social and Institutional Dynamics of One-Party Systems," in Huntington and Moore, eds., *Authoritarian Politics in Modern Society: The Dynamics of Established One-Party Systems,* New York: Basic Books, 1970, pp.3－48.

10) Jennifer Gandhi, *Political Institutions under Dictatorship,* New York: Cambridge University Press, 2008, pp.74－77.

11) *Ibid,* pp.77－82.

12) たとえば天児慧『「中国共産党」論』NHK出版、2015年、133－143頁参照。

13) たとえば Linda Jakobson, "China's Unpredictable Maritime Security Actors," Lowy Institute, Dec. 2014, http://www.lowyinstitute.org/publications/chinas-unpredictable-maritime-security-actors（accessed on Mar.15, 2016）; Lyle Goldstein, "Stirring Up the South China Sea," *Asia Report,* No. 223, International Crisis Group, April. 23, 2012; 青山瑠妙「海洋主権――多面体・中国が生み出す不協和音」毛里和子・園田茂人編『中国問題――キーワードで読み解く』東京大学出版会、2012年、177－202頁など参照。

14) Edgar Kiser, "Comparing Varieties of Agency Theory in Economics, Political Science, and Sociology: An Illustration from the State Policy Implementation," *Sociological Theory,* Vol.17, No.2（July 1999）, pp.146－170.

15) Susan P. Shapiro, "Agency Theory," *Annual Review of Sociology,* Vol.31, 2005, pp.263－284.

16) Tom Ginsburg, "Administrative Law and the Judicial Control of Agents in Authoritarian Regimes," Tom Ginsburg and Tamir Moustafa eds., *Rule by Law: The Politics of Courts in Authoritarian Regimes,* Cambridge: Cambridge University Press, 2008, pp.58－72.

17) Peter D. Feaver, *Armed Servants: Agency, Oversight, and Civil-Military Relations,* Cambridge, Mass. and London: Harvard University Press, 2003, pp.51‐95.
18) James Fearon, "Domestic Political Audiences and the Escalation of International Disputes," *American Political Science Review,* Vol.88, No.3, Sept. 1994, pp. 577‐592.
19) Brian Lai and Dan Slater, "Institutions of the Offensive: Domestic Sources of Dispute Initiation in Authoritarian Regimes, 1950‐1992," *American Journal of Political Science,* Vol.50, No.1, Jan. 2006, pp. 113‐126.
20) Jessica Weeks, "Autocratic Audience Costs: Regime Type and Signaling Resolve," *International Organization,* 62, Winter 2008, pp. 35‐64.
21) Martin King Whyte, *Myth of the Social Volcano: Perceptions of Inequality and Distributive Injustice in Contemporary China,* Stanford: Stanford University Press, 2010, pp.181‐183. 園田茂人は、民衆は収入格差に懸念をもつ一方で、一般的公平感において安定化の傾向がみられると論じた。園田茂人「社会的安定──『中国的特徴を持つ』格差社会の誕生？」毛里和子・園田茂人編『中国問題』、35‐60頁。
22) Andrew Chubb, "Exploring China's 'Maritime Consciousness'," Perth US-Asia Centre, 2014, http://perthusasia.edu.au/usac/assets/media/docs/publications/2014_Exploring_Chinas_Maritime_Consciousness_Final.pdf (accessed on Mar.14, 2016).
23) Andrew Nathan, "Authoritarian Resilience," *Journal of Democracy,* Vol.14, No.1, 2003, pp.6‐17.
24) 2000年代に中東欧・中央アジアの旧共産圏諸国で起きた権威主義体制の打倒と民主的取扱いの樹立をめざす一連の運動。
25) David Shambaugh, *China's Communist Party: Atrophy and Adaptation,* Berkeley: University of California Press, 2008, pp.1‐10.
26) Bruce Dickson, *Wealth into Power: The Communist Party's Embrace of China's Private Sector,* Cambridge: Cambridge University Press, 2008, pp.217‐224.
27) Seymour Martin Lipset, "Some Social Requisites of Democracy: Economic Development and Political Legitimacy," *The American Political Science Review,* Vol.53, No.1, Mar. 1959, pp.69‐105およびバリントン・ムーア Jr.『独裁と民主政治の社会的起源II』(宮崎隆次・森山茂徳・高橋直樹訳) 岩波書店、1987年（原著 *Social Origins of Dictatorship and Democracy: Lord and Peasant in the Making of the Modern World,* Boston: Beacon Press, 1966) 145‐151頁。
28) 国分良成「中国における過渡期の政治体制」慶應義塾大学法学部編『慶應の政治学──地域研究』慶應義塾大学法学部、2008年、92頁。
29) 鈴木隆「中国共産党の組織的適応」加茂具樹・小嶋華津子・星野昌裕・武内宏樹編著『党国体制の現在──変容する社会と中国共産党の適応』慶應義塾大学出版会、2012年、75‐97頁。
30) ただしこの「公共安全費」は治安維持のみならず、さまざまな項目を含んでおり、一部でいわれるような警察支出のみだけではない。また国防費も研究開発費などを含

んでいないため、単純な比較が難しい。Dennis J. Blasko, "Politics and the PLA: Securing Social Stability," *China Brief,* Vol.12, No.7, Mar.30, 2012, pp.5‐8 参照。

31）「2010 年中央和地方予算執行與 2011 年予算草案報告」新華社、2011 年 3 月 17 日。

32）Baogang He and Mark E. Warren, "Authoritarian Deliberation: The Deliberative Turn in Chinese Political Development," *Perspectives on Politics,* Vol.9, No.2, 2011, pp.269‐289.

33）角崎信也「中国の政治体制と『群体性事件』」鈴木隆・田中周編『転換期中国の政治と社会集団』国際書院、2013 年、209‐245 頁。

34）Albert Keidel, "China's Social Unrest: the Story Behind the Stories," Carnegie Endowment for International Peace, Sept. 12, 2006, http://carnegieendowment.org/files/pb48_keidel_final.pdf (accessed on Mar.14, 2016); Thomas Lum, "Social Unrest in China," Congressional Research Service, May 8, 2006, https://www.fas.org/sgp/crs/row/RL33416.pdf (accessed on Mar.14, 2016).

35）角崎信也「中国の政治体制と『群体性事件』」、229‐231 頁。

36）劉亜平・顔昌武「転型期中国地方政府間競争：策略選択与制度規範」『浙江社会科学』2006 年第 6 期、25‐30 頁。

37）栄敬本『従圧力型体制向民主合作体制的転変：県郷両級政治体制改革』中央編訳出版社、1998 年、および樊紅敏『県域政治：権力実践与日常秩序』中国社会科学出版社、2008 年。

38）梶谷懐『現代中国の財政金融システム』名古屋大学出版会、2011 年。バーンスタインらはその背景として経済発展の圧力のほかに、地方政府の肥大化という原因をあげている。Thomas P. Bernstein and Lu Xiaobo, *Taxation without Representation in China,* New York: Cambridge University Press, 2003, pp.96‐104.

39）角崎信也「中国の政治体制と『群体性事件』」、216‐218 頁。

40）Jessica Chen Weiss, *Powerful Patriots: Nationalist Protest in China's Foreign Relations,* Oxford: Oxford University Press, 2014, pp.15‐31.

41）Kevin J. O'Brien and Lianjiang Li, "Selective Policy Implementation in Rural China," *Comparative Politics,* Vol.31, No.2, Jan. 1999, pp.167‐186.

42）中国共産党組織におけるイデオロギーの重要性については Franz Schurmann, *Ideology and Organization in Communist China,* Berkley: University of California Press, 1966, pp.17‐104 参照。

43）Maria Edin, "State Capacity and Local Agent Control in China: CCP Cadre Management from a Township Perspective," *The China Quarterly,* No.173, Mar. 2003, pp.35‐52.

44）Kevin J. O'Brien and Lianjiang Li, "Selective Policy Implementation in Rura China," pp.171‐176; Joseph Fewsmith, *The Logic and Limits of Political Reform in China,* Cambridge: Cambridge University Press, 2013, pp.23-26.

45）Joseph Fewsmith, *Ibid,* pp.15‐17; Maria Edin, "State Capacity and Local Agent Control in China," pp.45‐50.

46）角崎信也「なぜ法治か――中国政治における第十八期四中全会の位相」『東亜』578

号、2015 年 8 月号、78-87 頁。

47) 岩谷將・杉浦康之・山口信治「革命の軍隊の近代化」川島真編著『シリーズ日本の安全保障 第 5 巻 チャイナ・リスク』岩波書店、2015 年、83-146 頁 ; Michael D. Swaine, "The PLA Role in China's Foreign Policy and Crisis Behavior," Phillip C. Saunders and Andrew Scobell eds., *PLA Influence on China's National Security Policymaking,* Stanford: Stanford University Press, 2015, pp.141-165.

48) 岩谷將・杉浦康之・山口信治、同上、132-134 頁。

49) Andrew Scobell, "China's Evolving Civil-Military Relations: Creeping Guojiahua," Nan Li ed., *Chinese Civil-Military Relations: The Transformation of the People's Liberation Army,* London and New York: Routledge, 2006, pp.25-39. 軍の変化および改革の方向性については Roger Cliff, *China's Military Power: Assessing Current and Future Capabilities,* New York: Cambridge University Press, 2015 参照。

50) 国防軍隊改革については Kenneth W. Allen, Dennis J. Blasko and John Corbett, Jr., "The PLA's New Organizational Structure: What is Known, Unknown and Speculation, Part.1," *The China Brief,* Vol.16, No.3, Feb.4, 2016, pp.6-15 参照。

51) 防衛省防衛研究所編『中国安全保障レポート 2012』防衛研究所、2012 年、11-14 頁。

52) Phillip C. Saunders, "China's Juggling Act: Balancing Stability and Territorial Claims," *Pac Net,* No. 33, Apr. 29, 2014, http://csis.org/publication/pacnet-33-chinas-juggling-act-balancing-stability-and-territorial-claims (accessed on Mar.14, 2016).

53) Kenneth Lieberthal, *Governing China, 2nd edition,* New York: W. W. Norton & Company, 2004, pp. 206-211.

54) *Ibid,* p.211.

55) 中国の対外政策決定システムについては Alice Miller, "The PLA in the Party Leadership Decision-making System," Phillip C. Saunders and Andrew Scobell eds., *PLA Influence on China's National Security Policymaking,* pp.58-83; Jean-Pierre Cabestan, "China's Foreign- and Security-Policy Decision-Making Processes under Hu Jintao," *Journal of Current Chinese Affairs,* No.3, 2009, pp.63-97 を参照。また領導小組については、頼静萍『当代中国領導小組制度変遷與現代国家成長』南京 : 江蘇人民出版社、2015 年 ; 周望「領導小組如何領導？：対中央領導小組的一項整体性分析」『理論與改革』2015 年第 1 期、95-99 頁 ; 山口信治「中国の政策決定における領導小組の役割」『東亜』2016 年 2 月号、88-96 頁を参照。

56) 集団領導制については林載桓「『集団領導制』は破たんしたのか？——集団支配の制度化と習金平体制」『東亜』582 号、2015 年 12 月号、94-101 頁 ; 胡鞍鋼『中国集体領導制』中国人民大学出版社、2013 年 ; Susan L. Shirk, *The Logic of Economic Reform in China,* Berkeley, Los Angeles and Oxford: University of California Press, 1993, pp.70-91 参照。

57) リンダ・ヤーコブソン、ディーン・ノックス『中国の新しい対外政策』、92-94 頁。

58) 頼静萍『当代中国領導小組制度変遷與現代国家成長』、175-177 頁。

59) 中央国家安全委員会について現在まででもっとも整理された研究として You Ji, "China's National Security Commission: Theory, Evolution and Operations," *Journal of Contemporary China,* Vol.25, No.98, pp.178–196.

第7章
国内政治のなかの中国人民解放軍
――軍と人民代表大会

加茂具樹

はじめに

　先行研究が明らかにしているように、今日の中国政治において政策過程に関与するアクターは過去と比較して多様化している[1]。本章は、こうして中国政治が変容するなかで、中国人民解放軍が、自らの意見を政策過程に表出するための手段を多様化させている実態の一端を描き出すことにある。本章は、こうした人民解放軍の活動が中国の対外行動にどの様な影響を与えるのかを考える手がかりを見い出すことを目的としている。

　人民解放軍は中央政治の政策過程における重要なアクターである。1992年に選出された中国共産党第14期中央委員会以降、中央政治局委員に中央軍事委員会副主席が就き、また中央委員会のすべての委員に占める人民解放軍に所属する委員の比率は、およそ2割を占め続けている。

　人民解放軍が政策決定に直接的に自らの意見を表出する手段は、中国共産党中央軍事委員会主席および国家中央軍事委員会主席を兼任している中国共産党中央総書記に、「プリンシパル・エージェント理論（本人・代理人理論）」におけるエージェントとしての行動を期待することである。また人民解放軍は政策課題別に自らの意見を表出する手段も確保している[2]。たとえば、外交安全保障に関する政策であれば中国共産党中央外事工作領導小組および中国共産党中央国家安全領導小組に、台湾にかかわる政策課題であれば中国共産党中央対台湾工作領導小組に、国家安全に関する問題であれば中国共産党中央国家安全委員会に、人民解放軍の幹部が出席している[3]。

　一方で、中央政治において人民解放軍の政策決定に対する直接的な影響力

は次第に限定的になっているという考え方もある[4]。たとえば1997年9月の中国共産党第15回全国代表大会において、中央政治局常務委員会の構成員から中央軍事委員会副主席が外れて以来、人民解放軍は、中国共産党の最高意思決定機関である中央政治局常務委員会にエージェントを送り込むことができていない。2007年10月に選出された第17期中央委員会以降、中央政治局と中央政治局常務委員会の事務機構である中央書記処にも人民解放軍の意思を表出するエージェントは不在である。中国共産党内の高位の政治指導者層において、人民解放軍の意見表出の機会は限定されてきているようにみえる。

先行研究は同時に、外交や安全保障、対台湾政策といった対外行動をめぐる政策過程に注目し、人民解放軍が、近年、政府部門と政策調整をする機会が増えてきたと指摘している[5]。そこでは、国力の増大に伴い、中国の政治指導部が関心を強めている経済権益の保護や主権（領土や領海）の護持、国家安全保障に跨がる海洋問題、そして自然災害や公衆衛生問題、社会治安問題といった非伝統的安全保障分野における人民解放軍の活動のありかたをめぐって、他の国家機関とのあいだの政策調整をする必要が生じている実態が、全国人民代表大会での立法過程を事例にしながら論じられている。

本章は、人民解放軍が政策過程に自らの意見を表出する場として機能している人民代表大会に注目する。しかし本章は、対外行動ではなく、人民解放軍が国内政治にかんする政策過程に意見を表出するための場としてそれを利用している実態に注目する。国内政治に注目することによって、人民解放軍の行動が中国政治のダイナミズムにあたえる影響を、より鮮明に析出できる。

資料の制約により、本章は仮説的な結論を提示することにとどまらざるを得ないが、おおよその結論は以下のとおりである。人民解放軍は、自らの意見を政策過程に表出する手段として「名目的な民主的制度」を利用している[6]。人民解放軍は、名目的な民主的制度に送り込んでいるエージェントを使って国内政治の政策過程に自らの意見を表出させている。人民解放軍は政策過程に関与するための手段は多様であるが、この手段を利用することの利点は大きい。人民解放軍は、自らの意見を人民代表大会代表に表出させることによって、軍という個別のアクターの要求が「民意」に置き換わり、「民意」

の圧力に晒された政府等の政策執行機関は「反応」せざるを得ない、ということを理解しているのである。人民解放軍の人民代表大会での立ち居振る舞いは、圧力団体としての行動に類似している。

Ⅰ　なぜ名目的な民主的制度を利用するのか

　人民解放軍は、国内政治をめぐる問題に関与する手段として、中国の民主的制度である人民代表大会を利用している。もちろん、人民代表大会を利用するアクターは人民解放軍だけではない。中国政治のアクターにとって、人民代表大会という場は、政策過程に自らの意見を表出するための効果的な手段の一つとなっている。なぜ人民代表大会を利用するのか。この問いに答えるためには、権威主義国家の名目的な民主的制度が発揮する政治的機能を論じた先行研究の知見が役に立つ。

1　名目的な民主的制度の政治的機能

　そもそも、これまで権威主義国家の民主的制度の政治的機能にかんする評価は一定ではなかった。一方で、それは権威主義国家の政治指導者が自国を民主的であるとカモフラージュするための道具だとみなされてきた。他方で、その活動の活発化は政治的民主化の萌芽だと評価されてきた。しかし比較政治学の知見によれば、権威主義国家の名目的な民主的制度が体制の持続に貢献する政治機能があることがわかっている。権威主義国家の政治指導者は、名目的な民主的制度の活動の活性化に必ずしも批判的ではない。

　なぜなら、権威主義国家の名目的な民主的制度には、権威主義国家の政治指導者が直面する二つの政治課題を克服する機能があるとみなされているからである[7]。第一の課題が、政治指導者と体制内の他の有力者とのあいだでの権力共有のありかたをめぐる問題である。近代国家において、政治指導者は一人で国家運営の舵取りはできない。体制内の他の有力者とともに指導部を形成して国家運営にあたっている。政治指導者は、これまで協力してきた他の有力者が突然に離反し、自身にたいして政治的に挑戦する可能性を案じている。このため、政治指導者にとっては、いかにしてほかの有力者に安心

を供与し、彼らの忠誠を得るのかが重要な政治課題となる。

　第二の課題が、政治指導者と大衆との関係をめぐる問題である。政治指導者は、あたかも自らを取り囲むように存在する大衆が、挑戦してくる可能性を案じている。いかにして彼らから支持を獲得し、彼らの挑戦を未然に防ぐのかが、重要な政治課題となる。

　先行研究によれば、この二つの政治課題を克服し体制を持続させるために名目的な民主的制度が発揮している政治的機能は三つあると論じている[8]。一つは「体制内の有力者の離反防止」機能である。政治指導者は、ともに指導部を形成するほかの有力者たちに公的機関の職位を付与し、あるいは利益の分配の約束を公的文書のなかに書き込むことで離反を未然に防ごうとしてきた。政治的な保証を意味する職位も利益分配の保障を意味する公的文書も法律によって定められた手続きを踏んで確認されることから、政治指導者が恣意的に職位を奪い、約束を反故にすることは容易ではなくなる。これを体制内の有力者は制度的に保障された「安心」の供与だと認識するため、名目的な民主的制度は政治指導者が他の有力者の忠誠を獲得するための効果的な手段だとみなされるのである。

　いま一つは「（潜在的な）反体制勢力の抑制と弱体化」機能である。政治指導者は体制に反対する勢力を取り込み、分断し、弱体化するための場として名目的な民主的制度を活用する。政治指導者は、反体制勢力の一部に対して選択的に職位を付与し、選択的に利益を供与することによって、体制に批判的な勢力を分断し、彼らの団結を阻む。そうした手続きを行うのが名目的な民主的制度である。

　そして三つ目が「統治の有効性の向上」機能である。政治指導者は名目的な民主的制度をつうじて、課題設定、政策立案、政策決定、政策執行、政策評価に必要な情報を収集することができる。社会の関心や政策にたいする不満を把握し、大衆の挑戦を未然に防ぐために必要な情報を収集するために名目的な民主制度は役に立つのである。そして国内政治のアクターは、政策過程に自らの意見を注入するために、名目的な民主的制度の「統治の有効性の向上」機能を活用している。

2　利用される名目的な民主的制度

中国政治には様々な「統治の有効性の向上」機能を発揮している制度がある。そのうちの一つが、中国の名目的な民主的制度が人民代表大会代表が議案や建議・批評・意見を人民代表大会に提出する行動である。オブライエン（Kevin O'Brien）は、人民代表大会代表の議案などを提出する行動を、政策決定者（中国共産党や政府）の「代理者（agents）」としての行動、政策決定者の「諫言者（remonstrators）」としての行動、政策過程に関与したいと考える政治アクターの「代表者」（representatives）としての行動、の三つに整理している[9]。

「代理者」としての行動とは、人民代表大会代表が、政策決定者の政策（の内容や意図）を社会（自身が所属する機関や選出された選挙区）に伝達する行動である。「諫言者」としての行動とは、人民代表大会代表が、政策決定者のよりよい政策決定をするために、社会（自身が所属する機関や選出された選挙区）の反応を伝達する行動のことである。「代理者」と「諫言者」の活動は「プリンシパル・エージェント理論」における政策決定者のエージェントとしての行動である。

そして「代表者」としての行動とは、人民代表大会代表が自らを選出した選挙区や所属している機関の意見を政策決定者に表出することである[10]。すなわち「プリンシパル・エージェント理論」における自らを選出した選挙区や機関のエージェントとしての行動である[11]。

政策過程に関与したいと考えるアクターが意見表出をする場として名目的な民主的制度（人民代表大会）を利用している実態を理解しようとする本章は、人民代表大会代表の「代表者」としての行動に注目する。人民解放軍のエージェントとしての人民代表大会代表の行動である。

II　エージェントとしての人民解放軍人代代表

人民解放軍は人民代表大会にエージェントとして人民代表大会代表を送り込んでいる。この人民解放軍の軍籍をもつ人民代表大会代表（以下、人民解放軍人代代表）の数は少なくない。現在（2017年）、2,987名の全国人民代表大会代表（以下、全人代代表）のなかに人民解放軍人代代表は268名いる。

全国人民代表大会（全人代）の会期中、268名の人民解放軍人代代表は、人民解放軍代表団を組織している。「代表団」とは代表が会期中に活動する集団の呼称である。約3,000名の全人代代表は、全人代の会期中、一堂に会して政府機関の活動報告を聴取し、意思決定のための投票をすることはあっても、議案を審議することはない。全人代代表は35個の代表団に分かれ、この代表団ごとに議案を審議する。人民解放軍から選出された全人代代表は、人民解放軍代表団に、それ以外の全人代代表は、それぞれが選出された地域（34の省レベルの行政区）の代表団に所属して行動する。この35の代表団のなかで最大の規模を誇っているのが人民解放軍人代代表団である。この構図は省級以下の人民代表大会においても同様である。全人代代表を含む人代代表が地域の代表といわれるのは、この代表団ごとに活動するからである。

　人民解放軍は、人民解放軍人代代表をつうじて、政策過程に意見表出をしている。

　たとえば立法活動がそうである。人民解放軍は自らの要求を実現するうえで必要だと考える法律の草案を起草し、それを、人民解放軍人代代表をつうじて立法機関である人民代表大会に提出させている。たとえば中央軍事委員会法制局は、人民解放軍軍人の傷害死亡保険や退役後の医療保険、養老保険、軍人家族の福利厚生に関する法律の整備を目的として、「中華人民共和国軍人保険法」の草案を起草し、同草案を全人代常務委員会に提出していた[12]。また人民解放軍は、他の機関の立法によって自らの利益が損なわれることがないように、提出された法律草案にたいする修正意見を提出している。たとえば中央軍事委員会法制局は、全人代常務委法制工作委員会が起草した「中華人民共和国立法法」草案の審議過程で、同草案の軍事法規に関する条項の修正意見を提出していた[13]。

　人民代表大会における人民解放軍の意見表出は立法活動だけではない。人民解放軍人代代表は議案や建議・批評・意見を人民代表大会に提出している。前述したように人民代表大会代表は、自らを選出した単位（以下、選出単位[14]）や地域社会の要求を議案や建議・批評・意見のかたちに取りまとめて人民代表大会に提出している。人民代表大会主席団はこれを受理した後に、内容を精査し、関係する行政機関に送付している。人民解放軍人代代表もま

た、人民解放軍の要求や利益を議案や建議・批評・意見のかたちに置き換えて、人民代表大会に提出している（後述）。

　視察活動も人代代表の重要な活動である。人代代表は自らが選出された地域を視察する。視察を通じて人代代表は、中国共産党や政府の決定や方針を視察先に伝達する。同時に人代代表は、視察を通じて収集した情報をふまえて議案や建議・批評・意見を作成して人代に提出する（以上は、オブライエンがいう「代理者」や「諫言者」としての行動）。こうして党や政府は議案や建議・批評・意見を介して社会の動静を知ることができる。視察活動には、選出された地域のエージェント役を担った活動もありえるだろう（オブライエンがいう「代表者」としての行動）[15]。人民解放軍代表もそうした視察活動をしている。

　もちろん、人民解放軍がもつ政策過程への意見表明の手段は、人民代表大会代表にエージェントとしての行動をさせるだけではない。人民解放軍が政府にたいして意見を表明し、政策過程に影響を与える方法は他に複数ある。たとえば人民解放軍幹部が出席する中国共産党の会議がある。中央政治局委員である中央軍事委員会副主席が出席する中央政治局会議は、中央の政治過程にたいして意見を表出するもっとも効果的な場になりえる。地方についても同様である。これまで一部の軍区司令員、分軍区司令員は省級の地方共産党委員会の構成員であり、地方党委員会の会議は意見表出のための重要な場であったはずだ。このほかに、人民解放軍幹部と政府幹部との間の個人的なネットワークをつうじても意見は伝わるだろう。このように考えると、人民解放軍にとって人民代表大会代表は、政策過程に影響力を行使するための幾つかある方法の一つにすぎない。ではなぜ人民解放軍は人民代表大会を選ぶのだろうか。

　筆者の調査によれば、1990年代末までの地方人代において人民解放軍人代代表は議案等をほとんど提出しなかったという。しかし、近年の地方人代では、人民解放軍人代代表による議案等の提出がめだってきた[16]。この変化は人民代表大会を選ぶ理由を説明してくれる。

III 人民解放軍人代代表は何を表出するのか

　なぜ人民解放軍は人民代表大会を選ぶのか。なぜ人民解放軍は人民代表大会に議案や建議・批評・意見を提出するのか。人民解放軍全人代代表が提出した議案の具体的中身を分析し、この問いに答えてゆこう[17]。

　なお本章は建議・批評・意見を分析の対象としなかった。議案は建議・批評・意見と比較して、提出するために満たさなければならない要件が厳しいからである。人代代表が議案を提出するためには、自分を含めて議案の提出に賛同する30名以上の人代代表の署名を得る必要がある（建議を提出する場合、建議を起案した人代代表は共同提案者を募る必要はない）。このため、形式的には議案は建議よりも幅広い民意を代表しているものだと理解され、また同じ要求をするものであっても、その意見を処理する行政機関は議案を建議よりも政治的なメッセージ性が強いと理解してきた[18]。

　人民解放軍全人代代表が提出した議案は、おおよそ三つの種類に整理分類することができる。比較的に資料が整っている第10期全人代（2003～07年）に提出された議案（合計115件）を事例にしてみたい[19]。

　第一には経済および社会発展に関する議案である。これらは、経済改革、「社会主義市場経済」化の進展にともない生起した問題の解決をめざしたものである。これらの議案は、独占禁止法や電信法、新聞法、義務教育法、国家賠償法、刑法修正、企業労働争議処理条例などの法律法規の制定、修正を求めていた。また道路建設や西部開発の促進のような地方経済発展の必要性を訴える議案もあった。なお同年の議案には含まれていないが、都市部の経済建設によって生じた環境汚染や破壊の防止や改善の要求といった議案もこれに含まれる。

　第二には国家安全および外交安全保障に関する議案である。これらは、反テロ法や国防税法、国防情報セキュリティー法、国境管理に関する法律の制定の要求、軍港およびその周辺水域の管理に関する要望や大型インフラ建設をおこなう際には必ず軍事安全保障上の要請を考慮することの要求、国防建設や海洋権益の保護等が議案のなかに盛り込まれていた。

　第三には軍人および軍人家族の待遇に関する議案である。国防税法の制定

を求める議案や、給与水準、軍人および軍人家族の福利厚生の改善を求める議案、退役後の再就職等に関する要求が示されていた。

なお、これら議案は誰が提出したのか。議案の内容と議案を起案した人民解放軍全人代代表の経歴との間には、一定の相関関係がありそうだ。たとえば、第1回会議（2003年）に人民解放軍全人代代表が提出した全議案23件中、「経済および社会発展に関する議案」は13件であった。これらの議案のうち11件は、電子工業部や機械電子工業部副部長、その後国防化学工業委員会副主任を務めた人物が提出している。この人物は、一貫して、軍備装備に関連する製品の生産や管理に関連する業務に従事し、また国防産業の軍転民を推進した人物、あるいは国産カラーテレビの開発に尽力したと紹介されていた[20]。

また「国家安全および外交安全保障に関する議案」は6件あった。このなかで、たとえば軍港およびその周辺水域の管理に関する議案は海軍副司令員の職にある全人代代表が、また反テロ法に関する議案は蘭州軍区副司令員の職にある全人代代表が、国境管理に関する法律の制定を求める議案については内蒙古軍区司令員の職にある全人代代表が起草者となって議案を提出していた。これも議案の内容と現在の職務が関連しているといってよいだろう。

「軍人および軍人家族の待遇に関する議案」についても同様だ。総後勤部での任務が長い全人代代表や済南軍区副政治委員をはじめ政治委員を長く務めていた全人代代表が起草者として議案を提出していた。解放軍軍人の福利厚生に関する業務を担当した経験がある人民解放軍全人代代表が議案を提出したのである。

人民解放軍全人代代表の問題関心は極めて多岐に及んでいるが、基本的に彼らは、自らの経験や関心をふまえた問題意識を議案のかたちで人民代表大会に提出している。では、人民解放軍全人代代表が要求を議案として取りまとめ、それを人民代表大会に提出するという手続きで、政府に意見を表出するということに、人民解放軍はどのような意味を与えているのだろうか。

この問題を考える手掛かりは、第三の分類である「軍人および軍人家族の待遇に関する議案」にある。これらの議案は、毎年連続して全人代に提出されている。地方人代においても同様の議案や建議・批評・意見を提出してい

る。筆者が長期的に調査をおこなっている江蘇省揚州市人民代表大会の人民解放軍人代代表は、1998年から2012年までの間に6件の議案と29件の建議・批評・意見を提出している。

　これらの議案や建議・批評・意見の内容を三つの種類に分類した。一つ目は人民解放軍軍人の福利厚生や退役軍人の生活保障の改善の要求、二つ目には人民解放軍関係者が居住する地域の道路や住環境の改善に関する要求であり、三つ目はその他である。全人代代表の場合は、国防や安全保障問題に関する議案や建議・批評・意見が提出されていたが、地方人代の場合はそうした議案等は提出されていない。提出されている議案や建議・批評・意見のほとんどは、人民解放軍軍人の日常生活に関係する問題である。ここで注目したいのは、一つ目と二つ目の種類の議案である。

　いずれの議案や建議・批評・意見が取り扱っている問題は、人民解放軍（この場合は、揚州分軍区）が独力では解決することが不可能なものである。たとえば、人民解放軍軍人の福利厚生や退役軍人の生活保障の改善の要求については、「擁軍優属工作」（「軍を支持し、軍人家族を優遇する」活動）と退役軍人の再就職問題を担当する民政局が、これらの議案の処理を担当している。道路や住環境の改善については交通、建設、環境保護関係の部門が担当している。

　人民解放軍がこれらの問題を解決したいと考えた場合、政府の関係する部門との協議と協力が不可欠である。議案や建議・批評・意見として提出された意見は前述した手続きを経て、「民意」として政府の関係する部門に伝達される。これは人民解放軍にとって問題解決を担当する部門に確実に要求を伝達し、処理させるための、もっとも効率的な手段なのである。

おわりに

　かつて議案等を提出することがなかった人民解放軍は、なぜ人民代表大会での議案や建議・批評・意見の提出をするようになったのか。

　この背景には、人民解放軍と社会との関係の変化がある。周知のとおり人民解放軍は中国社会と緊密な関係をもつ組織である。なぜなら、人民解放軍

の任務とは何かと問われれば、それは戦闘という本来の任務のほかに、人民大衆を味方にするための政治宣伝、そして自らの経済的生存をはかるための生産活動という任務があった[21]。

この人民解放軍は、中華人民共和国の建国後、戦闘という軍隊本来の任務に専念するような組織に改造される予定であったが、そうはならなかった。「軍隊を創設した毛沢東という指導者の影響が根強いこと」、「中国自身がこの軍隊を近代的な正規軍に改造するだけの財政的経済的技術的能力を欠いている」ことから、毛沢東の時代、そして鄧小平の時代においても軍隊の生産活動への関与はつづいた[22]。こうした社会との関係は、人民解放軍にとって内部留保の源泉でもあった。

この人民解放軍と社会との間の関係が変化しはじめたのは 1990 年代末のことである。1998 年 4 月に中央軍事委員会は、軍団以下の「非作戦部隊が営業的生産をおこなわないことに関する実施意見」を発した[23]。この実施意見は、人民解放軍と社会の関係を変える大きな契機となった。実施意見によって内部留保を蓄積する手段を減じたことは、人民解放軍にとって大きな痛手であったのではないか、と考えられる。

この結果、仮説を示すことにとどまざるをえないが、次第に人民解放軍内部から提起される軍人および軍人家族の待遇改善の要求や関係者が居住する地域の環境の改善等の要求に応えるためには、次第に人民解放軍自身の政治的、経済的な資源だけでは力不足となり、他の政治アクターの資源、つまり政府の資源を利用しようとする動機が人民解放軍に芽生えてきたと考えられる[24]。そして人民解放軍は人民解放軍内部で生まれた要求を解決するために、その要求を議案等のかたちに置き換えて人民代表大会に提出するという方法を見いだしたといえよう。

人民解放軍と社会との関係の調整は、習近平政権下ですすめられている人民解放軍改革をつうじて、今後さらに進んでゆくことになるだろう。2015 年 11 月 27 日の国防部プレス発表では、国防と軍隊改革の深化の一環で、1998 年に非作戦部隊が営業的生産停止を決定した後も一部認められていた対外的な有償サービス（軍付属の病院を対外的に開放すること、軍施設の貸し出し、「文芸工作団」といわれる歌舞団）を停止する方針が確認された[25]。たと

えば、党の政策を社会に宣伝する役割を担うとともに、人民解放軍のいまひとつの内部留保を積み上げる手段であった「文芸工作団」の活動を停止することは、人民解放軍の資源を一層削り取ってゆくことになるのだろう。

　人民解放軍は自らの意見を「民意」におきかえる装置としての人民代表大会を利用している。本章は、こうして人民解放軍が自らの利益を最大化する動機をもつ政治アクターであること、そしてそのために「民意」を活用することを確認した。こうした特質は、あらためて人民解放軍が、中国の対外行動を分析する際の重要なアクターであることを再確認させるものである。

1) Linda Jakobson and Dean Knox, "New Foreign Policy Actors in China," SIPRI Policy Paper No.26, 2010.（邦訳にリンダ・ヤーコブソン、ディーン・ノックス『中国の新しい対外政策——だれがどのように決定しているのか』（岡部達味監修、辻康吾訳）岩波書店、2011年）。David M. Lampton, *The Making of Chinese Foreign and Security Policy,* Stanford: Stanford University Press, 2001. Andrew Mertha, "Fragmented Authoritarianism 2.0: Political Pluralization in Chinese Policy Process," *The China Quarterly,* No.200, 2009, pp. 995–1012. また本書第6章を参照。
2) 本章は、政策過程を「課題設定」→「政策立案」→「政策決定」→「政策執行」→「政策評価」に至り、この「政策評価」が新たな「政策立案」に影響をあたえる（フィードバックをする）循環的な構造だと想定している。また「政策調整の過程」とは、「課題設定」→「政策立案」→「政策決定」の過程のことを指す。
3) たとえば、中央国家安全委員会には、5名の人民解放軍幹部が参加しているのではないかと報じられている。「習領軍陸国安委成員首曝光」『中時電子報』2017年2月19日、http://www.chinatimes.com/newspapers/20170219000588-26031。「牢固樹立認真貫徹総体国家安全観　開創新形勢下国家安全工作新局面」『人民日報』2017年2月18日。
4) 防衛省防衛研究所編『中国安全保障レポート　2012』2012年12月19日、8–10頁。
5) 同上書、40–49頁。また、以下のエッセイもまた同様の問題意識で論じている。青山瑠妙「権威主義中国の変容する対外政策」『nippon.com』2012年5月8日、http://www.nippon.com/ja/in-depth/a00802/ 。
6) 本章における民主的制度についての定義は、ガンディーがいう「名目的な民主的制度（nominally democratic institutions）」のことである。Jennifer Gandhi. *Political Institutions under Dictatorship.* Cambridge: Cambridge University Press, 2008.
7) Milan W. Svolik, *The Politics of Authoritarian Rule,* NY: Cambridge University Press, 2012.
8) Jennifer Gandhi and Ruben Ruiz-Rufino, *Routledge Handbook of Comparative Political Institutions,* NY: Routledge, 2015. および久保慶一「特集　権威主義体制における議会と選挙の役割　特集にあたって」『アジア経済』第54巻第4号、2013年12月、2–10頁。

9）Kevin O'Brien, "Agents and Remonstrators: Role Accumulation by Chinese People's Congress Deputies," *The China Quarterly,* No.138, 1994: pp. 359‒380. オブライエンは、このほかに人民代表大会代表の職を名誉職と理解し、なにも活動しない代表のことを「消極者（inactives）」と定義している。
10）加茂具樹「現代中国における民意機関の政治的役割——代理者、諫言者、代表者、そして共演（特集 権威主義体制における議会と選挙の役割）」『アジア経済』第54巻第4号、2013年12月、11‒46頁。なお、本章には、二つの「代理人」という概念が混在している。「プリンシパル・エージェント理論」における代理人と、オブライエンが人民代表大会代表の行動を説明する概念として提起した「代理人」である。本章では、混乱を避けるため、オブライエンが提起した概念について表現する場合は「代理人」として表現し、「プリンシパル・エージェント理論」における代理人の場合は、エージェントと表現する。
11）なお、「代理者」、「諫言者」、「代表者」は理念的な概念であって、一人の人民代表大会代表の行動（政治的機能）を、この三つの概念のいずれか一つで説明することは難しい。彼らは、時には「代理者」であり、時には「諫言者」であり、「代表者」として行動すると考えてもよい。
12）「関与≪中華人民共和国軍人保険法（草案）的説明」『全国人民代表大会 中国人大網』、http://www.npc.gov.cn/wxzl/gongbao/2012-08/21/content_1736412.htm。
13）「第九届全国人民代表大会法律委員会関与≪中華人民共和国立法法（草案）」審議結果報告」『全国人民代表大会 中国人大網』、http://www.npc.gov.cn/wxzl/gongbao/2000-12/17/content_5008937.htm。
14）「選出単位」は、人代代表が選出された地域を指すこともあれば、人代代表の就業先といった所属組織を意味することもある。
15）「全国人代解放軍団部分代表到南京視察」『全国人民代表大会 中国人大網』、http://www.npc.gov.cn/npc/xinwen/dbgz/dbhd/2015-01/14/content_1894256.htm。
16）広州市人代関係者（2002年1月、広州）、無錫市人代関係者（2002年2月、無錫）、泉州市人代関係者（2003年3月、泉州）、揚州市人代関係者（2006年8月、揚州）でのインタビューによる。
17）なお全人代における人民解放軍人代代表による議案と建議・批評・意見の提出の行動は、前出の防衛省防衛研究所が編集した『中国安全保障レポート2012』において詳細に検討されている。
18）人民解放軍全人代代表による議案提出行動は必ずしも活発とはいえない。人民解放軍全人代代表はおよそ260名強の規模を誇っているが、彼らが提出する議案の数はほかの代表団に所属する全人代代表らと比較して多くない。とはいえ人民解放軍全人代代表によって提出された議案は、人民解放軍の内部で幅広く共有されている問題であり、人民解放軍が全人代で何をしているのかを理解するために必要な情報である。
19）残念ながら、公開されているのはこれらの議案の筆頭提案者（起草者）と議案の題目のみである。議案の具体的内容については公開されていない。「議案建議 第十届全国

人民代表大会第一次会議　解放軍代表団報送議案　共二十三件」『全国人民代表大会』、http://www.npc.gov.cn/bill/proscenium!queryById.action?condition.dbtid=40AA4D59449F304EE04379000405304E&yajs=23。

20)「張学東：従廠長到将軍」『北京理工大学　新聞網』2006年4月17日、http://www.bit.edu.cn/xww/rwfc/41665.htm。

21) 平松茂雄『中国軍現代化と国防経済』勁草書房、2000年、75頁。

22) 同上書、75頁。

23) 駒形哲哉「第17章　解放軍ビジネスと国防工業（軍民転換・軍民兼容）」村井友秀・阿部純一・浅野亮・安田淳『中国をめぐる安全保障』ミネルヴァ書房、2007年、351頁。

24) 平松『中国軍現代化と国防経済』、75–117頁および駒形同上論文、344–375頁。同書は、解放軍の生産経営活動がどのような背景があって拡大し、それがどのような理由で禁止されていったのか、その過程を体系的に説明している。

25)「国防部挙行深化国防和軍隊改革専題新聞発布会」『中華人民共和国国防部』（2015年11月27日）、http://www.mod.gov.cn/affair/2015-11/27/content_4635503.htm。

第8章
南シナ海における緊張感の高揚と漁船事件

マチケナイテ・ヴィダ

はじめに

　南シナ海における中国による人工島の建設によって、地域内での紛争をめぐる議論が盛り上がりをみせている。南シナ海における緊張感の高まりが指摘されるなか、石油や天然ガスの開発や航行の権利に関する問題は、国家間の対立を激化させる重要な要因として一般的に指摘されている。ただし、何らかのきっかけがなければただちに外交問題や軍事衝突に発展することはない。R・J・ランメル（R. J. Rummel）は、「紛争の原因は偶発的に発生する。こうした原因は最後の一撃、すなわち当事者を最終的に行動へと仕向ける事件にある。米国が巻き込まれた例として、プエブロ号事件やマヤグエース号事件があげられる。（中略）このような事件は特殊であり、当事者にとって重要である」と述べている[1]。

　中国共産党中央委員会の機関紙『人民日報』の傘下にある国際報道専門紙『環球時報』に掲載された、「平和的解決手段を当たり前と思ってはならない」というタイトルの記事は、「中国政府への反撃をうながす声は今後に影響をおよぼしかねない」と指摘していた。記事はフィリピンと韓国による中国漁船拘留事件への考察ではじまり、南シナ海における紛争において非常に重要かつ、見落とされがちな紛争の引き金となる要因を指摘していた[2]。すなわち、今回の問題は漁獲権を含む領有権を主張する多国間の事件だというのである。中国外務省が主張したとおり、人工島を漁業関連サービスの支援に利用する場合[3]、中国の漁船は大陸から離れた海域での漁獲が可能になり、この海域の緊張はより広範囲におよぶ。加えて、島の埋め立てをすすめた結果、

149

中国海警局の監視活動能力は強化されると考えられる。中国による人工島建設は地域の安定にいかなる影響を与えるのか。これが、本章の論点である。この問題は、中国のほかに近年中国が建設した人工島周辺の領有権を主張しているフィリピンとベトナムもかかわっている。

I　南シナ海の係争水域における漁船事件の頻発

1　係争水域における漁船事件数

1980年代末以降、南シナ海の係争水域において数多くの漁船事件が発生した。中国の南海区漁政局によれば、2012年末までに南沙諸島周辺において、中国漁民と他国の漁民との間に400件前後の事件が発生した[4]。当局の断片的なデータによれば、1989年から2010年にかけて、750隻が関与する380件の事件があった。そのうち、25人の漁師は、死亡または行方不明で、800人以上の漁師が拘束された。海南省瓊海市潭門鎮政府が発表した情報によると、2000年以降、他国の漁師との間に117件の事件があったことが明らかになった[5]。正確なデータの入手は困難だが、中国のメディアは、係争水域における漁船事件数は2000年以降とくに増加したと報じている[6]。

漁船事件が増加した理由の一つとして中国による漁獲規制の強化と漁業政策の変化があげられる。中華民国時代から南シナ海における領有権を主張している中国は[7]、1970年代末に近海における水産資源の枯渇問題に言及している。そして、1980年代に入ってから、中国政府は資源保護を口実に漁獲規制の枠組みを構築しつづけてきた。これにより、中国大陸近海においては中国の漁獲は制限された[8]。

1995年以降に黄海と渤海で実施されたのと同様に、南シナ海においても1999年以降夏期禁漁が実施された[9]。以後、6月から7月にかけては禁漁期間となり、2009年以降は5月16日から8月1日までに拡大した。南シナ海における領土問題をふまえると、二つの理由で、この規制は極めて重要である。一つは、漁船事件は中国が指定した禁漁区だけで発生しているわけではないということである。1985年の中国漁業法案は近海における漁獲の制限だけではなく、遠海漁業の推進を目的として制定された[10]。近海における

表 8-1　南シナ海における漁船事件の発生数、1995 – 2015 年 5 月[11]

	中国漁船・ベトナム当局	中国漁船・フィリピン当局	ベトナム漁船・中国当局	フィリピン漁船・中国当局
1995 年 1 月–2001 年 3 月	–	16 (1**)	–	1
2001 年 4 月–2004 年 1 月	3 (1**)	5	–	–
2004 年 2 月–2007 年 3 月	–	–	–	–
2007 年 4 月–2010 年 12 月	–	–	6 (3*)	–
2011 年 1 月–2015 年 5 月	5 (1**)	4	11 (2*; 1**)	5

出所：筆者作成。
注：括弧内の数字は、中国による禁漁期内における漁船事件（* 禁漁地域内；** 禁漁地域外）。

　漁獲規制を強化すればするほど、中国漁船は係争水域で漁獲を行うようになった。1998 年、中国は国家海洋開発プログラムにおいて、「漁業を海洋資源の構造変化に適応させるために、海洋漁業資源の実態にしたがい、この分野の構造を再調整し新たな資源や漁場を開発した」と述べた[12]。また 2013 年 2 月に開催された国務院常務委員会会議において、漁船の更新、漁業器具の研究開発の加速、漁師協同組合や漁業企業の支援を決議した[13]。中国は民間への補助金を通して、豊かな漁場に恵まれる南シナ海での漁業活動を支援している[14]。

　二つ目として、夏期禁漁区はベトナムとフィリピンの領有権主張地域も含まれており、地域の安定を揺るがす原因となった点があげられる。夏期禁漁中は、中国海上法執行機関には禁漁を実施する義務がある。一方、フィリピン・ベトナム側からすると、単に自国水域における漁獲にあたり、中国による漁獲規制は通用しない。表 8-1 で示しているように、2007 年 4 月から 2010 年 12 月までの間にベトナム漁船・中国当局間で起きた 6 件の漁船事件のうち、3 件は禁漁区で発生している。この事件は自国の水域で漁獲したベトナム漁船と自国の漁獲規制を実施した中国の海上法執行機関との間で発生した事件ということになる。

2　中国による人工島建設と漁船事件との関係

　中国による以上のような漁獲規制強化と漁業政策の影響で、中国漁船が大陸から離れた海域で漁獲権を主張し、中国海上法執行機関は他国の漁船に対しても漁獲規制を実施するようになった。それは、南シナ海における漁船事件増加の原因の一つとしてあげられる。近年の人工島の埋め立てにより、同様に中国とフィリピン間、中国とベトナム間における漁船と海上法執行機関の遭遇が増加すると予想される。一つ目の原因は、人工島は中国漁船に対し大陸から離れた海域で漁獲基地を提供できるためである。その結果、中国漁船は長期間にわたってフィリピンやベトナムの沿岸付近で漁獲が可能となる。中国外務省は人工島を民間の漁業支援の一環と位置づけている。中国は2013年末にフィリピン、ベトナム南部とマレーシア沖にある南沙諸島で埋め立てを開始した。米国防総省の報告によれば、当初は800ヘクタール規模と推計されていたが、2015年6月までにおよそ1,170ヘクタールに拡大した[15]。最大規模の埋め立て地であるファイアリー・クロス礁には、国家海洋局南沙考察隊が領有権主張を目的とした主権碑を1987年に建設した。翌年の埋め立て開始時点と比較すると、現在のファイアリー・クロス礁の面積は11倍になっている[16]。ファイアリー・クロス礁は中国大陸から740海里（約1,400 km）離れており、中国よりもフィリピンやベトナムの近くにある。

　二つ目の原因は島の埋め立てにより、南シナ海の係争地域において中国は長期的な巡視が可能になる点にある[17]。このため、フィリピンやベトナムの漁船や当局に頻繁に相対すると予測される。中国は2013年末までに5万隻の民間漁船に海洋監視船へ位置情報を送信する衛星測位システムを装備した。これにより、他国海上法執行機関が中国漁船を押収する際、中国監視船は当地に急行することが可能になった。中国の漁船は海上法執行機関の監視下におかれることで拘留を回避することができるようになった一方、当局同士が対峙し、従来の漁船・当局間の枠を超えた紛争に発展するリスクが高まった。2014年4月の中国・フィリピン間のスカボロー礁事件はこうした経緯で発生した[18]。

Ⅱ 漁船事件の増減をもたらす要素

　56件の漁船事件が発生した1995年から2015年5月までのうち、漁船事件の発生頻度がもっとも高かったのは1995年1月から2001年3月にかけてのおよそ6年間であり、中国漁船とフィリピン当局間で16件発生した。2011年1月から2015年5月までは、ベトナム漁船・中国当局間で11件である。表1に示すように、その他の時期における発生頻度はこれらより低かった。

　報道される漁船事件は国家対立を煽る傾向が強いというのが本章の前提である。したがって、表1に含まれている漁船事件は程度がはなはだしいものが多いと考えられる。事件の発生時期や過程を考察すると、人工島建設によって増加した漁船事件が国家対立へ発展する要因および、漁船事件の増減をもたらす要素を明らかにすることができる。

1　海上法執行機関の行動とその役割

　1995年1月から2001年3月までの間で、中国漁船とフィリピン当局間において事件数がとくに多かった原因の一つとして、海上法執行機関の関与があげられる。1995年、中国船がミスチーフ礁を占拠した後、フィリピン政府は巡視のためフィリピン海軍を派遣し、1990年代後半に中国漁船がたびたび拘留された。その結果、中国とフィリピンの間で緊張感が高まり、立て続けに漁船事件が発生し、1999年には2回も中国漁船の沈没事件が起きた。

　同様に、2007年以降の他国漁船と中国当局間における漁船事件の増加は中国海上法執行機関の対応とある程度符合する。2007年以前の漁船事件はほとんど報告されていないが、ベトナム漁船と中国当局間では2007年4月から2010年12月にかけて6件、続いて2015年5月までに11件、フィリピン漁船と中国当局間では2011年1月から2015年5月までに5件発生した（表1参照）。ベトナムのデータによると、2005年から5年間で、中国当局はベトナムの漁船63隻の漁師725人を拘留した[19]。その他の報告によれば、中国側が拘留したベトナム漁船は2009年から2010年にかけてとくに多かった[20]。2000年代後半に、農業部南海区漁政局は中国領有権主張地域におけ

る巡視を強化した。2009 年 3 月に、南海区漁政局に所属する最大の漁業監視船「漁政 311」が初めて南シナ海に派遣され、「漁政 301」や「漁政 46012」とともに巡視の強化を図った。漁業監視船は 2012 年、各船年間平均 183 日の巡視航海を実施した[21]。さらに 2012 年 12 月、海南地方政府は中国海上法執行機関に対し、係争水域における他国漁船の査察を許可した。2014 年には常時監視が可能になると中国農業部南海区漁政局の局長が発言している。

　中国当局によれば、中国海上法執行機関による防衛強化の結果、2012 年は南シナ海における中国漁船の拘留は発生しなかった[22]。しかし、中国の巡視強化、漁船への衛星測位システムの配備によって、他国当局と中国漁船との間の事件はより危険性をはらむようになった。中国漁船と他国の当局が相対する場合、以前と違って当局間の事件になりうる。2012 年 4 月の中国とフィリピン間において発生した事件で明らかになったように、当局の介入は事態の悪化をもたらす。加えて、中国による民間漁船の権益保障強化が中国当局と他国漁船間における事件の増加に拍車をかけている。

2　南シナ海問題関係国の対応の重要性

　海上法執行機関に加え、政府の対応が漁船事件に与える影響にも触れておきたい。1990 年代後半にフィリピン海軍が巡視を強化したにもかかわらず、2001 年以降中国漁船とフィリピン当局間における事件は劇的に減少した。この傾向は、フィリピン政府が採択した政策と符合する。2000 年 1 月 28 日、フィリピン国防大臣オーランド・メルカド（Orlando Mercado）はフィリピン海軍に対し、領海侵犯漁船に対し退去を命じるよう指示し、2 月 7 日には中国漁船への対抗策として拘留を除外した。同時に、国防大臣は領有権主張国に対し、係争地域を共同漁獲地として宣言する条約を提案した。この条約は南極条約をモデルとしている。農業省ではなく国防省が主導権を握ったことで、領土紛争管理における国防省の役割が示された。さらに、2000 年 3 月にはフィリピン海軍が巡視する地域で、中国漁船に対して避難所を提供した。2004 年に中国・フィリピン間関係は好転し、両国は漁業協力に関するいくつかの覚書などを締結した[23]。そして、2004 年から 2011 年までの間、中国漁船・フィリピン当局間における事件はなかった[24]。

総括すると、フィリピン政府は南シナ海における緊張感が高まっているなかにもかかわらず、とくに 2012 年 4 月のスカボロー礁スタンドオフ以降、衝突を回避する政策をとった。同年 5 月、フィリピン大統領は、元海軍大佐による係争領土であるスカボロー礁への「愛国的航海」を思いとどまらせた[25]。そして、2011 年から 2015 年までに発生した事件は 4 件と、比較的少なかった。さらに、中国の夏期禁漁期間中、フィリピン政府もほぼ同時期の禁漁期間を定め、非公式の衝突を回避する体制を整えた。その一方で、禁漁期間を認めなかったベトナム政府との紛争は不可避であった。

Ⅲ　南シナ海をめぐって国家対立の悪化に発展する可能性

　第Ⅰ節で説明したように、南シナ海での人工島建設により中国とフィリピン間、中国とベトナム間において漁船と海上法執行機関が相対する頻度が増加する可能性は高い。近年中国の漁師は挑発的な態度をとる傾向があり、事件は一層起きやすくなっている。漁船事件は増加し、外交紛争や軍事衝突をもたらすのだろうか。ここには、主に第Ⅱ節の分析で明らかにしたように関係国や海上法執行機関の対応が関係している。そのため、本節では南シナ海問題に対する領有権主張国の姿勢と各海上法執行機関の動向について考察したい。

1　関係国による海上法執行機関の能力強化

　近年、南シナ海における関係国の海上法執行機関の能力強化が顕著である。2013 年 6 月、フィリピン大統領ベニグノ・アキノ 3 世（Benigno Aquino III）はフィリピン海港と沿岸警備隊の能力開発プロジェクトの一環として、新しい巡視船の調達を目的とした 1.26 億ドルの予算を承認した[26]。同年 12 月、沿岸域内での海難救助や海上法執行等の業務の迅速化と効率化を目的とした巡視船の追加のため、日本国際協力機構と 187 億円の円借款契約を締結した。このプロジェクトの目的の一つとされる海上法執行の改善は、係争水域において漁獲権監督の強化をもたらすと期待される[27]。2016 年から 2017 年末までフィリピン沿岸警備隊の巡視船 10 隻がさまざまな地点に配備されること

になった。このなかには、中国との漁船事件を管理するプエルト・プリンセサ港も含まれる。メディア報道によれば、Mk 44 ブッシュマスター II が巡視船として配備される見込みである[28]。

フィリピンと同様に、ベトナムも海上法執行機関の能力を強化している。米国は、2013年7月に確立された越米包括的パートナーシップによって、ベトナム海上警察へ軍事訓練を提供した[29]。アシュトン・カーター（Ashton B. Carter）米国防長官が2015年5月末にベトナムを公式訪問した際、ベトナムの海上治安維持能力向上のため、米巡視船「メタル・シャーク（Metal Shark）」の購入に要する資金 1,800 万ドルを拠出すると発表した[30]。

以上の能力強化政策は、中国の動向にしたがっている。2013年8月の新華社の報道によれば、中国は、漁民の正当的な利益を保護するため、2014年以降、南シナ海において恒常的な巡視活動の展開を行うことを決定した[31]。しかし、フィリピンとベトナムが中国に追いつくのには困難がともなう。米国防総省によると、中国沿岸警備隊の艦隊は500トン以上の船を200隻所有しており、アジア周辺諸国の艦隊が束になっても太刀打ちできないとされる[32]。

2 南シナ海問題に対する関係国の姿勢

人工島建設以前に、R・サッターとC・フアングが指摘したとおり、中国の領有権主張国に対する態度には二つの側面があった。一方では、中国はフィリピンやベトナムなどの関係国に対し、国力を高めた中国に反発した場合は、さまざまな手段を講じることができると牽制した。他方では、中国の指導者はフィリピン、ベトナムを含む東南アジア諸国との経済協力に注力し、win-win関係の構築を推進した。南シナ海における紛争問題が俎上に載せられるのを回避し、中国が主張する領有権への疑念を封じる思惑がある[33]。

中国による人工島建設が続くなか、フィリピンとベトナムは対立と融和という二つの選択肢を天秤にかけているようである。両国の指導者は中国への厳しい批判を繰り返す一方で、とくにベトナムは中国との直接対立を避けており、中国と向き合うにあたっての建設的な方法を模索している。数年前、ベトナムは ASEAN の 10 カ国のなかでも中国との関係がもっとも複雑で、軍事衝突が懸念されていたが[34]、中国の埋め立て活動により国際社会にお

いて不安感が高まるなかでも、中国との平和的関係の維持を試みた。2013年12月の人工島建設開始以降も慣例となっている二国間会議は継続している。2014年8月27日、ベトナム共産党のレ・ホン・アイン（Le Hong Anh）党書記局常務は訪中し習近平国家主席と対談し、紛争の複雑化や拡大の防止に向け相互に努力すると発表した。また、安定的関係の構築や南シナ海における安寧の形成に合意した[35]。同年10月、両国は軍事的協力関係を推進し、海上の紛争に適切に対処することで合意した。2015年11月、ベトナム側の働きかけにより、習近平の訪越が実現した。中国国家主席としては過去10年間で初めてである。

ただし、見落としてはならないのは、ベトナムは南シナ海領土紛争を自国における重大な安全保障問題とみなし[36]、中国への対抗策を講じてきた点である。2014年5月11日、ASEAN首脳会議でフィリピンとともに、南シナ海における中国の対応を非難した直後、ベトナム首相とフィリピン大統領は、中国に対抗すべく、国際支援を求める共同声明を発表した。さらに、上記に説明した海上法執行機関の能力向上に加えて、日本や米国との協力関係を積極的に築いてきた。2014年5月、ベトナム副首相は、日・ASEAN防衛担当大臣ラウンド・テーブルを提案した安倍晋三首相と会談し、2015年7月、日越首脳会談を実施した。

海上安全協力や高官レベルの防衛対策対話も含まれる、2011年の「米越二国間防衛協力の推進に関する覚書」締結以降、ベトナムは米国と高官レベルの会談を実施するなどして防衛協力関係を築いてきた[37]。そのなか、2012年6月、米国国防長官レオン・パネッタ（Leon Panetta）はカムラン湾を訪問し、米海軍艦艇のカムラン湾への寄港解禁を訴えた。2014年8月には米国統合参謀本部議長マーティン・デンプシー（Martin Dempsey）が訪越し、両国の軍事協力関係を強化していきたい意向を示した。加えて、2014年10月、米国はベトナムの海上安全保障の支援を目的として、ベトナムに対する武器輸出禁止措置を緩和した[38]。

フィリピンの指導者は中国を批判する一方で、直接対立を回避するアプローチを示した。ベトナムと同様に、両面性を帯びた戦略を採用しているといえる。以前フィリピン政府が採用した中国との対立悪化を避ける政策を考

慮すると、南シナ海における領有権問題をめぐってフィリピンがオランダ・ハーグ常設仲裁裁判所に仲裁を求めた行為は、中国に対応するにあたって建設的な方法を模索しているものと読み取ることができる。研究者が示すように、南シナ海において「フィリピンは、多国間・二カ国間レベルでの秩序建設の先駆者をめざしている」[39]。

その一方で、フィリピンは中国の対応を批判しつつ、米国との協力関係を強化した。2014年2月、フィリピン大統領ベニグノ・アキノ3世は、中国の対応は第二次世界大戦直前のヒトラーを模倣していると非難し、国際社会の支援を求めた[40]。このような果敢な姿勢は、2014年の2月に米国海軍作戦部長がフィリピンを訪問した際の、「中国が係争島を侵略した場合には、米国はフィリピンを援助する」という発言にもとづいていると考えられる。加えて、2015年に開催された米国とフィリピンの合同軍事演習「バリカタン」は、以前の二倍の軍隊で構成されている。すでに示したように、「米・フィリピン同盟の再活性化は、フィリピンからすると、国家安全の確保や、目標とする地域秩序への支援獲得のための重要なヘッジ戦略であり」[41]、フィリピン政府はこうした戦略を採用している。

おわりに

本章は、中国の人工島建設は地域の安定性にいかなる影響を与えるのかを考察した。とくに、人工島建設によって生じた漁船事件が国家対立の深化を招き、軍事衝突に発展する可能性を分析した。以前、中国の漁獲規制により係争水域における漁船事件が増加した。そのため、人工島建設によって、より広範囲において中国とフィリピン間、中国とベトナム間において漁船と海上法執行機関が遭遇する危険が増加すると予想された。人工島は漁獲基地を提供し、中国の海上法執行機関によるより長期的な巡視を支援するからである。係争水域における中国と関係国の直面は必ずしも漁船事件に直結し、国家対立をもたらすわけではない。事件や対立の発生に関与する要素としては、漁獲地域、領有権主張国による海上法執行機関の活動、関係国の南シナ海問題に対する姿勢や中国との関係などがあげられることを明らかにした。

現時点では漁船事件をきっかけとした深刻な国家対立のリスクはさほど高いとはいえない。ベトナムは比較的平和的なアプローチを選択し、南シナ海をめぐる緊張感が持続するなかでも中国との交流を積極的に進めてきた。中国に対してもっとも辛口の批評家であるベニグノ・アキノ3世フィリピン大統領も、中国との直接対立を避ける手段の把握に努めてきた。ロドリゴ・ドゥテルテ（Rodrigo Roa Duterte）大統領は、中国との強力関係の強化に努めている。両国とも、中国との関係が悪化するなかでも建設的かつ平和的な対応を選択している。

　しかしながら、二つの問題点が懸念される。一つは、ベトナムとフィリピンは中国との対立悪化を避ける一方、中国への対抗手段を強化しつつあるということである。海上法執行機関の能力を高め、米国や日本などとの協力関係を発展させている。依然として中国との格差は大きいが、格差が縮まれば、係争水域において中国と対峙したときにいままでとは違う反応を示すかもしれない。とくに注目したいのは、フィリピン外務省の言葉を借りるならば、中国の海上法執行機関が他国の漁船に対してこれまでのような強硬な行動を続けるかどうかという点である。

　二つ目として、現状維持が長期的に持続可能かどうかという点があげられる。ベトナムとフィリピンは、必ずしも効率的であるとはいえないが、建設的なアプローチを選択したため、現時点では深刻な対立に発展する可能性は小さい。しかし、中国の政治指導者が南シナ海の領有権を声高に主張し国民感情が盛り上がるなかで、関係国がいつまで同様の対応を続けるかは疑問である。海上法執行機関の能力や防衛協力の枠組みを強化する関係国政府の係争水域における事件に対する今後のアプローチに注目する必要がある。

1） Rudolph J. Rummel, *Understanding Conflict and War. Vol. 4: War, Power, Peace,* New York: Sage Publications, ch.11.
2） "Don't Take Peaceful Approach for Granted," *Global Times,* October 25, 2011, http://www.globaltimes.cn/content/680694.shtml（2015年8月12日アクセス）.
3） Ministry of Foreign Affairs of the PRC, "Foreign Ministry Spokesperson Lu Kang's Remarks on Issues Relating to China's Construction Activities on the Nansha Islands and Reefs," June 16, 2015, http://www.fmprc.gov.cn/mfa_eng/xwfw_665399/s2510_665401/t1273370.shtml

（2015 年 8 月 17 日アクセス）．
 4) 呉壮時「農業部南海区漁政局局長：海洋強国夢従未這麼近」『南方日報』2012 年 12 月 20 日。
 5)「新聞資料：中国漁民在南海頻頻遇襲」『新民晩報』2012 年 5 月 11 日。
 6)「帯您走進神秘的三沙市：中国陸地面積最小的城市（図）」『新京報』2012 年 7 月 9 日。
 7) Li Jinming and Li Dexia, "The Dotted Line on the Chinese Map of the South China Sea: A Note," *Ocean Development and International Law,* vol.34, 2003, pp.287‒295.
 8) 環境と漁獲をめぐる規制枠組構築の詳細については、Vida Macikenaite, "The Implications of China's Fisheries Industry Regulation and Development for the South China Sea Dispute," Dominik Mierzejewski (ed.), *The Quandaries of China's Domestic and Foreign Development,* Contemporary Asian Studies Series, Lodz: Lodz University Publishing House, 2014, pp.216‒236 を参照されたい。
 9)「農業部関于在南海海域実行伏季休漁制度的通知」1999 年 3 月 5 日農漁発 2 号、1999 年。
10) 農牧漁業部副部長朱栄「関于『中華人民共和国漁業法（草案）』的説明」第六届全国人民代表大会常務委員会第十三次会議、1985 年 11 月 13 日。
11) 中国とベトナム間、中国とフィリピン間における漁船事件の頻発時期を区別し、発生時期を 5 つの時期に分けた。漁船事件に関する情報を次の資料のもとに収集した。Center for Strategic and International Studies, *Comparative Connections,* Vol.1‒17, 1999‒2015; BBC, The New York Times, Reuters News Agency, Xinhua News（英語）、新華（中国語）のホームページ；中華人民共和国外務省ホームページ；Jacob Bercovitch and Judith Fretter, *Regional Guide to International Conflict and Management from 1945 to 2003,* Washington: CQ Press, 2004; Carlyle A.Thayer, "Sovereignty Disputes in the South China Sea: Diplomacy, Legal Regimes and *Realpolitik,*" paper presented at a conference on Topical Regional Security Issues in East Asia, St. Petersburg, Russia, April 6‒7, 2012。
12) Information Office of the State Council of the PRC, "The Development of China's Marine Programs," 1998, part II, http://www.china.org.cn/e-white/6/6-II.htm（2015 年 9 月 1 日アクセス）。
13)「国務院通過促進海洋漁業持続健康髪／発展若干意見」2013 年 2 月 16 日。
14) 遠海漁場は近海漁場よりも何倍も多くの水産資源を擁している。中国漁業当局によれば、西沙諸島・中沙諸島・南沙諸島を管轄する三沙市地域における水産資源は約 50 万トンであり、年間 20 万トン以下の漁獲にとどめれば持続的な開発が可能である。同時に、海南島周辺における年間の漁獲量は約 8 万トンである（"Fishermen Set Eyes on South China Sea Resources," *Xinhua,* July 18, 2012)。2010 年以降、海南島の漁師、漁業組合、海洋漁業大手企業に対し、指定された規模以上の漁船改修は補助金の対象となった。補助金は係争水域にある中沙諸島と最近埋め立てられた西沙諸島の周辺の漁業開発が狙いであったといわれている（保亭黎族苗族自治県人民政府「漁業恵農補貼政策問答」、http://baoting.hainan.gov.cn/news/shownews.php?ID=1259（2013 年 2 月 20 日

アクセス））。
15) "Spratly Projects 'Bigger than Thought,'" *South China Morning Post*, August 21, 2015.
16) Michael S. Chase and Ben Purser, "Fiery Cross Reef: Why China's New South China Sea Airstrip Matters," *National Interest*, August 5, 2015.
17) Office of the Secretary of Defense, *Annual Report to Congress: Military and Security Developments Involving the People's Republic of China 2015*, p. 3.
18) 他の事例としてあげられるのは、2010年に起きた事件である。インドネシア当局は、インドネシアの排他的経済水域において中国漁船を発見した際、中国海洋監視船が現場に急行し、インドネシア当局は中国漁船を拘留することができなかった。
19) Seth Mydans, "U.S. and Vietnam Build Ties with an Eye on China," *The New York Times*, October 13, 2010, p.A9.
20) Bonnie S. Glaser, "Tensions Flare in the South China Sea," *Center for Strategic and International Studies*, June 2011, http://csis.org/files/publication/110629_Glaser_South_China_Sea.pdf（2015年8月19日アクセス）。
21)「『南シナ海』漁業監視船の陣容整備進む、2014年には常時監視が可能に」『Record China』2013年2月9日、http://www.recordchina.co.jp/group.php?groupid=69277（2015年8月19日アクセス）。
22) Robert Sutter and Chin-hao Huang, "China-Southeast Asia Relations: China's Growing Resolve in the South China Sea," *Comparative Connections*, Vol.14, No.4, 2013.
23) 2004年9月、フィリピン共和国農業省と中華人民共和国農業省は漁業協力に関する覚書、そして2007年1月に農業・漁業協力の拡大および深化に関する覚書を締結した。さらに、2004年以降フィリピン・中国間の経済・貿易関係は強化され、政治・安全保障協力も拡大した。それに関する合意などについてノエル・M・モラーダ「中国の台頭と地域の対応――フィリピンの見方」恒川潤編『中国の台頭 東南アジアと日本の対応』国際共同研究シリーズ4、2009年、129－136頁を参照されたい。
24) 南シナ海において中国・フィリピン間で漁船・当局間の事件はなかったが、2006年に中国漁船・フィリピン海賊間における事件の報告がある。
25) Tina G. Santos, "China on High Alert over Faeldon Trip," *Philippine Daily Inquirer*, May 20, 2012.
26) "P76B in Projects Finished by 2016," *Philippine Daily Inquirer*, June 28, 2013.
27) Department of Transportation and Communications of the Philippines, "Terms of Reference for the Construction Supervision Consultant for the Maritime Safety Capability Improvement Project for the Philippines Coast Guard," http://www.dotc.gov.ph/images/Foreign_Assisted_Projects/2014/ConsultantMaritimeSafety_PCG/TOR%20（DP%202－25－14).pdf（2015年8月12日アクセス）。
28) Kitai Agami, "Japan to Start Delivery of 10 Brand New Patrol Vessels to PH Next Year," *The Philippine Pride*, June 5, 2015.
29) Office of the Spokesperson, US Department of State, "U.S.-Vietnam Comprehensive

Partnership," December 16, 2013, http://www.state.gov/r/pa/prs/ps/2013/218734.htm（2016 年 1 月 12 日アクセス）.

30) David Alexander, "Pentagon Chief Pledges $18 Million for Hanoi to Buy Patrol Boats," *Reuters,* May 31, 2015.

31) "Daily Fishery Patrols in South China Sea in 2014," *Xinhua,* February 7, 2013.

32) Greg Torode, "U.S. Navy's Challenge in South China Sea? Sheer Number of Chinese Ships," *Reuters,* October 29, 2015.

33) Robert Sutter and Chin-hao Huang, "China-Southeast Asia Relations: China Muscles Opponents on South China Sea," *Comparative Connections,* Vol.14, No.2, 2012.

34) Ian Storey, "Conflict in the South China Sea: China's Relations with Vietnam and the Philippines. Part I. Trouble and Strife in the South China Sea: Vietnam and China," *China Brief,* vol. 8, no. 8, April 2008.

35) Xiang Bo, "China, Vietnam Call Truce on Maritime Tensions," *Xinhua,* August 27, 2014.

36) Ministry of National Defense of the Socialist Republic of Vietnam, "Vietnam National Defense (Vietnam White Paper)," December 2009.

37) 近年における米国・ベトナムの二カ国関係と防衛協力については、Hoang Anh Tuan and Do Thi Thuy, "U.S.-Vietnam Security Cooperation: Catalysts and Constraints," *Asian Politics & Policy,* Vol.8, No.1, 2016, pp.179 - 192 を参照されたい。

38) 「米国が対ベトナム武器輸出を一部解禁、南シナ海の自衛力向上支援」『ロイター』、2014 年 10 月 3 日、http://jp.reuters.com/article/usa-vietnam-arms-idJPKCN0HS05X20141003（2017 年 2 月 9 日アクセス）.

39) Charmaine G. Misalucha and Julio S. Amador III, "U.S.-Philippines Security Ties: Building New Foundations?" *Asian Politics & Policy,* Vol.8, No.1, 2016, pp.51 - 61.

40) Keith Bradsherfeb, "Philippine Leader Sounds Alarm on China," *New York Times,* February 5, 2014, p. A4.

41) 同上。

第9章
グローバリゼーションと中国の歴史教育の変容
——内政と外交の狭間に揺れる教育改革

王　雪萍

はじめに

　「毛（沢東）はどこへ？　中国が歴史教科書を改訂」と題する『ニューヨークタイムズ』の2006年9月1日付の報道をきっかけに、上海市によって独自に編集し出版された高校歴史教科書が中国国内外で広く注目されるようになった。この高校歴史教科書の主編は、上海師範大学の蘇智良教授であったことから、蘇版教科書とも呼ばれている。佐藤邦彦の研究[1]によれば、『ニューヨークタイムズ』の報道を受け、同年9月から10月にかけて北京の歴史学界から蘇版教科書に対する反対意見が噴出した結果、2007年5月、上海市教育委員会は、新たな歴史教科書を編集すると発表した。発表と同時に、蘇智良氏は主編を辞任し、新しい教科書の主編には余偉民・華東師範大学教授が就任した。その3カ月後には高校1年生用の『高中歴史第一分冊（試験本）』が出版され、同教科書は2007年9月入学の高校1年生から使われるようになった。

　上海市による教科書改訂に対してはさまざまな意見が出されたものの、その多くは中国の中央政府の姿勢への反対意見であった。果たして、蘇版の教科書はどのような歴史を具体的には教えようとしたのか、従来上海市で編集されていた教科書とどこが異なるのか。また、蘇版教科書の代替として、2007年8月に編集された余版教科書は、蘇版とどう違うのか。その違いは中国政府のいかなる教育方針を反映したものなのであろうか。

　以上の問題意識にもとづき、本章は、上海教育出版社より1995-2004年に出版され、1995年から2004年まで使用された沈起煒版高校歴史教科書（以

下：沈版教科書)、上海教育出版社から2003-2005年に出版され、2003年から2008年まで使用された蘇版歴史教科書の試験本（以下：蘇版教科書）、華東師範大学出版社より2007-2009年に出版された余版歴史教科書（以下：余版教科書）について、字数統計によるデータ分析の手法を用いて、上海市独自で編集された歴史教科書の変化を分析した。さらに、各時期の上海市の高校歴史教育の重点内容を分析することによって、上海市政府が歴史教育を通じて生徒に伝えたい国家観の変化も明らかにしていく。なお、佐藤公彦の著書では、すでに蘇版と余版の教科書内容に関する比較を行っていることから、本章では、以上の三つの教科書の国家に対する記述の量的な変化を比較し、上海市の教科書改革によって教科書に描かれた外国観および世界観の変化を分析する。

そして本章は1990年代から2008年までの上海市を中心に、中国の教育改革と中国のグローバル化との関連性を論じたい。上海版の高校歴史教科書の改訂は、グローバル化の国際情勢を意識し、全国における教科書改革の先頭に立って進められてきたが、その取り組み自体は評価すべきことである。しかし、その一方、『ニューヨークタイムズ』の報道がきっかけとはいえ、蘇版教科書の出版停止、再編集を余儀なくされたのは国内の政治的な要因が大きく影響している。本章では、この事例を通じて中国の教育改革が内政と外交の間で揺れ動く状況も明らかにしたい。

I　中国の教育制度改革と上海の歴史教科書

上海市の歴史教科書は、2006年の『ニューヨークタイムズ』報道によって、国内外から強い関心をもたれるようになった。とりわけ、この報道の効果もあって、上海市の歴史教育改革は中国の最先端であるとの見方が広がった。しかしながら筆者は、上海で蘇版教科書のような歴史教科書が編集されるとともに、2003年に試用開始され、2008年まで使用することができたのは、全国における教育改革の声や中央政府が推進していた「新課程改革」と不可分であったためと考える。

そこで、中国の教科書制度とその改革過程を簡単に概説しよう。1950年8

月1日、中国教育部は中華人民共和国初の教育計画である「中学暫行（暫定）教学計画（草案）」を配布し、中学と高校に開設する科目を規定した。そのなかには、政治、国語、数学、物理、歴史、地理などの科目が含まれていた[2]。同じく8月、出版総署は全国出版会議を開催し、すべての小中高等学校の教科書は全国一律で用いなければいけないとの方針を提起した。同年12月1日、人民教育出版社（以下：人教社）が正式に発足し、翌年には中国全国の小中高校で使用する教科書を初めて出版した[3]。1952年、人教社は初めて自らが完全編集した中学歴史教科書を出版し、翌1953年には高校歴史教科書を編集、出版した。さらに、1955–1956年にかけて、人教社は、比較的周到に編纂された中学および高校向けの歴史教科書を出版した。こうして1980年代まで（文革時期を除く）中国全国の小中高等学校では、人教社から出版された教科書を基本的に使用していたのである[4]。

　1985年1月、教育部は「全国小中高等学校教科書審定委員会の業務条例（暫定試行）」を公布した。1986年9月、全国小中高等学校教科書審定委員会と各教科教科書審査委員会が正式に発足し、20名の審定委員と200名あまりの審査委員が任命された。1987年10月、国家教育委員会（1998年3月に教育部に改称）は「全国小中高等学校教科書審定委員会の業務規範」、「小中高等学校教科書審定基準」と「小中高等学校教科書審査申請方法」の三つの文献を正式に発出した。この一連の政策は、中国小中高等学校の教科書は国定制から審定制へ変化したことを示している。これらとほぼ同時期の1986年4月、全国人民代表大会第四回会議において『中華人民共和国義務教育法』が採択され、同法において、国務院の教育管理部門は、社会主義の現代化の必要性と児童、青少年の心身発展の状況にもとづき、義務教育の教育制度、教育内容、設置する教科を確定し、教科書を審査すべきと規定した。こうして、基礎教育課程の義務教育と教科、教科書の多様化は法的根拠をもつことになったのである[5]。

　1987年以降、一部の省、市の教育関係部門では、人民教育出版社版ではなく、地元独自の教科書の出版を検討しはじめた。1988年、上海市は、沈起煒を主編とする歴史教科書編集チームが小中高各段階の歴史教科書の編集準備をはじめた。編集後、上海教育出版社より出版された沈版教科書は

2004年まで上海市で使用された。上海市独自の歴史教科書の出版は、中国政府の教育改革における教科書の多様化推進の一環として現れたといえる。21世紀に入ってから、素質教育（個人の人格の発達を重視する教育）の考え方が徐々にまとまり、中国政府は新課程改革の実施に乗り出した。新課程改革についての分析は、張栄偉の著作で比較的詳細に紹介されている。

張栄偉によると、新課程改革は20世紀末から準備が進められ、2001年6月8日、「基礎教育課程改革綱要（試行）」（教基［2001］17号）が教育部から発出された。この綱要にもとづき、素質教育を進めていくことになったが、その教育課程の措置として新課程標準を遂行し始めたのである。具体的には、従来の「教学大綱」を「課程標準」に改名し、「教授を基本とする」教育方針から「学習を基本とする」方針へと変更した。また、生徒が授業内容の学習を通じて、グローバル化に適応すべく、知識と知能、過程と方法論、感情態度と価値観などの面をいかに高められるのかを重視した。新課程標準に沿った教科書の編集は、その後少しずつ展開していった[6]。

上海市の中学と高校の歴史教科書の編集は、上海師範大学歴史学部蘇智良教授が担当することになった。蘇智良主編の中学校歴史教科書は2002年に試用本が出版され、高校の歴史教科書は2003年に試験本（パイロット版）[7]が出版された。そのうち、高校の歴史教科書が3年間の試用期間を経て、2006年に正式な教科書として出版された。これが『ニューヨークタイムズ』の報道によって大きな反響を呼んだのである。蘇版の教科書は、2007年9月に余版教科書が新しく出版されたことによって使用停止になったものの、2006年入学の高校生が卒業する2008年までの5年間で合わせて4学年の生徒に使用された。

II 1995年以降出版された三つの上海版高校歴史教科書の比較

上海市独自の高校歴史教科書のなかでは、蘇版がもっとも有名で、上海市政府によって使用停止になった後も、国内外から賛否両論の声が絶えなかった。蘇版と余版の教科書の内容的な異同および事件に関連する因果関係については、佐藤公彦の研究ですでに詳細に分析され、とくに蘇版教科書に関す

図9-1　上海教育出版社　1995-2004年高校歴史教科書（沈版）の国別内容の割合

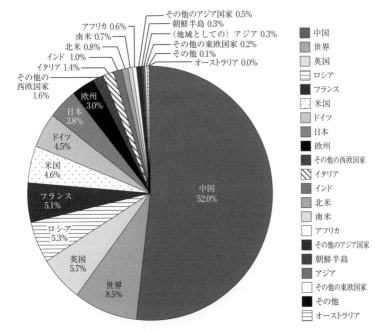

出所：沈起煒主編『高級中学課本　歴史　上冊（試用本）一年級』（上海世紀出版集団・上海教育出版社、1995年6月第2版　2004年6月第15刷）、沈起煒主編『高級中学課本　歴史　下冊（試用本）一年級』（上海世紀出版集団・上海教育出版社、2002年8月第2版　2004年8月第10刷）、沈起煒主編『高級中学選修課本　歴史（実験本）供三年級文科班用』（上海世紀出版集団・上海教育出版社、1997年7月第2版　2004年7月第8刷）の内容にもとづき、筆者作成。

注：「アジア」は地域としてのアジア「その他のアジア国家」は国家単位の説明で中・日・朝・インド以外のアジアの国。（図9-2、9-3、9-4、9-5、9-6も同じ。）

る分析のなかでは、共産主義思想や階級闘争観の内容に重点をおいて説明がされている。そこで、本章は、上海市が独自に出版した三つの高校歴史教科書のなかの国家の説明方法に焦点を当てて分析する。本章では、主として教科書の字数統計によるデータ分析の手法を用いた。

1995-2004年に使用された沈版教科書は、高校1年生用の世界近現代史の上下2冊と高校3年生用の中国古代史1冊の計3冊である。図9-1は3冊の各記述内容を国別に計算した結果をまとめたものである。

高校3年生用の中国古代史教科書のほとんどが中国関連の内容であるため、中国は記述全体の52.0％を占めた。その次は世界全体についての紹介で、全

第9章　グローバリゼーションと中国の歴史教育の変容　　167

体の8.5％を占める。その他の国についての紹介は全体に占める割合の多い順に、英国5.7％、ロシア5.3％、フランス5.1％、米国4.6％、ドイツ4.5％、日本3.8％、イタリア1.4％、インド1.0％、朝鮮半島0.3％となっている。

　図1からわかるように、中国以外の国については、記述の中心は西側先進諸国である。なぜかというと、高校1年生の歴史は世界近現代史であり、その始まりを「西欧資本主義の勃興」としたことから、世界近現代史の主な内容が西側資本主義国家の歴史紹介になったのである。そして、世界の歴史発展の過程に、中国近現代史を併せて説明する方法を用いて、中国近現代史についても簡単に紹介した。とくに、第二次世界大戦後の現代史の部分では、中国現代史の記述割合を増やしている。字数分析では、上海市の高校歴史教科書は、中国と西側先進諸国の歴史を主に説明しているとの結論が導き出される。当然のことながら、教科書のなかではアジア、アフリカなどの発展途上国の歴史についても紹介されているが、その割合は合わせても全体の3％に満たなかった。

　このように国家の歴史を中心に説明する方法は、2003年出版の蘇版教科書で大きく見直された。**図9-2**は、蘇版教科書の各国別の記述内容の比率を示したものだが、図9－1と比べて中国関連部分の比率は、沈版の52.0％から25.8％へ大幅に減少した。逆に大幅に増えた部分は「世界（27.8％）」、「欧州（6.3％）」、「アジア（1.5％）」、「アフリカ（1.0％）」など、世界あるいは一つの地域についてまとめて紹介する内容であった。この変化は、蘇版教科書が人類の文明史、文化史、政治史に関する説明を一段と重視したことによるものである。しかも、人類の文明史、文化史、政治史に関する記述も、より総合的な地域文化に関する説明が多いためか、人類の文明などに関する記述の主語は、より大きな地域範囲を表す「世界」、「欧州」などの単語が使用されやすい。

　もっとも、蘇版教科書では、国家史に関する紹介がまったくないわけではない。たとえば、3年生用の『高校中学課本　歴史　高中三年級（試験本）』（上海教育出版社、2005年）は、古代から現代までの世界の歴史を①「古代三大文明地域の形成と変化」、②「主要な先進諸国の近代化過程」、③「18世紀以来の中国」の三つの主題に分けて紹介した。これらを総合すると、蘇版教

図9-2 上海教育出版社　2003-2006年高校歴史教科書（蘇版）の国別内容の割合

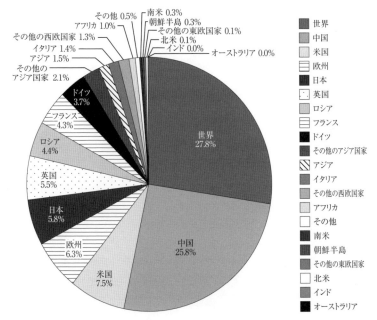

出所：蘇智良主編『高級中学課本　歴史　高中一年級第一学期（試験本）』（上海世紀出版集団・上海教育出版社、2003年8月第1版　2004年4月第2刷）、蘇智良主編『高級中学課本　歴史　高中一年級第二学期（試験本）』（上海世紀出版集団・上海教育出版社、2004年1月第1版　2004年1月第1刷）、蘇智良主編『高級中学課本　拓展型課程教材　歴史　高中三年級（試験本）』（上海世紀出版集団・上海教育出版社、2005年8月第1版　2005年8月第2刷）の内容にもとづき、筆者作成。

科書の1年生の部分では、主として世界全体あるいは大きな地域範囲の文明史、文化史の紹介に重点におき、3年生の教科書では、宗教史、主要先進諸国（英、仏、米、独、露、日）、そして中国の近現代史を重点的に説明した[8]。英、仏、米、独、露、日6カ国に関する記述は全体の31.2%を占め、そのなかでは米国（7.5%）と日本（5.8%）の割合が多かった（図9-2）。これは、教材の編集過程において、当時の政治や経済の大国であった米国、日本を重視したためと推測される。

　蘇版教科書がより広い地域範囲の歴史的発展を重点的に紹介できたのは、中学校における歴史教育との一体性を十分意識して編集されていたからであろう。蘇版の中学校歴史教科書をみると、7年生用の『中国歴史』の2冊は、古代から現代までの中国の歴史に対する詳細な説明を行い、8年生用の『世

図 9-3 華東師範大学出版社 2007-2009 年高校歴史教科書（余版）の国別内容の割合

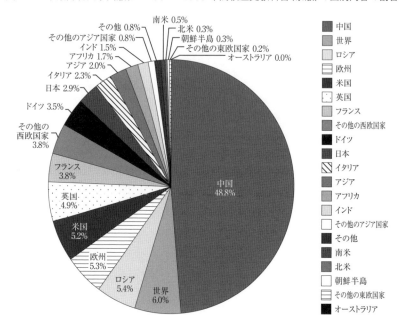

出所：余偉民主編『高級中学課本　高中歴史　第一分冊（試験本）』（華東師範大学出版社、2007 年 8 月第 1 版　2007 年 8 月第 1 刷）、余偉民主編『高級中学課本　高中歴史　第二分冊（試験本）』（華東師範大学出版社、2007 年 10 月第 1 版　2007 年 10 月第 1 刷）、余偉民主編『高級中学課本　高中歴史　第三分冊（試験本）』（華東師範大学出版社、2008 年 11 月第 1 版　2008 年 11 月第 1 刷）、余偉民主編『高級中学課本　高中歴史　第四分冊（試験本）』（華東師範大学出版社、2008 年 3 月第 1 版　2008 年 3 月第 1 刷）、余偉民主編『高級中学課本　高中歴史　第五分冊（試験本）』（華東師範大学出版社、2008 年 8 月第 1 版　2008 年 8 月第 1 刷）、余偉民主編『高級中学課本　高中歴史　第六分冊（試験本）』（華東師範大学出版社、2009 年 1 月第 1 版　2009 年 1 月第 1 刷）の内容にもとづき、筆者作成。

界歴史』の 2 冊は、国家史の論述方法で古代から現代までの世界史について説明している[9)]。中学校時代に基礎ができているからこそ、高校では、文明史や文化史の教育をより重点的に行うことが可能になった。国家史の記述を減らした点については、そうすることによって中学校の歴史教育との重複解消につながったと評価できよう。

それでは、蘇版教科書が使用停止になった後、余偉民が編集した高校の歴史教科書はどういう比率になっているのであろうか。余版教科書における国別の内容比率をみると、蘇版教科書では 37.0％を占めていた世界、欧州、アジアなどの地域を主体とした記述は、余版では 16.0％に減少した。逆に、

中国を含む国家史は全体の83.2％に増加した[10]。余版では、国家史を中心とする記述に回帰したといえるが、この点は教科書の分冊構成からみても一目瞭然である。全部で6冊ある余版高校歴史教科書は、第一分冊と第四分冊は世界古代史、第二分冊と第三分冊は中国古代史、第五分冊と第六分冊は世界および中国の近現代史を説明したものである。このような分け方は、新課程改革前の中学校と高校の歴史教科書とほぼ同じである。また、第一分冊と第四分冊を使って、世界の古代史を説明するという一般的ではない分け方から、筆者は、余版教科書は厳しい時間制限のもと、1990年代の中学校の歴史教科書を参考に急遽編集されたと推測する。とはいえ、近現代史について世界史と中国史をセットで編集する方式は、新課程改革以降の編集方針を応用したものと判断できる。

比較しやすくするため、図9-1から図9-3のデータを図9-4としてまとめた。図9-4からわかるように、蘇版教科書は、沈版や余版と比較した場合、より多くの紙面を使って、世界、欧州、米国、日本などの地域、国家を紹介する一方、中国とアジアなどの国に関する状況紹介が少なくなっている。これは、蘇版教科書の重点内容である世界文明史、経済史、宗教史のなかに、欧米諸国に関連する内容が多く含まれているためと考えられる。もう一つ注目すべき点は、沈版や蘇版ではあまり重視されていないインド、イタリアおよびその他の西欧国家の部分が、余版教科書において比率が上昇していることである。沈版や蘇版との相対的な比較ではあるものの、余版教科書では、アジアや欧州など、より多くの国の歴史を教えようとする姿勢が読み取れる。

次に、三つの教科書の字数の量を比較分析してみよう。三つの教科書のなかで字数がもっとも多かったのは、1995-2004年の沈版教科書であり、総字数は725,144字であった。もっとも少ないのは、2003-2006年の蘇版教科書の519,638字である。2007-2009年の余版教科書の字数は合計で525,006字であった。蘇版高校歴史教科書の3冊に対して、余版高校歴史教科書は6冊で冊数が倍増したにもかかわらず、字数の量はほとんど変わらないことが明らかとなった。

図9-5は、三つの教科書の字数統計データをまとめたものである。字数

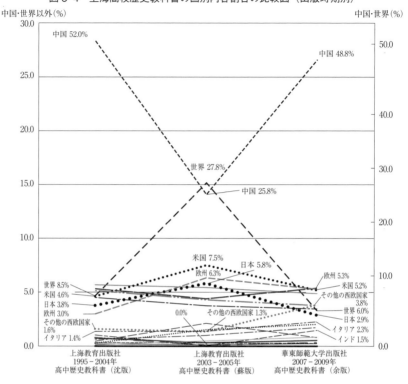

図 9-4　上海高校歴史教科書の国別内容割合の比較図（出版時期別）

出所：図 9-1 〜図 9-3 のデータを総合し、筆者作成。

の量からみれば、沈版と余版でもっとも多くの字数を使って紹介したのは「中国」であったが、蘇版も、2番目に多い字数を使って中国を紹介しており、国家別ではもっとも多い。なお、蘇版の第1位は「世界」であり、全部で144,485字を使って世界全体の歴史を紹介している。

III　上海版と人教社版の高校歴史教科書の比較からみる中国全体の歴史教育改革の意図と上海での挫折

　三つの上海市独自の教科書での変化に関する上述の分析を通じて、グローバル化社会に向けた上海市による教科書改革は、『ニューヨークタイムズ』

図 9-5　上海高校歴史教科書の国別内容字数の比較図（出版時期別）

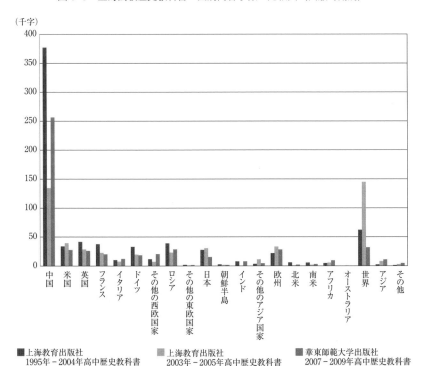

出所：沈起煒主編『高級中学課本　歴史　上冊（試用本）一年級』（上海世紀出版集団・上海教育出版社、1995 年 6 月第 2 版　2004 年 6 月第 15 刷）、沈起煒主編『高級中学課本　歴史　下冊（試用本）一年級』（上海世紀出版集団・上海教育出版社、2002 年 8 月第 2 版　2004 年 8 月第 10 刷）、沈起煒主編『高級中学選修課本　歴史（実験本）供三年級文科班用』（上海世紀出版集団・上海教育出版社、1997 年 7 月第 2 版　2004 年 7 月第 8 刷）、蘇智良主編『高級中学課本　歴史　高中一年級第一学期（試験本）』（上海世紀出版集団・上海教育出版社、2003 年 8 月第 1 版　2004 年 4 月第 2 刷）、蘇智良主編『高級中学課本　歴史　高中一年級第二学期（試験本）』（上海世紀出版集団・上海教育出版社、2004 年 1 月第 1 版　2004 年 1 月第 1 刷）、蘇智良主編『高級中学課本　拓展型課程教材　歴史　高中三年級（試験本）』（上海世紀出版集団・上海教育出版社、2005 年 8 月第 1 版　2005 年 8 月第 2 刷）、余偉民主編『高級中学課本　高中歴史　第一分冊（試験本）』（華東師範大学出版社、2007 年 8 月第 1 版　2007 年 8 月第 1 刷）、余偉民主編『高級中学課本　高中歴史　第二分冊（試験本）』（華東師範大学出版社、2007 年 10 月第 1 版　2007 年 10 月第 1 刷）、余偉民主編『高級中学課本　高中歴史　第三分冊（試験本）』（華東師範大学出版社、2008 年 11 月第 1 版　2008 年 11 月第 1 刷）、余偉民主編『高級中学課本　高中歴史　第四分冊（試験本）』（華東師範大学出版社、2008 年 3 月第 1 版　2008 年 3 月第 1 刷）、余偉民主編『高級中学課本　高中歴史　第五分冊（試験本）』（華東師範大学出版社、2008 年 8 月第 1 版　2008 年 8 月第 1 刷）、余偉民主編『高級中学課本　高中歴史　第六分冊（試験本）』（華東師範大学出版社、2009 年 1 月第 1 版　2009 年 1 月第 1 刷）の内容にもとづき、筆者作成。

の報道を発端に、蘇版高校歴史教科書が使用停止に追い込まれ、中学校教育の繰り返し、かつ国家史中心の余版教科書への差し替えが急遽決定されたことを改めて確認した。この事実だけをみれば、上海の教科書改革は挫折したといえる。

ただし、これは前に述べた「新課程改革」における全国高校歴史教育改革全体が挫折したという意味ではない。蘇版教科書の使用禁止は上海のみならず、全国の歴史教育学会と編集担当者に衝撃を与えたのは事実である。しかしその一方で、2001年の「新課程改革」の実施以降、中国の小中高等学校の各教科の「課程標準」は、中国教育部によって作成される従来の方式から、各大学や研究機関の研究者グループによる入札制に変更され、落札者によって作成された「課程標準」が教育部作成の形で公示され、全国の出版社の教科書編集における基本となっている。2003年以降の上海版の高校歴史教科書を含め、全国の高校歴史教科書は「新課程改革」によって初めて入札で決定された「普通高中歴史課程標準（実験）」（中華人民共和国教育部制訂、人民教育出版社出版、2003年）にもとづき、編集された[11]。

人教社歴史編集室の関係者に対する筆者のインタビュー調査を通じて、実は上海の高校歴史教科書の記述内容が問題になっていたとき、中国の多くの地域で教科書として採択されている人教社版も上海の蘇版教科書とほぼ同じ構成で、新しい高校歴史教科書の編集をすでに終え、出版の準備もほぼ完了していたことが判明した。上海の教科書に対する批判の高まりを受け、正式な出版は一時延期されたものの、その後若干の修正を経て、2007年に出版され、今日まで継続して使用されている。上海の蘇版教科書とほぼ同じ構成で編集された理由は、まさに2003年版の「課程標準」に従い、世界の文化史、経済史、政治史を重視する編集作業方針のもと、国家の歴史よりも人類全体の歴史を重視したからである[12]。

修正を経ていまなお中国各地で使用されている人教社版高校歴史教科書は、上海版の失敗を踏まえ、高校1年生で人類の文明史から入るのではなく、政治制度史や中国および世界の経済史を教え、高校3年生になってから思想史、文化史、科学技術史を中心に教える構成になっている。さらに、『ニューヨークタイムズ』の記事で指摘されたような中国史の割合が著しく減少したイ

図9-6 人民教育出版社　2007–2014年高校歴史教科書（人教社版）の国別内容の割合

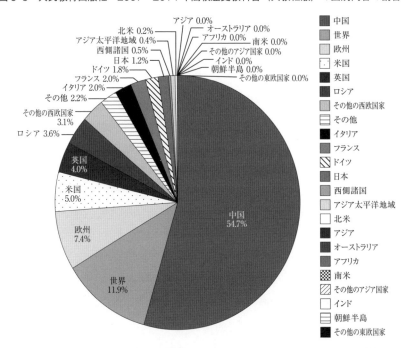

出所：人民教育出版社課程教材研究所・歴史課程教材研究開発中心編著『普通高中課程標準試験教科書　歴史1　必修』（人民教育出版社、2007年1月第3版　2014年12月第19刷）、人民教育出版社課程教材研究所・歴史課程教材研究開発中心編著『普通高中課程標準試験教科書　歴史2　必修』（人民教育出版社、2007年1月第3版　2014年5月第18刷）、人民教育出版社課程教材研究所・歴史課程教材研究開発中心編著『普通高中課程標準試験教科書　歴史3　必修』（人民教育出版社、2007年1月第3版　2015年5月第21刷）の内容にもとづき、筆者作成。

　メージを和らげるため、3冊の教科書とも、中国の政治制度史、経済史、思想史を冒頭においた[13]。その結果、図9-6にまとめたように、人教社版高校歴史教科書の中国史の比率は54.7％と、半分以上を占めた。

　しかし、教科書全体の編集方針が人類の政治史、経済史、思想史などを中心においたものであったため、政治史や経済史のなかに国家の歴史も紹介されているものの、「世界」というキーワードで紹介されている部分も11.9％を占め、蘇版教科書に比べれば少ないものの、沈版や余版教科書よりは割合が高い。また、「欧州」（7.4％）というキーワードや、「米国」（5.0％）、「英国」（4.0％）、「ロシア」（3.6％）など、欧米諸国に対する紹介がアジアやアフリカ

の地域、国家よりもかなり多いことも特徴的である。それは、世界の政治制度史、経済史、思想史、文化・科学技術史を中心に説明すれば、教科書の記述がおのずと西洋史中心となってしまうためであろう。なお、ロシアに関しては、ソ連の社会主義制度史を中心に紹介されている。

　アジアについては、中国史の比率を高めたあおりを受け、上海の高校歴史教科書と異なり、日本とインドの歴史にはあまり言及されていない。とりわけ日本関連部分は1.2％にとどまっているが、これは2000年代以降の人教社版の中学生向け歴史教科書に共通してみられる傾向である[14]。

　つまり、人教社版高校歴史教科書が示すように、上海市以外の地域で使用する中国の高校歴史教科書は上海の教科書事件の後、若干の修正を行ったものの、2003年版「普通高中歴史課程標準（実験）」に従い、世界・人類の政治制度史、経済史、思想史、文化史を中心とする記述内容を一貫して保ってきた。全国規模における歴史教育改革の挫折ではなく、むしろグローバル化に向けた教育改革は進展していると評価できよう。

　中国全体でみれば教科書改革が進んでいるからこそ、『ニューヨークタイムズ』の報道を契機とする上海の教科書改革の挫折は、残念な結果と評さざるをえない。しかも、上海の教科書事件において、さらに残念に思われるのは、この『ニューヨークタイムズ』の報道が不十分な事実確認にもとづいていたことである。

　2006年9月1日の『ニューヨークタイムズ』の記事は、「人類の早期文明」、「人類生活」、「人類文化」といった構成をみて、「毛（沢東）はどこにいる？」というセンセーショナルな見出しをつけ、上海の高校1年生向け教科書でビル・ゲイツを紹介する一方、毛沢東や階級闘争の内容が全面削除されたかのイメージを読者にもたせながら、上海の教科書改革を大々的に紹介した。無論、本章で指摘したように、蘇版教科書の中国史を含む国家についての記述は、3年生の教科書で重点的に取り上げられている。『ニューヨークタイムズ』の記者は高校1年生向けの教科書しか読まず、事実を曲解して記事を書いたともいえよう[15]。

　佐藤公彦の研究によれば、『ニューヨークタイムズ』の記事を受け、多くの中国国内のメディアも蘇版教科書を確認することなく、その内容を転載し

たため、中国国内で歴史教育に関する論争が巻き起こり、最終的には北京の共産党老幹部の批判を受け、蘇版教科書は使用停止に追い込まれた。これに対し、主編の蘇智良氏は「ビル・ゲイツは1カ所しか出てこないが、毛沢東は120カ所も出てくる」と『南方週末』紙で語ったように、『ニューヨークタイムズ』紙記者の事実誤認を指摘し、各界の理解を求めたものの、その事実誤認はすでに世界規模に拡散されており、蘇氏の主張は聞き入れられなかった[16]。

また上海の教科書事件からわかるように、中国のメディアや共産党の幹部たちは外国メディア、とくに欧米メディアの中国報道に過剰反応しがちである。これは対外的なイメージを気にする儒教的な要因に由来するものかもしれないが、それがときとして外国メディアの報道が中国の内政に大きな影響を与えるケースもある。

その一方、近年の中国経済の発展を背景に、多くの外国メディアが中国に記者を派遣し、中国に関する報道を行うようになるだけでなく、アジア総局を中国国内におく事例も増加している。そのなかには、中国事情に詳しくない記者も含まれていることは否定できない。ゆえに、世界で伝えられている中国報道の一部ではあるものの、中国に対する誤解や事実誤認にもとづく報道も混じっている。しかも、それらの報道は海外における誤った中国イメージの形成につながるだけではなく、上海市の高校歴史教科書の事例のように、中国の内政に影響を与える事態を引き起こしかねない。外国のメディアは、中国の動向に注目するあまり、国際社会の価値観を共有するような改革まで挫折に追い込んでしまうおそれがあることにも一層注意を払う必要があろう。

できるだけ正確な報道が求められることはいうまでもないが、中国国民あるいは中国の政策関係者においても、中国はすでに世界的な大国となり、外国のメディアから常に注目されていることを自覚し、外国メディアの報道に過剰反応しすぎないよう心がける必要もあると思われる。

おわりに

上海独自の三つの高校歴史教科書についての比較分析を通じて、上海市の

歴史教育改革がグローバル化の発展に応じて、さらには中国政府の新課程改革に沿おうとしたこと、蘇智良のチームによって新しい形の歴史教科書が編集、出版されたことを確認した。蘇版教科書は、中学校の歴史教育との連動性を重視し、重複を省く一方、全世界規模での文化史、文明史、経済史、宗教史と世界近現代史を中心に編集された。国家史に関する紹介は、中国と六つの先進国以外は基本的に世界全体の発展の流れのなかで取り上げられ、全世界の総合的な歴史の一部として説明された。

『ニューヨークタイムズ』の一部誤った報道により、蘇版教科書は中国国内外で大きな反響を呼び、結果として同教科書の使用停止に至った。しかし、本章の分析を通じて、この使用停止処分は、蘇版教科書における編集理念の全面否定を意味するものではないことが明らかとなった。蘇版教科書の編集方針や記述内容は、中国の中央政府による教育改革と合致しており、その具体的な根拠として、次の二点があげられる。

第一に、上海市は2007年に蘇智良主編の高校生向けの歴史教科書は使用停止としたものの、同じく蘇智良が主編を務めた中学生向けの歴史教科書については、特段の処置を講じることなく、その後も教科書として使用していることである。

第二に、2004年に全国小中高学校教科書審定委員会の初審を通った人教社の高校歴史教科書は、2006年の上海の教科書事件で出版時期が一時延期となり、2007年にようやく出版された。その編集方式などが上海の蘇版教科書でもっとも批判されていた文化史の部分を第三分冊に後回しした点などを除き、上海の蘇版教科書と非常に類似していることである。全国でもっとも多く使用され、国定教科書に近い性質をもつ人教社版の高校歴史教科書の内容および形式は、上海蘇版と驚くほど似ていることから、今回の歴史教科書編集方針の変更は、上海市だけではなく、全国レベルの政策変更であり、教育部によって出された2003年版「普通高中歴史課程標準（実験）」にもとづくものであることが判明した。

蘇版教科書が使用停止になった後に出版された余版教科書の内容は基本的に、中学校の歴史教育の繰り返しとなっている。この点において、さらには人教社版の教科書との比較においても、余版教科書は、厳しい時間制限のも

とで編集されたものであると同時に、中央政府が推進している新課程改革の精神とも合致せず、政治的な圧力を受けての暫定的な対応ともいえる。

　しかし、本章での分析から、歴史教育研究や報道の問題点も明らかになった。中国政府は新課程改革の推進を通じて、人間の総合的な資質を高める教育を実行し、学生の思考能力を高め、中国および世界のグローバル化の進展に適応した学生の育成を目標としている。しかし、この改革の成果が十分現れていないうちに、『ニューヨークタイムズ』などの外国メディアによる報道が上海の蘇版教科書を使用停止に追い込んだことは、一つの教訓を残したともいえる。中国政府と歴史学界が国際情勢を意識しながら進めようとした歴史教育改革は、外国メディアの報道によって思わぬ形で国内外の話題を集め、歴史教育分野以外の老幹部の干渉を招いて、一時的な停滞を余儀なくされた点には留意しなければならない。ただし、現状をみれば、教育改革そのものは、いまなお続いている。上海では使用停止になった教科書と編集方針が類似する人教社版の高校歴史教科書が全国で使用されていることは、その証左となろう。

1) 佐藤公彦『上海版歴史教科書の「扼殺」——中国のイデオロギー的言論統制・抑圧』日本僑報社、2008年。
2) 熊明安主編『中国近現代教学改革史』重慶出版社、1999年、250頁。
3) 張栄偉『"新課程改革"究竟給我们帯来了什么？』福建教育出版社、2008年、22‐23頁。
4) 人民教育出版社図書館編『人民教育出版社书目（1950～1999）教材巻』人民教育出版社、2000年、121頁。
5) 張栄偉『"新課程改革"究竟給我们帯来了什么？』福建教育出版社、2008年、29頁。
6) 張栄偉『"新課程改革"究竟給我们帯来了什么？』福建教育出版社、2008年、29‐37頁。
7) 中国語の「試験本」「実験本」「試用本」はパイロット版の意味である。中国の出版社や編集者によって使う用語が違うが、意味が同じである。本章では原文のまま表記する。
8) 『高級中学課本拓展型課程教材　歴史 高中三年級（試験本）』上海中小学課程教材改革委員会、上海世紀出版集団上海教育出版社、2005年8月第1版第1刷。
9) 蘇智良主編『九年義務教育課本　中国歴史　七年級第一学期（試験本）』華東師範大学出版社、2002年8月第1版　2003年7月第2刷、蘇智良主編『九年義務教育課本　中国歴史　七年級第二学期（試験本）』華東師範大学出版社、2003年1月第1版

2003 年 11 月第 2 刷、蘇智良主編『九年義務教育課本　中国歴史　八年級第一学期（試験本）』華東師範大学出版社、2003 年 8 月第 1 版　2004 年 7 月第 2 刷、蘇智良主編『九年義務教育課本、中国歴史　八年級第二学期（試験本）』華東師範大学出版社、2004 年 1 月第 1 版　2004 年 11 月第 2 刷。

10) 余版の残りの 0.8％は前文などその他の部分である。37.0％は図 9-2 の世界＋アジア＋アフリカ＋南米＋北米＋欧州。16％は図 9-3 の同上データの合計（小数点以下も入れて計算しているので、図 9-3 と 0.2％の誤差がある）図 9-3 で計算すると 15.8％になる。83.2％＝ 100％－地域主体の 16％－その他の 0.8％。

11) 唐磊（人民教育出版社課程教材研究所日語編輯室編審）「中国の「課程標準」は何を目指すか」2013 年度早稲田大学日本語教育学会講演会、2013 年 7 月 18 日、早稲田大学 22 号館 201 教室。

12) 人民教育出版社歴史編集室関係者へのインタビュー、北京、2009 年 8 月 30 日。

13) 人民教育出版社課程教材研究所・歴史課程教材研究開発中心編著『普通高中課程標準試験教科書　歴史 1　必修』人民教育出版社、2007 年 1 月第 3 版　2014 年 12 月第 19 刷。

　　人民教育出版社課程教材研究所・歴史課程教材研究開発中心編著『普通高中課程標準試験教科書　歴史 2　必修』人民教育出版社、2007 年 1 月第 3 版　2014 年 5 月第 18 刷。

　　人民教育出版社課程教材研究所・歴史課程教材研究開発中心編著『普通高中課程標準試験教科書　歴史 3　必修』人民教育出版社、2007 年 1 月第 3 版　2015 年 5 月第 21 刷。

14) 王雪萍「中国の教科書から見る分断した日本像と日中関係」『東亜』2006 年 4 月号、72‐81 頁。

15) Joseph Kahn "Where's Mao? Chinese Revise History Books," *New York Times*, 1st. 2006. 9. 1.

16) 佐藤公彦『上海版歴史教科書の「扼殺」』、10‐26 頁。

第 10 章
「韜光養晦」論の提起、解釈と論争
——その過程と含意

李　彦銘

はじめに

　中国の「韜光養晦」（本章では、ひとまず国際社会における低姿勢と訳す）戦略に対する国際社会の関心が、2010 年になって急速に目立つようになった。その焦点はもっぱら、中国は改革開放以降の、国際秩序を基本的に尊重するスタンスを変えて、積極的にゲームのルール制定に参加しようとしている、場合によっては強硬な態度を示すようになったのではないかという議論である[1]。その背景となったのは、日本、東南アジアなどの周辺各国と中国の間に起こった領土／領海紛争や、強大化する中国に対する国際社会の懸念である。

　以上のような議論は、往々にして「韜光養晦」戦略が中国国内で否定されたことを証拠としてあげている。確かに 2009 年 7 月胡錦濤党総書記が「堅持韜光養晦、積極有所作為」という方針を自ら提起し[2]、これは「有所作為」のほうに重点をおき、実質的には外交スタンスの転換を公言したと国内外に受け止められた[3]。それ以降、国際社会の関心と相まって、中国国内でも「韜光養晦」の放棄論が絶えず提起され、2016 年も非常に大きな話題となった。

　しかし、もともとこの言葉は、冷戦終結と天安門事件の後、中国を取り巻く厳しい国際環境を受けて鄧小平が提起したものであり、国内に向けて発信されたものであった。党や政府の正式文書のなかに使われたことがなく、外交部による政策の実施（対外行動）についての説明も行われなかった。では果たして「韜光養晦」はどのように対外戦略としての位置づけを獲得できたのか。「韜光養晦」戦略をめぐる国内論争や見直しは何を意味し、このキーワー

ドに注目することで中国外交の先行きがわかるのだろうか。

　これらの疑問に回答するために、本章は「韜光養晦」という言葉が提起された経緯とその後「外交戦略」として理論化、定着、最初の論争までのプロセスを追跡・分析し、それと中国の対外行動の関係もある程度解明したい。体制移行期の政策形成を念頭に、政策策定にかかわるアクターの変化に分析の視角をおきながら、国際情勢認識の変化と政策調整の相関関係を重視する[4]。

　結論からいうと、この言葉はもともと、党内の国際情勢認識と今後の外交政策に対する意見が分かれる時に、いわゆる「強硬派」を説得するために選ばれたのである。その解釈と理論化はまず外交部系学者を中心に行われたが、鄧小平の死後、江沢民の国際情勢認識の変化に合わせて、党内の理論家（中央宣伝部や中央党校）のリードで解釈が少し変わってきた。ただし江は米中関係の危機的な状況を解決する際、再び鄧の権威を利用しこの言葉をもち出した。同時期に国際政治学者を中心に大きな論争が起きたが、胡錦濤政権期に入ってからはこの言葉に対する見直しが始まり、学者の意見も理論化工作に反映されたようである。この国内の論争は、もちろん指導部における意見分岐の存在を政治的なシグナルとして受け止めた結果であるが、国際政治学者などが政策形成に影響力をもつようになった事実をも示した。

Ⅰ　「韜光養晦」の提起とその理論化

　「韜光養晦」戦略の具体的な内容は、1995年、当時の外交部長銭其琛が総括した「冷静観察、沈着応付（＝対）、穏住陣脚、韜光養晦、有所作為」という二十字方針がもっとも公式なものだとされている[5]。ほかには「冷静観察、沈着応付、穏住陣脚、善於守拙、決不当頭、韜光養晦、有所作為」という二十八字方針や、後述する十六字方針といった総括がある。

　中央宣伝部編集で1999年に出版された『鄧小平外交思想学習綱要』も、二十字方針を第三章第七節のタイトルとして採用した[6]。その解釈によると、「冷静観察」は国際情勢に対する認識が必要だと強調するもので、「周囲は真っ暗であるように、状況の悪化は厳重であるように、われわれの立場が非常に不利であるように思ってはいけない」[7]という鄧の認識が妥当であるという。

「穏住陣脚」とは、経済建設、改革開放そして四つの基本原則の堅持のことで、「沈着応付」はすべての国家との関係を発展させ、イデオロギー論争をしないことを指している。そして「韜光養晦」とは、「不当頭」（先頭に立たない）、「目標」（焦点）を自分に当てないようにすることであり、独立自主の立場と原則を守りながら、過剰なことをやらないことである。最後に「有所作為」とは、国家の主権、安全、根本利益に及ぶ問題、発展途上国の正当権益、世界の平和と地域の安定、公正かつ合理的な国際政治経済新秩序の建設などをめぐる問題について、原則をもって闘争しなければならないことである。さらに、「韜光養晦」と「有所作為」の関係は弁証法的に統一のものであり、総じては消極的な方針ではなく積極的な方針であると定義した。以下では、このような解釈に辿り着いた過程についてみてみたい。

1　鄧小平による提起

天安門事件後の西側の経済制裁およびソ連の崩壊、東欧の民主化の衝撃などの国際背景のもとで、鄧小平はいくつかの講話のなかで、国際情勢に触れながら中国の今後の対外戦略を提起した。

もっとも権威のある説では、鄧小平が「韜光養晦」戦略の内容を最初に提起したのは1989年9月4日である。中央の責任者に、今後の国際情勢に対し「冷静観察」、「穏住陣脚」、「沈着応付」をもって対応しなければならないことを指示したと、『鄧小平文選』（『鄧選』）第三巻で公開された[8]。ただ最近では、1989年6月9日に北京での軍幹部に向けた講話でこの戦略の内容が初めて提起されたという説もでてきた[9]。

1990年3月3日、鄧小平は中央の責任者に外交政策についてさらに二点を示した。第一は覇権主義、強権政治に反対し世界平和を擁護すること、第二は国際政治経済新秩序を建設することである。そこで前記の「周囲は真っ暗ではない」という認識を示した[10]。12月24日、「第三世界の国のなかに中国が先頭に立ってほしいと望んでいるものがあるが、しかしわれわれは決して先頭に立ってはいけない。これは根本的な国策である」と指示し、加えて「やはり有所作為しなければならない」と強調した[11]。これらの内容が「韜光養晦」戦略としてまとめられたのである。

一方、『鄧小平年譜（1975－1997）』で「韜光養晦」がはじめて登場したのは1992年4月28日である[12]。そのほか、『鄧小平思想年譜』では、1991年10月5日金日成との談話で、鄧は似たような発言をしていた[13]。また、『鄭必堅論集』によれば、鄧小平が「有所作為」を提起したのは1990年であり、その前にすでに「韜光養晦」を提起していたという[14]。いったい鄧がいつ、どこで、そして何回「韜光養晦」の四文字に言及したのかは、党の公式出版物ではよくわからない。

このことは、「韜光養晦」は本来党内向けに提起されたものであり、一般民衆や国外に向けての発信ではなかったという説の裏づけになるとまず指摘できよう[15]。一般民衆に周知する必要があれば、その出自や解釈も早い段階から統一されたであろう。実際のところ、中央宣伝部は1998年までの間、「韜光養晦」の宣伝に力を入れなかった（後述）。

もう一つは、天安門事件の直後、党内においては「和平演変」に対する恐れと「左」への逆戻りの風潮が非常に強く、鄧小平は党内で絶対的な権威をもたなかったということである。1990年初めに、「平和と発展は時代の主題」という鄧が提起した国際情勢認識を批判し[16]、いまは「帝国主義と無産階級革命の時代」であるという認識を堅持すべきという趣旨の会議は、党内で何回か開催された[17]。こうした国際認識の動揺が、まさに「韜光養晦」という曖昧な言葉、つまりいまはとりあえず我慢して低姿勢をとり、国内建設に集中しようという妥協的な方針が出された背景にある。

この路線闘争は、1992年の鄧の南巡講話によって一応決着がつき、党の第十四期全国代表大会（十四大、1992年10月）の基調もこれで定められた。以上の鄧の対外戦略をめぐる発言と改革開放を継続すべきなどの意見も南巡講話以降、ようやく中央の文書として全国に送られたのであった[18]。十四大直後、『鄧選』第三巻の編集作業が鄧本人の指導と確認のもとで本格的に始められ、鄭必堅（中共中央宣伝部常務副部長）、龔育之（前中共中央宣伝部副部長）、逢先知（中共中央文献研究室主任）の3名が責任者となった[19]（肩書きは当時）。

2　外交部系学者による理論化

1993年11月2日に、『鄧選』第三巻が発刊され、同日に中共中央が同書の学習に関する決定を出した。同書の学習報告会では、当時の総書記・国家主席である江沢民が自ら重要講話を発表した。実は出版の直前から、中央宣伝部がすでに全国の省、部レベル主要幹部を対象とする、四期にわたる理論研討班（集中的な学習討論会）を主催していた。江沢民ら中央委員たちも学習会に出席し、参加幹部からの報告を聴取したり、発言したりすることで、党内の思想統一が図られていった[20]。

次のステップとして、1995年5月、中央から各部、省に中央宣伝部が編集した『鄧小平同志建設有中国特色社会主義理論学習綱要』を学習しようという通知が送られた[21]。その流れのなかで、1995年12月12日に外交部で鄧小平外交思想研究討論会が開かれて、江沢民、鄭必堅、銭其琛が発言し、李鵬（総理）も出席した。ここで銭が二十字方針を提起したのである[22]。鄧小平思想の解釈においてもっとも権威をもつ鄭必堅も、90年代初頭の中国外交は「韜光養晦、有所作為」の戦略方針を確立できたと同意し、今回の討論会での報告を基礎に党の学習教材を作成することを提起した[23]。

『鄧選』第三巻が公開されてから上記の外交部討論会までに出版された補充教材や学習資料には、「韜光養晦、有所作為」に関する提起は基本的になかった。中共中央党校からでたものには、外交思想に関する専門的解釈の記載すらなかった[24]。解放軍出版社や紅旗出版社が出したものには、「冷静観察、穏住陣脚、沈着応付」を含めた鄧の一連の重要指示を紹介したが、外交戦略としての「韜光養晦」には触れず、あるいはそれらを「不当頭」戦略として定義した[25]。

一方、曲星外交学院教授（後に外交学院副院長、中国国際問題研究所所長、初代中国国際問題研究院院長）は、銭の講話よりも前に、「韜光養晦」論を提起し、「二十八字方針」をまとめた[26]。1995年以降、外交部系学者が編集した中国外交に関する教科書が次々と出され、盛んに「韜光養晦」戦略を提起した。たとえば、謝益顕（外交学院教授）編『中国当代外交史　1945-1995』（中国青年出版社、1997年）、王泰平編『新中国外交50年』（北京出版社、1999年）、曲星による『中国外交50年』（江蘇人民出版社、2000年）などはいずれも重

第10章　「韜光養晦」論の提起、解釈と論争

要な内容として紹介している。とくに謝の著書は出版当時から現在までもっとも広く使われる大学、大学院レベルの教材となり（その第三版である『中国当代外交史 1945-2009』は現在 8 刷以上も印刷されている）、第六章のタイトルとして、1989-1995 年の中国外交をわざわざ「韜光養晦、有所作為」と名づけた。これらの教材によって、「韜光養晦」戦略は一気に誰もが知るようになったといえよう。

3　90 年代前半の中国外交

いったいどのような対外行動を「韜光養晦」的な対外政策であると中国国内ではとらえていたのだろうか。ここでは学者による理解を取り上げる。

もっとも権威がある曲星によれば、90 年代初頭の中国の外交活動には「韜光養晦、有所作為」の方針がすでに応用されていたのである。その具体例は、①ルーマニア革命（1989 年 12 月）に対する反応、つまり社会主義政権の崩壊と新政権の成立を尊重し、新政権といち早く国交を維持したこと、②ソ連の 8.19 クーデターに対する対処、つまりソ連の内政には干渉しないこと、③ソ連崩壊後、東欧諸国の新政権との関係を積極的に発展させ、国交を樹立したことは、「有所作為」であった、④新たな地域衝突に対し、「超脱」すなわち冷静な態度をとり、カンボジア問題においては国連の決定を尊重し、内戦に対する軍事援助を停止したこと、である[27]。これらの行動は、「韜光養晦」の方針、すなわち社会主義陣営の旗印を掲げない、第三世界の代表の地位を求めない、アメリカなど西側諸国に対抗しない、他国の内政には干渉せず敵を作らないこと（不抗旗、不当頭、不対抗、不樹敵）を反映したという。

謝益顕も「『韜光養晦』の指導思想のもとで行われたやり方は、実際に 90 年代初頭までに蓄積してきた原則である」と指摘し[28]、「韜光養晦」を「一部のことはやらない、あるいは昔（毛沢東時代：引用者）のようにやらない」、「国内建設に専念する」と解釈した。これは、曲が論じた「韜光養晦」戦略の最大の意義、つまり「イデオロギー要素からの超越、超脱」と通じるものである。さらに、謝は湾岸戦争などでの中国の対処を事例にあげて、イデオロギーにはかかわらないが、大国と小国の衝突においても冷静な立場に立ち、超越的な態度をとること、アメリカに対しても問題によって対処が異なり、反米

統一戦線を呼びかけずに、基本的に協力関係をめざすことは「韜光養晦」であると論じた。

Ⅱ　江沢民政権後半の変化

1　鄧小平死後の解釈変化

Ⅰで述べたように、鄧小平思想に対する解釈の権威がもっとも高い中央宣伝部とその理論家による解釈はしばらくの間なされず、国際戦略の内容解釈と理論化はもっぱら外交部系学者に委ねられた。

1997年初めに鄧小平が死去し、9月に開催された党の第十五回全国代表大会（十五大）で鄧小平理論は党の規約に書き込まれ、党の指導思想としての地位が認定された。江沢民は3月からすでに鄧小平理論を学ぶキャンペーンを呼びかけていた[29]。1998年6月24日、中共中央が「全党で鄧小平理論を深く学習しよう」との通知を下した[30]。江も「より重要な鄧小平理論教科書を中央党校で作れ」と指示し、7月から鄭必堅（当時は中央党校副校長）のリードで『鄧小平理論基本問題』の編集作業が展開された[31]。

興味深いことに、この新たな学習キャンペーンは、それまでの解釈と異なっていた。『基本問題』のなかで「韜光養晦」を戦略として取り上げることなく、天安門事件後鄧小平が繰り返し提起した方針を「冷静観察、穏住陣脚、沈着応付、決不当頭」の十六字と紹介し、「韜光養晦」の四文字が本書で登場したのは一度のみであった[32]。この十六字は、前記の『鄧小平外交思想学習綱要』で強調された「有所作為」と統合され、「冷静観察、沈着応付、絶不当頭、有所作為」という新十六字方針になり、のちに『江沢民文選』に採用された。

一方、前記の中央宣伝部が編集した『鄧小平外交思想学習綱要』は「韜光養晦」と「有所作為」の統合的な関係を強調し、積極的な方針であると初めて明確に定義した。さらに、今後相当長い期間において社会主義は低潮であるため、この方針を実行しなければならないとしながらも、「韜光養晦、有所作為」を提起した「背景は特殊であった」とし、戦略として永久なるものではないことを示唆した。また、十五大報告と同時に鄧小平理論を学習しなければならず、江沢民同志を核心とする党中央の周囲で団結し、党中央と一

致して今後の新局面を打開しようと結論の部分で呼びかけた。本書の編集は、中央外事工作領導小組弁公室のリードのもとで行われたため、外交部の考えも取り入れたと思われる。そして対象は各級指導者・幹部、宣伝、外事、新聞分野に携わる人や研究者、高等教育機関の教師と学生、と全国にまで及び、『基本問題』よりかなり広い[33]。

このように、鄧小平理論の重要性を強調することで、江沢民が鄧の正統的な後継者だと示したのである。ただこのときの鄧小平思想に対する解釈は、当時の最高指導者である江沢民の認識変化や国際政治学者が提起した論争を意識したようである。

2　江沢民による「韜光養晦」への言及

前述のように、2006年に出版された三巻本の『江沢民文選』(『江選』)では二十字方針や二十八字方針ではなく、「冷静観察、沈着応付、絶不当頭、有所作為」という十六字方針の採用が一般的で、「韜光養晦」の直接の使用は避けられた。また表10-1からわかるように、十六字方針に対する江の言及は、1991-1993年の時期と1998-2001年に集中している。広く報道される可能性がある場、たとえば党大会や他の社会主義リーダーとの会談などでは、十六字方針の言及が避けられ、「冷静観察、沈着応付」というもっとも省略した言い方を採用した。なお、意味は同じだが、1998年以降は「沈着応対」という言いまわしも使われるようになった。一方軍関係や中央政治局などメンバーが非常に限られている場では、十六字方針のほかに、「韜光養晦」、「臥薪嘗胆」の登場もあった。これもこの戦略の内部向けという性質を表している。

使い方について、まず1991-1993年の間では鄧からの教示であることを強調している。そして党大会などでの言及は基本的に過去実施してきたことの紹介ででてきたものである。もっとも興味深いのは、1998-2001年における使い方である。

まず1998年の第9次駐外使節会議で、「韜光養晦」の四文字が唯一直接登場した。今後の対外政策について、江は十六字方針を長期的に堅持しなければならないとし、さらに「韜光養晦、収斂鋒鋩（光を隠し）、保存自己（自己

表 10-1　江沢民による「韜光養晦」戦略の言及

	中央軍事委員会など軍関係の会議	中央政治局	党大会など	その他
十六字方針	湾岸戦争に関する座談会（1991年6月）、軍委拡大会議で（1993年1月13日）軍委拡大会議で（2000年12月11日）、軍の重要会議で（2001年10月31日）	中共中央政治局会議で（2000年1月20日）	十一期三中全会二十周年記念大会で（1998年12月28日）十五期五中全会で（2000年10月11日）	第九次駐外使節会議で（1998年8月28日）
冷静観察、沈着応付（対）の方針		中央政治局常務委員会会議で二回言及（1999年5月）	十四大での報告（1992年10月）、十四大第一回全体会議での講話、党の十六大での報告（2002年11月8日）	キューバ共産党第一書記カストロとの会談（1993年11月）中央経済工作会議で（2001年11月27日）

出所：『江沢民文選』1-3巻、人民出版社、2006年8月より筆者まとめ。

の実力を保ち）、徐図発展（徐々に発展することを図る）」を加え、この方針を独自に説明した。さらに、「わが国の国際地位が高まった結果、背負っている国際責任もますます大きくなり」、「もっとも大きな発展途上国として自らあるべき役割を果たさなければならない」、「多くの第三世界国家もこのように期待している」、「絶不当頭、有所作為は弁証的な統一体」であると指摘した。中国を発展途上国としながらも、「最大」である自己認識、「有所作為」の必要を強調し、鄧小平が定めた「リーダーにならない」ことから脱皮する傾向がみられた[34]。同年6月、クリントン（Bill Clinton）米大統領との会談のなかで、江はわざわざ台湾問題を解決する原則に言及した際も、武力行使を放棄しない、この問題で「有所作為」できると表明していた[35]。さらに1999年3月、江はコソボ紛争に対するアメリカの武力介入[36]、つまりNATOによる旧ユーゴスラビア空爆の始まりを受けて、ジュネーブで平和と協力を強調する「新型安全観」を初めて提起した[37]。

「臥薪嘗胆」は、このコソボ紛争のなかで使われたのである。1999年5月、ベオグラードにある中国大使館がアメリカに爆撃された（誤爆事件）直後に、江は、この事件は偶然ではなく、国際的な背景がある、一部のアメリカ人は国際正義を主張するわれわれを憎んでいるからと理由を指摘した。そこで一

致団結して中国の実力を向上させ、「臥薪嘗胆」しなければならないと2回も呼びかけた[38]。この言葉は、「韜光養晦」と意味が非常に近い。ただ我慢して力を蓄えることには、復讐あるいは恥を晴らすべきという明確な目的があるため、鄧の「韜光養晦」論を「臥薪嘗胆」とする誤解は中国脅威論につながりやすいと、1997年にすでに国際政治学者から指摘されていた[39]。

1999年になっても、江があえてこの言葉を使ったのは、当時指導者層にアメリカに対し強く反発すべきという主張があったため、そのような強硬派を何とか説得しようとしたと考えられる。資料の制限から指導者層にあった意見対立を具体的に検討できないが、誤爆事件の直後から、大学生を中心に全国で大規模な抗議運動が繰り広げられ、少なくとも北京、天津など一部の都市では政府がこれを許容し、誘導していた。江自身も1999年3月28日に、朱鎔基総理にWTO交渉のための4月の訪米を再考するよううながし、対米強硬の姿勢を示した[40]。

江は「臥薪嘗胆」で自身の強い憤慨を表したが、今回の事件に対しては、やはり鄧小平の「冷静観察、沈着応付」の教示を堅持し、政治闘争をするうえでアメリカとの付き合いも続けなければならないと抑制的な対応方針を最終的に示したのである[41]。鄧の権威を借りてアメリカと対抗しないように指導部を説得したと考えられる。結局中国はアメリカの「誤爆」である説明を受け入れ、さらなる追及をせず、WTOの早期加盟に関して同年11月にアメリカの合意をとりつけ、鄧小平ラインに回帰したようにみえる。

その後ブッシュ政権では、「戦略的競争相手」の提起、国家ミサイル防衛計画（NMD）の推進、台湾に対する武器輸出、アメリカ海軍の偵察機と中国の戦闘機が南シナ海で衝突するという海南島事件（2001年5月）など、中国側の緊張感が高まる事例が多く発生した。結果的にいうと、これらに対し中国側は抑制的な姿勢を貫き、9.11同時多発テロ事件以降は、対米協力を積極的に表明し、関係の改善を図った[42]。

しかし、90年代前半との対応の違いもみられた。誤爆事件の後、1999年8月4日、江はある外事工作会議で「われわれは絶対に先頭に立たないが、発展途上国に対する工作は強めなければならず、有所作為をしなければならない」と、1998年の提起を再び強調した[43]。台湾問題について、江は2001

年10月、軍に向けて「文攻武備」の総方略（＝総戦略）、つまり平和の方法と戦争の方法を両方用いることで台湾問題の解決を図ることを新たに提起した 44)。2004年9月、江沢民は中共中央軍事委員会主席を退任した後も、軍事委員会拡大会議に向けて、台湾問題の解決について「文攻武備の総方略を堅持すべき」、「武力行使を放棄することを決して承諾してはならない」、「軍は『台独（＝台湾の独立）』に対する軍事闘争準備を早くやらなければならない」と強調した 45)。

　これらの変化は、指導部の国際情勢認識の動揺を背景としている。誤爆事件の直後から、中国国内で国際情勢認識の論争、つまり「平和と発展は時代の主題」という判断を見直すべきという論調が急速に展開された 46)。ただ注意すべきなのは、1998年12月、江は中央軍事委員会拡大会議で、わざわざ「戦争と平和の問題」に言及し、世界大戦を避けることができるとしても、「一部の地域で局部戦争と武装衝突が起こることは避けられない」とすでに指摘していたのである 47)。そして翌年9月、彼はタイで「国際情勢において現在深刻な変化が進行している」との国際認識を示した 48)。2001年になってから、江沢民の国際情勢に対する言及は、全体としては「平和、緩和、安定」、局部としては「紛争、緊張、動蕩（＝動揺）」であるという表現に変化した 49)。

　誤爆事件後、胡錦濤国家副主席がテレビ談話でアメリカの覇権主義を批判しながらも「平和と発展」の判断を繰り返し強調し、1999年11月の中央経済工作会議公報に「平和と発展は依然として主題」であると書かれた後でも論争は収束しなかったことも 50)、以上の動揺が背景にあったと考えられる。

　その後党の十六大（2002年）で、江は過去十数年は「冷静観察、沈着応対」の方針を実行してきたと回顧し 51)、いまは「不確定要素が増え」、「局部の衝突が絶えない」と指摘しながらも、「平和と発展が依然として今日の時代の主題」であると十四、十五大の表現に戻り 52)、「平和と発展」論争に釘を刺して、総書記を退任した。

　このように、江沢民の「韜光養晦」論の強調は、まず自身が鄧小平の正統的な後継者であることを説明するために必要であった。とくに対米政策で指導部の認識が動揺するなか、誤爆事件などに対し抑制的な態度をとるために、

江は再び「韜光養晦」論をもち出して意見調整を図った。ただし、その間に軍備や軍事建設、国際舞台における中国の役割すなわち「有所作為」の強調に対する江の関心が高まっていた。

Ⅲ 「韜光養晦」をめぐる国内論争と胡錦濤政権下の見直し

指導部の国際認識が動揺するなかで政権交代が起こった。その直前から国際政治学者たちが正面から「韜光養晦」論の見直しを提起した。この議論は「和平崛起（＝平和的台頭）」論の提起につながり、最終的に「和平発展」論へと解消していった。

1 2000年代前半までの論争

国際関係理論研究の発展と国際政治の学科建設の流れのなかで、1997年中国国際関係史研究会北京支部と中央党校国際戦略センターが共催した「国際関係理論研討会」では、「韜光養晦」を「臥薪嘗胆」とする誤解は中国脅威論につながりやすいと指摘された。また謝も1997年に「この表現でこれらの原則を名づけるか否かにかかわらず、これは今後中国の対外関係と国際事務のなかで堅持すべきものである」と書いたように[53]、「韜光養晦」論の理論化に対し、異なる意見は存在していたが、まだ論文の形になっていなかった。

1999年からの「平和と発展」論争が追い風になり、張文木、龐中英、張叡壮、葉自成らいわゆる少壮派国際政治学者は「韜光養晦」論の見直しを正面から唱えた[54]。葉によれば、その理由の一つは外国の誤解を招きやすく、中国脅威論になりかねないことであり、もう一つは、中国は大国外交など明確な戦略目標や新たな長期目標の再定義を必要とし、責任ある外交を展開し、正常で開放的な心理状態で国際的地位を追求すべきということである。

それに対し、龐や張などは、グローバルガバナンスやネオリアリズムなど欧米の国際政治理論の基本的な枠組みによって、中国の国力と国際環境の変化を説明し、対外戦略の変化、核抑止能力を含む軍事力を一定程度に高める必要性、経済建設のみが国益ではないことを主張した。これらの主張は、鄧

のかつての言説で「韜光養晦」の正当性を解釈するという、それまでの学者の手法と異なることが特徴的であり、国際関係理論研究の発展の結果でもあると理解できる。

　その後、葉の懸念はまさに現実となった。2002 年から「韜光養晦」は、アメリカ国防総省が毎年国会に提出する中国の軍事動向に関する年次報告で「hide our capabilities and bide our aim」と訳され、単なる戦略的欺瞞であることが強く示唆された。その結果、葉に同調する主張は増えつつあり[55]、それでも「韜光養晦」にこだわる論者は、欧米ひいては中国人研究者までこの言葉の意味を誤解していると論じている[56]。

　一方、中国は対外戦略を見直すべきという国際政治学者の主張は、インターネットで一気に広がるようになった[57]。そして米中関係の緊張や 2002、03 年ごろの日中関係悪化に対し、中国は「屈服」してはいけない、より国際社会に対して強硬な態度をとるべきという単純化された声となってしまった。冷戦後の 10 年間、ときにアメリカに主権が侵されても抗議だけで、1998 年インドネシアの華僑が攻撃されても無作為で、日本の「普通の国家」化の追求や歴史問題、釣魚島問題での挑戦があっても容認するといった抑制的な対応は、中国自身がおかれた状況の改善につながらなかったことがその理由である[58]。

　これに対し、「韜光養晦」の支持論者は、いまでも国力の増加は不十分で、国際社会における中国の相対的な地位、発展途上国としての性質は基本的に変わっていないことなどをあげて反論している[59]。これらの主張は、さらに三つのことを指摘している。国内においては、まず鄧小平の遺産として「韜光養晦」論を継承しなければならないこと[60]、それからナショナリズムの台頭や左傾路線に対する懸念から長期にこの主張を堅持しなければならないこと[61]、最後に国際社会においては過度に「有所作為」を強調すると、必要ではない対抗を引き起こす可能性があること[62]、である。

　国際情勢に対する判断と「韜光養晦」をそのまま継承すべきかどうかをめぐって、なかなか妥協点がみつからないなか、「韜光養晦」と「有所作為」の関係について新しいコンセンサスが形成された。つまり字面を変えずに「有所作為」のほうを強調し、外交政策の分野によって強調の重点を「韜光養晦」

から「有所作為」へ転化すべきという意見である[63]。そして論争のなかで、「韜光養晦」の目的は経済建設であり、「主権政策を国家の最高利益に従属させるべき」[64]との発想が否定され、曲星でさえ「韜光養晦」の目標には軍の近代化も含まれていて、国防建設を否定していないと認めるようになった[65]。そして次項で検討する「和平崛起」、「和平発展」の提起によって、「韜光養晦」をめぐる論争は一時的に下火になった[66]。

2 政権交代と新たな理論構築の努力

　胡錦濤政権が発足すると、2002年12月、鄭必堅（中央党校常務副校長）はアメリカでの講演で「和平崛起」（＝平和的台頭）を初めて提起した。その後鄭が中央に対し「和平崛起」に関する理論研究を展開すべきと進言し[67]、彼がリードする研究プロジェクトが展開されるようになった。

　鄭は、中国の「和平崛起」の道程の一大特徴として、独立自主の平和外交政策の堅持、永遠の「不争覇、不称覇」と解釈し[68]、「韜光養晦」論と基本的に相違がないことを示した。また、鄭は『鄭必堅論集』で一貫して「平和と発展」という鄧小平が定めた国際情勢認識を堅持し、「和平崛起」を提起した理由は、中国脅威論、中国崩壊論に対する回答であると説明している[69]。つまり、「韜光養晦」に対する根本的な見直しではなく、むしろ誤解や脅威論を招きやすい党内向けの字面を変えて、国内外に広く発信し、中国の対外戦略を説明することを目的として、前記の国際政治学者が提起した論争を吸収する形となった。

　その後、2003年12月10日、温家宝総理がハーバード大学での講演で「和平崛起」を披露した。胡錦濤総書記も12月26日、毛沢東生誕110周年記念座談会において言及し、「和平崛起」論が公式に採用されたのである。しかし、国内外の注目はもっぱら「崛起（台頭）」のほうに集まっていた。結局、2004年のボーアオフォーラムで胡錦濤は中国の「和平発展」、2005年に「和諧世界」を国際社会に対する理想としてそれぞれ提起した。これらの提起は「崛起」の強調からの一歩後退で、鄧小平ラインのさらなる強調であるように思われる。それ以降トップ指導者による「和平崛起」の言及はほとんどなくなった[70]。ただし鄭必堅は「和平崛起」は「和平発展」と同じだと説明し、

2005年以降も引き続き「和平崛起」の宣伝を強化することに努めていた[71]。

3　2008年以降の論争

　胡錦濤政権の前半に起こった「韜光養晦」論争は、「和平崛起」、「和平発展」の提起を受けて下火になったようにみえたが、2008年以降再燃した。「韜光養晦」の既存の解釈への疑義、あるいは「韜光養晦」そのものの放棄といった議論が続々と出され[72]、国際社会でも大きく注目された。

　今回の論争では、国際政治学者だけでなく軍関係者やマスメディア、さらに90年代外交の実務経験者の積極的な参加がとくに目立っている。その構図を大きく分けると、支持者は呉建民（元外交学院院長）など前の論戦にすでに参加した90年代前半外交の事務経験者、また放棄論あるいは中国外交の強硬論者はマスメディア（『環球時報』）、ネットユーザー（人民網強国論壇）、羅援などの軍関係者である。ただし熊光楷将軍は、外国人は「韜光養晦」を誤解していると説明したうえで、その堅持を繰り返し強調している。この論戦の国内要因について、①対立する利益、海外利益の増加、②利益調整メカニズムの不在と広範な矛盾の存在、③中央のコントロールの弱体化、たとえば軍とネットなどのメディア、ナショナリズムの影響の増大、④党十八大をめぐる権力闘争、とチェンとワンが指摘している[73]。

　そのなかで、冒頭で述べたように、2009年胡錦濤が「堅持韜光養晦、積極有所作為」を打ち出した。2010年末に戴秉国国務委員が中国の戦略意図は平和発展であり、「不当頭、不争覇、不称覇、韜光養晦」の方針と一致しているとさらに釈明した[74]。

　また、こうした構図は、習近平政権になっても変わらないと指摘できる。2016年4月に『環球時報』編集長の胡錫進は呉建民との間で激しい論戦を繰り広げ、『同舟共進』誌も正反対の議論で炎上した[75]。これらの論争はすでに学術論争より政治路線論争になっているといえよう。

おわりに

　本章では「韜光養晦」論の提起、定着そして最初の論争にいたるまでの過

程を言説の変化を中心に考察した。しかし当時の国際情勢と中国の対外行動、国内政治の葛藤と関連づけて、さらに踏み込んだ分析が必要であろう。

その理由は、まず、本章で明らかになったように、鄧小平の提起に対し、90年代後半では外交部系学者、党内理論家そして国際政治学者の間で政策の解釈の競争が行われたことである。中国外交の政策形成にかかわるアクターの多元化は、いま学界では主流の意見になってきたが[76]、実証研究のレベルではまだ追いついてないのが現実である。そのなかで「韜光養晦」論に対するこのような検証は、外交部の比重が縮小し、そして党内理論家や国際政治学者などのアクターが政策形成に参入していくプロセスを示す好例である。

それから現実として、「韜光養晦」論は、論争中とはいえ、かなり重要な政治的意味をもっている。本章でわかったように、冷戦崩壊後と世紀をまたぐ時期、中国の指導部による国際認識（とくに対米）が割れてしまい、「韜光養晦」論はその都度意見調整の役割を果たすことができた。その結果、指導部にとって、この言葉は鄧小平の権威あるいは鄧小平ラインだけではなく、江沢民時代とそれ以降の政策にも深く浸透し、その正当性と一体化された。「韜光養晦」論に対する挑戦は絶えず行われるなか、やはり直接は否定ないし変更しにくいのである。指導部による「韜光養晦」論の扱いは、今後も中国の国際情勢認識と対外スタンスを理解する手がかりになるだろう。

1) 浅野亮「中国の対外政策方針の変化」『国際問題』2011年6月号。毛利亜樹「「韜光養晦」の終わり——東アジア海洋における中国の対外行動をめぐって」『東亜』2010年11月号。Elizabeth Economy, "The Game Changer: Coping with China's Foreign Policy Revolution," *Foreign Affairs*, Vol.89, No.6, Nov./Dec. 2010. Dingding Chen and Jianwei Wang, "Lying Low No More? China's New Thinking on the Tao Guang Yang Hui Strategy," *China: An International Journal*, Vol.9, No.2, Sept. 2011, pp.195–216. ほかには張清敏「『韜光養晦、有所作為』政策の含意とその意義——ポスト冷戦初期における鄧小平の対外政策」『法政理論』第41巻第3／4号、2009年。そして Jisi Wang, "China's Search for a Grand Strategy," *Foreign Affairs*, March/April 2011, pp.68–79 など。
2) 第11次駐外使節会議での指示、『光明日報』2011年11月7日。
3) たとえば、浅野「中国の対外政策方針の変化」。
4) 王緝思が指摘するように、中国の指導者と学者は、常に国際情勢の変化を、対外政

策調整の根拠としている。王緝思「国際関係理論と中国外交研究」資中筠編『国際政治理論探索在中国』上海人民出版社、1998年、295-317頁。
5) 王緝思「中国的国際定位問題与『韜光養晦・有所作為』的戦略思想」『国際問題研究』2011年第2期、4-9頁。
6) 本書編写組『鄧小平外交思想学習綱要』世界知識出版社、1999年、101-107頁。
7) 中共中央文献編輯委員会編『鄧小平文選』(以下、『鄧選』)第三巻、人民出版社、1993年、354頁。
8) 『鄧選』第三巻、321頁。
9) 子明「解読韜光養晦」『炎黄春秋』2011年6月号、そのタイトルは「在接待首都戒厳部隊軍以上幹部時的講話」である。なお『鄧選』第三巻に収録されたこの講話内容には、「韜光養晦」戦略に該当する内容はなかった。
10) 『鄧選』第三巻、353-354頁。
11) 『鄧選』第三巻、363頁。
12) 中共中央文献研究室編『鄧小平年譜1975-1997』中央文献出版社、2004年、457頁。
13) 中共中央文献研究室編『鄧小平思想年譜1975-1997』中央文献出版社、1998年、457頁。
14) 鄭必堅『鄭必堅論集』(以下『鄭必堅』)上海人民出版社、2005年、609頁。
15) 王「中国的国際定位」や子明「解読韜光養晦」など、この説に言及しているものは多数ある。
16) 早くから「平和と発展」論の解釈に力を入れた何方によると、この認識は鄧が1985年に提起したものであるが、党内にはしばらくの間論争が続いた。しかし十四大、十五大の報告は「平和と発展は時代の主題である」を正式に提起した。何方『論和平与発展時代』世界知識出版社、2000年、31-51頁。また『鄧選』第三巻、105頁。
17) 何方『論和平与発展時代』、36-39頁。子明「解読韜光養晦」も参照のこと。
18) 『鄭必堅』、1129-1130頁。
19) 鄭必堅、龔育之、逄先知「在小平同志指導下編鄧選」『解放日報』2004年8月20日。
20) 同上。
21) 『鄭必堅』、1247頁。
22) 「深入学習鄧小平外交思想、進一歩做好新時期外交工作」『外交学院年報』1996年第1期。また、本会議で行われた講話などは、論文集として出版された。王泰平『鄧小平外交思想研究論文集』世界知識出版社、1996年8月。
23) 『鄭必堅』、387頁、390頁。
24) 劉鵬編『『鄧小平文選』第三巻学習綱要』中共中央党校出版社、1993年。中共中央党校社会主義教研室『『鄧小平文選』第三巻重点難点補導』中共中央党校出版社、中国大百科全書出版社、1994年。邢賁思主編『鄧小平文選』大辞典』中共中央党校出版社、1994年。
25) 劉金田等編著『鄧小平文選詞語彙釈』解放軍出版社、1994年5月、382-384頁。本書編集委員会『鄧小平大辞典』紅旗出版社、1994年、858頁。

26) 曲星「試論東欧巨変和蘇連解体後中国的対外政策」。張によると、曲論文のまとめはもっとも早いものでもあった。張清敏「『韜光養晦、有所作為』政策」、187頁。
27) 曲「試論東欧巨変」、19－22頁。
28) 謝『中国当代外交史』、476頁。
29) 江沢民「堅持把鄧小平建設有中国特色社会主義理論的学習引向深入」『人民日報』1997年3月17日。
30) 司法部法学教材編集部審定『『鄧小平理論概論』参考文献資料』法律出版社、1998年、189－197頁。
31) 『鄭必堅』、587頁。
32) 鄭必堅等編『鄧小平理論基本問題』中共中央党校出版社、2001年12月、344－346頁。
33) 『鄧小平外交思想学習綱要』、18頁。
34) 『江沢民文選』（以下『江選』）第二巻、202頁。
35) 同上、154頁。
36) 中国は90年代を通して、内政不干渉原則を唱え、旧ユーゴスラビアの内戦への関与に反対していた。安保理で拒否権をもつ中ロの反対を避けるため、アメリカは国連の枠組みを経由せずNATOを率いてコソボ紛争に関与した。
37) 『江選』第二巻、312－313頁。その核心は、「互信（相互信頼）、互利、平等、協力」である。
38) 同上、324－325頁。
39) 劉建飛「始終不諭的堅持鄧小平的外交思想」『外交学院学報』1998年第1期。
40) 『江選』第三巻、447頁。ただ中央の結論（江一人の意見ではない）によって訪米が実行され、交渉自体も成立しなかったのである。ただし中居によると、当時江は、この訪米を強く推したという。中居良文「江沢民の米国」高木誠一郎編『米中関係——冷戦後の構造と展望』日本国際問題研究所、2007年、198頁。
41) 『江選』第二巻、325頁。
42) 詳細は高木『米中関係』、27－31頁を参照のこと。
43) 『江選』第二巻、374頁。
44) 『江選』第三巻、360－362頁。
45) 『江選』第三巻、607頁。
46) 編集部「反思：一年来的『和平与発展』大弁論」『世界知識』2000年第15期、8頁。
47) 『江選』第二巻、273頁。
48) 同上、406頁。
49) 『江選』第三巻、367、520頁。
50) 「反思」、9頁。そして編集部によると、1999年末になると「平和と発展」論が再確認され、議論の主流になったというが、実際は2001年になっても見直し論が多数発表された。たとえば龐中英「超越『和平与発展』」『世界知識』2001年第2期など。
51) 『江選』第三巻、535頁。
52) 同上、566頁。

53）謝『中国当代外交史』、476 頁。
54）張文木「科索沃戦争与中国新世紀安全戦略」『戦略と管理』1999 年第 3 期。龐中英「『冷戦後』的終結与中国的回応」『世界経済与政治』1999 年第 9 期。張叡壮「重估中国外交所処之国際環境」『戦略と管理』2001 年第 1 期、同「『沈着応対』与『自廃武功』」『世界政治与経済』2002 年第 1 期。葉自成「中国実行大国外交戦略勢在必行——関於中国外交戦略的幾点思考」『世界政治与経済』2000 年第 1 期、同「関於韜光養晦和有所作為——再談中国的大国外交心態」『太平洋学報』2002 年第 1 期、「在新形勢下対鄧小平外交思想的継承、発展和思考」『世界経済与政治』2004 年第 11 期。
55）邢悦・張冀兵「『韜光養晦』戦略再思考——兼論如何樹立中国的国際形象」『国際観察』2006 年第 6 期。
56）たとえば、林利民「韜光養晦的長久生命力」『瞭望』2005 年 11 月 7 日、63 頁。
57）たとえば安学軍「『韜光養晦』与『対日新思維』」人民網、2003 年 8 月 24 日、http://www.people.com.cn/GB/guandian/1036/2033174.html。
58）高飛「従韜光養晦到和平崛起」『太平洋学報』2006 年第 1 期、8 頁。
59）たとえば、曲星「堅持『韜光養晦、有所作為』的外交戦略」『中国人民大学学報』2001 年第 5 期、同「鄧小平外交思想的現実意義」『世界政治与経済』2004 年第 11 期。張毅君「忍一時風平浪静、退一歩海闊天空」『中国青年報』2001 年 8 月 10 日。王嵎生「謹防『捧殺』——関於和平発展問題的一些探討」『世界知識』2005 年第 18 期。陳向陽「解読『韜光養晦』政策：仍是中国対外戦略的自覚選択」『世界新聞報』2005 年 9 月 7 日。
60）李浜「『冷戦後』世界秩序与新世紀中国外交——与龐中英商榷」『世界政治与経済』2000 年第 1 期。袁明「解読中国外交思維」『瞭望』2004 年 3 月 15 日。楊成緒「韜光養晦、有所作為——鄧小平外交思想浅議」『光明日報』2004 年 8 月 9 日。
61）馮昭奎「中日微観：也談『韜光養晦、有所作為』」『世界知識』2005 年第 20 期。
62）王嵎生「韜光養晦是対付国際社会強敵的殺手鐧」『中国青年報』2001 年 8 月 2 日。
63）代表的なのは高飛「従韜光養晦到和平崛起」。
64）何方『論和平与発展時代』、145 頁。
65）曲「堅持『韜光養晦、有所作為』」、17 頁。
66）李国環「和平発展——鄧小平『韜光養晦、有所作為』国際戦略思想的新発展」『毛沢東思想研究』2006 年第 1 期。
67）『鄭必堅』、1130 頁。
68）同上、1192、1283 頁。
69）同上、1342 頁。
70）高木によると主に江沢民や軍から反対の声がだされ、彼らは「平和」という語が台湾問題の解決に間違ったシグナルを発信したと主張したという。高木誠一郎「中国『和平崛起』論の現段階」『国際問題』540 号、2005 年。
71）『鄭必堅』、1294-1295 頁。
72）王在邦（中国現代国際研究院副院長）「創造性的堅持『韜光養晦』と『有所作為』」『現

代国際関係』2010 年慶典特刊。
73) Chen and Wang, "Lying Low no more?" pp.15-17, 2008-2010、の論争の具体的主張も同論文のまとめを参照できる。
74) 戴秉国「堅持走和平発展道路」『当代世界』2010 年第 12 期。
75) 袁南生（外交学院党委員会書記）「国家越強大越要韜光養晦」『同舟共進』2016 年第 6 期、王洪光（元南京軍区副司令官）「果真『国家越強大越要韜光養晦』口馬」同誌 2016 年第 9 期。
76) リンダ・ヤーコブソン、ディーン・ノックス『中国の新しい対外政策——誰がどのように決定しているのか』（岡部達味監修、辻康吾訳）岩波現代文庫、2011 年。

第 11 章
中国の外交戦略と農業外交

俞　敏浩

はじめに

　30年以上にわたる改革開放政策を経て、中国と国際社会との間には多分野・多チャンネルの濃密な関係が形成されている。中国外交がカバーする分野は過去に比べ格段に広がり、対外政策の決定、執行にかかわるアクターの数も飛躍的に増大した。こうしたことを背景に、近年の中国外交を語る際に、外交の主体や問題領域に応じて、首脳外交、議会外交、政党外交、軍事外交、資源外交（エネルギー外交）、金融外交、援助外交、文化外交、スポーツ外交、公共保健外交、パブリック・ディプロマシーなど、言説が細分化する傾向がみられる。

　本章はこうした近年の中国外交研究における動向と軌を一にするものであるが、これまであまり注目されてこなかった農業分野を対象とすることで[1]、中国政府が特定の外交戦略を遂行するために運用する多彩な外交手段の一端を明らかにすることを目的とする。本章でいう「農業外交」とは、中国政府が特定の外交目的を実現するために推進する、農業分野における援助、投資、通商交渉などの対外活動の総称である。

　農業外交や資源外交（あるいはエネルギー外交）、援助外交を包摂する概念として経済外交があり、農業外交は経済外交の下位概念である。また農業技術協力や食糧援助が農業外交の重要な内容となるため、農業外交は援助外交と重なる部分も少なくないが、前者は援助にとどまらず農産物貿易交渉や食糧安全保障など、より多様な活動も射程に入れている。

　本章ではまず中国の農業外交の歴史を簡潔に振り返ったうえで、農業外交

が再び活発化した 2000 年以降を中心に、中国の農業外交がいかなる外交戦略のもとで、どのように行われてきたのかについて、二つの事例——ASEAN・中国自由貿易協定のアーリーハーベストプログラム（EHP）と対外援助プロジェクトである農業技術デモンストレーションセンター（ATDC）を中心に分析を進める。最後に、本章の内容を簡潔にまとめたうえで、中国の農業外交が抱える問題点についても若干触れておく。

I　農業外交の歴史（1950 〜 1990 年代）

　建国後、農業外交は数少ない外交手段の一つとして中国の外交指針に厳格に沿って展開された。

　朝鮮戦争勃発後、中国政府がアジアアフリカの民族解放国家との関係強化を模索するなかで、農業は一定の役割を果たした。たとえば、中国はインドに対して 1951 年に 6.6 万トンのコメと 45 万トンの高粱（コーリャン）を輸出したことを皮切りに、「その後も食糧を引き続き供給して、凶作と飢饉の克服を手助けした」という [2]。1952 年には、セイロン（現スリランカ）と 5 年間のコメ・天然ゴム貿易協定を締結した [3]。同協定は米国の禁輸政策のもとで孤立していた中国が非共産圏国家と結んだ初めての正式なバーター貿易協定（第一個重大易貨貿易協定）だという [4]。

　1960 年代から中ソ関係の悪化にともない、共産圏内でソ連と影響力を競うこととなった際、農業外交は中国の重要な外交手段となった。したがって、この時期中国の対共産圏農業援助の重点対象はソ連との影響力を競う「激戦区」である朝鮮民主主義人民共和国（北朝鮮）、ベトナム民主共和国、キューバ、アルバニアに集中していた [5]。

　アフリカ諸国ではソ連との影響力競争に加え、国民政府との承認国獲得競争が繰り広げられた [6]。1959 年、独立したばかりのギニア政府はサブサハラ諸国のなかで初めて中華人民共和国を承認し、中国はギニアに無償食糧援助を行った。これをきっかけに、中国の農業外交はアフリカでも展開されるようになった。ただし、インフラに比べ、農業はまだ中国の対アフリカ援助の重点分野ではなかったという [7]。

文化大革命中に悪化したアフリカ諸国との関係を改善するために、中国政府は1967年からタンザニア、コンゴ、モーリタニア、ギニア、マリなどに農場と農業試験場を建設し始めた。中国とアフリカ諸国との関係改善に危機感を覚えた国民政府側は農業外交を大々的に展開し、カメルーンなど22カ国に農耕隊を常駐させ、1969〜1970年の間に1,000人近い人員を派遣したという[8]。中国政府がこれらの国と国交を結んだ後は国民政府が残した農業施設は中国側に引き継がれた。

　改革開放政策が始まってから、経済発展が最重要の国家目標となり、先進諸国からの援助、投資、技術移転の受け入れを促進することが中国の経済外交の柱となった。中国の農業外交の圧倒的なプライオリティも先進国と国際機関からの農業技術、投資、援助の導入におかれるようになった。その結果、1979〜1987年間の中国の対外農業援助プロジェクトは19件にとどまった[9]。

　1990年代に入って、中国政府は優遇借款を主要な対外援助方式とする方針を打ち出し、援助と投資、貿易を結びつける三位一体の対外経済協力を展開した。中国のアグリビジネス企業も海外へ進出するようになった。代表的なものは1990年代に中国農墾総公司がアフリカで手掛けた複数の農業開発事業[10]、新天グループがキューバとメキシコに建設した農場などがある[11]。

II　地域外交重視への戦略転換と対ASEAN農業外交の展開

　鄧小平時代の経済発展至上主義のもとで、主に農業経済発展を促進することを目的に行われていた中国の農業外交は、2000年代に入り再び外交戦略を実現する手段として展開されるようになった。この時期中国の農業外交は、政府の外交戦略の調整を受け、まずは対ASEAN諸国との関係強化の手段として展開された。

1　中国の外交戦略の転換

　1990年代の中国の国際情勢認識は多極化と全球化（グローバリゼーション）に集約されており、この情勢認識のもとで中国政府は大国間のパートナーシップを推進することを外交活動の重点においていた[12]。しかし1998年ご

ろから地域外交と途上国外交の重要性が強調されるようになる。1998年8月に開催された第9回在外使節会議で江沢民総書記は、「多極化と全球化が絶えず発展する新しい情勢のなか、大国はみな地域組織に依拠して発展を図り、多角外交を通じて、バイの関係では得られないものを追求している」との認識を示し、またこの認識を重視する必要性を強調した[13]。江沢民は1999年8月の外事活動会議でさらに「第三世界は少なくない困難に直面しているが、依然として国際舞台の重要な勢力であり、国際政治経済新秩序の樹立における主力軍である」とし、「中国は戦略的次元から、そして全体的な外交局面と国家利益から出発して、第三世界諸国に対する活動の重要性をより深く認識しなければならない」と論じた[14]。

これを受けて1990年代末に至り、中国では地域および途上国重視へと外交戦略の転換が行われた。この戦略転換を背景に、地域外交を推進する手段として農業外交が展開されるようになった。次項では対ASEAN地域外交に焦点を絞って、農業外交がどのように展開されてきたかを考察する。

2 農業外交とASEAN諸国との関係改善

1999年7月10日、陳耀邦農業部長の率いる中国農業代表団がフィリピンを訪れた。同訪問団は南シナ海問題をめぐって両国関係が悪化してからフィリピンを訪れた初めての中国政府代表団であった[15]。フィリピン側はエストラーダ（Joseph Estrada）大統領、アロヨ副大統領（Gloria Macapagal-Arroyo）がそれぞれ訪問団と会見し、中国と農業技術協力を推進する意向を示した。双方は「農業協力意向書」と「ハイブリッド米技術協力覚書」に調印した。訪問団が作成した報告書では、「両国関係が不安定な時期に行われた今回の訪問は重要な政治的外交的意義を有する」と評価し、「双方は農業分野における協力を通じて両国関係の正常な発展を促進する意向があることを互いに確認した」との見方を示した[16]。

2カ月後、フィリピン農業大臣が中国に赴き、双方は「農業および関連分野の協力協定」を締結した。その後双方は同協定にもとづいて毎年農業代表団を相互派遣して視察活動と交流活動を行うなど、農業協力は順調に展開された。中比農業協力の目玉プロジェクトは1999年11月、第3回ASEANと

日中韓首脳会議に参加するためにマニラを訪れた朱鎔基首相が支援を約束した「中国・フィリピン農業技術センター」（PhilSCAT）であった。同センターは中国政府が500万ドルを出資し、セントラルルソン州立大学の実験田に建設したもので、フィリピンにハイブリッド米（HR）、農業機械、バイオガスの利用技術を普及することが主な目的であった。同センターは2001年に建設が始まり、2003年から正式に稼働が開始された[17]。

　フィリピン側が中国との農業協力に積極的であった背景には、農業振興が政権の重要政策課題となったことがあげられる。低所得層の支持を得て1998年に発足したエストラーダ政権は貧困対策の一環として農業振興を重要な政策課題とし、食糧安全保障と農家の所得向上を中心的な内容とする農漁業近代化計画を策定した。フィリピンの主要農産物であるコメの生産量は1992年以降ほぼ毎年国内需要を下回っており、とりわけ1998年には自然災害の影響でコメの生産量が24.1％も減少した[18]。こうした厳しい食糧生産事情を抱えた新政府は食糧自給を達成した中国の経験に関心を抱き、中国のコメ増産に大きく貢献したHRの導入にも意欲的であったのである[19]。前述の中国農業代表団に対してアロヨ副大統領は、フィリピン政府は今後3年内に食糧自給の実現をめざしていると紹介し、中国との技術協力を望むと述べたという[20]。こうして農業を関係打開の糸口にして好転した中比関係はアロヨ大統領政権期には「黄金時代」を迎えるようになる。

　フィリピンとの関係ほど典型的ではないが、その他ほとんどの東南アジア諸国との間においても農業技術協力、農産物貿易促進は重点協力分野の一つとして進められた。中国政府は1999年、2000年の2年間立て続けにASEAN10カ国と協力枠組み文書を発表した。これらの協力枠組み文書は政治、経済、文化、教育など多岐にわたるものであったが、そのなかに盛り込まれた経済技術協力関連の内容をまとめたのが表11-1である。ここから、農業は中国とASEAN諸国との間の重点協力分野の一つとなったことが読み取れる。

表 11-1　中国と ASEAN 諸国の経済技術協力内容

日　付	文　書	内容（骨子）
1999.2.6	21世紀の協力計画に関する中国・タイ共同声明	・技術交流の促進、農産物の品質向上、農産物貿易の促進 ・工業団地開発、港建設、人的資源開発における協力推進 ・中国・タイ間の陸路、水路、空路の航路開通を重視
1999.5.31	未来の協力枠組みに関する中国・マレーシア共同声明	・情報通信分野での協力強化 ・シンガポール―昆明鉄道プロジェクトを共同推進 ・農業、林業、鉱業分野における技術交流を促進
1999.8.23	中国・ブルネイコミュニケ	・観光、石油化学、農業、漁業、製造業などの分野における協力を強化 ・相互投資保護協定の早期締結
2000.4.11	相互協力に関する中国・シンガポール共同声明	・シンガポール企業の中国西部開発への参加を歓迎 ・インフラ建設、通信分野での協力を検討 ・海運、航空、情報通信などでの産業協力を模索
2000.5.8	中国・インドネシアの「未来の協力の方向に関する共同声明」	・農業、漁業、畜産業、農業機械および農産物加工における協力を強化 ・先端技術分野および技術成果の商品化に関する共同研究 ・林業の交流、協力を強化 ・工業と鉱業における互恵協力を強化
2000.5.16	21世紀の協力枠組みに関する中国・フィリピン共同声明	・相互投資および第三国に対する共同投資を促進 ・共同研究、技術移転などを通じた科学技術分野における協力を拡大 ・農業分野の経済技術協力を促進
2000.6.6	未来の協力枠組み文書に関する中国・ミャンマー共同声明	・国境貿易を整頓、強化 ・企業の工事請負と労務協力に便宜を図ること ・農業技術、農産品加工、動物疾病対策、漁業・養殖業などでの互恵協力を推進 ・森林開発、経営、森林工業、林産品加工などの協力を強化
2000.11.12	相互協力に関する中国・ラオス共同声明	・労務、工事請負分野での協力を強化 ・農林資源開発、農林技術、農林機械、農産物加工などでの協力を強化
2000.11.13	相互協力枠組みに関する中国・カンボジア共同声明	・農業、工業、観光業における多様な協力を推進
2000.12.25	新世紀における全面協力に関する中国・ベトナム共同声明	・双方企業の協力による大型プロジェクトの推進 ・情報、生物、農業、気象、海洋、核の平和的利用などの分野における科学技術協力を促進 ・農作物、優良品種家畜の飼育、農林産品の加工、農業機械の製造、漁業・養殖業における協力を強化

出所：各種報道にもとづき筆者が整理。

3 アーリーハーベストプログラム（EHP）とASEAN・中国自由貿易協定（ACFTA）

　ASEAN諸国との経済協力枠組みを整えたうえで、2000年11月25日に開かれた中国・ASEAN首脳会議において、中国は中国・ASEAN経済貿易共同委員会の傘下に専門家グループを設立して、「中国のWTO加盟の影響および中国・ASEAN自由貿易関係のフィージビリティ・スタディを行う」ことを提案した[21]。中国側の提案をASEANが受け入れ、双方は専門家グループを設立することに合意した。

　翌年10月に専門家グループはACFTA提案を骨子とする報告書を取りまとめた。同報告書は遅くともAPECの貿易・投資自由化期限である2020年までにACFTAを実現するべきとする一方で、交渉開始時期を明示せず、ASEAN域内の貿易自由化スケジュールと軌を一にしながら10年内の実現をめざすとしたことから[22]、具体的なスケジュールは今後の交渉に委ねられたことがうかがえる[23]。同報告書は2001年11月に開かれた第1回中国・ASEAN経済閣僚会議で承認された。経済閣僚会議の直後に開催された中国・ASEANの「10＋1」首脳会議において、朱鎔基首相が正式にACFTA提案を行い、双方は「できるだけ早いうちの協定の締結をめざして」閣僚および高級実務者協議を開始することに正式合意した[24]。

　中国とASEAN双方の首脳がACFTA締結に合意してから、高級実務者協議がスタートした。交渉は当初の予想を上回るスピードで進み、6回の交渉を経て2002年11月には「中国とASEANの包括的経済協力枠組み協定」が締結され、2010年までのACFTA実現が正式に決定された。

　ACFTA交渉が順調に滑り出した重要な理由の一つがEHPだといわれている。

　EHPとは農産物貿易（HSコード01〜08類該当品目）における関税削減を2006年までに前倒し実施するプログラムで、「中国とASEANの包括的経済協力枠組み協定」の第6条にその旨が盛り込まれている。EHPの実施要領は2003年10月に同協定が改定された際にほぼ明らかになった。

　EHPでは各国が例外品目を指定することが認められており、ベトナム、カンボジア、ラオス、ミャンマーなどASEAN後発国に対しては関税削減の

第11章　中国の外交戦略と農業外交

表 11-2　中国と ASEAN 先進 6 カ国[25]

該当品目	2004年1月1日まで	2005年1月1日まで	2006年1月1日まで
関税≧15%	10%	5%	0%
5%≦関税<15%	5%	0%	0%
関税<5%	0%	0%	0%

出所：注26参照。

表 11-3　ASEAN 後発 4 カ国

該当品目	国	2004年1月1日まで	2005年1月1日まで	2006年1月1日まで	2007年1月1日まで	2008年1月1日まで	2009年1月1日まで	2010年1月1日まで
関税≧30%	ベトナム	20%	15%	10%	5%	0%	0%	0%
	ラオス・ミャンマー	—	—	20%	14%	8%	0%	0%
	カンボジア	—	—	20%	15%	10%	5%	0%
15%≦関税<30%	ベトナム	10%	10%	5%	5%	0%	0%	0%
	ラオス・ミャンマー	—	—	10%	10%	5%	0%	0%
	カンボジア	—	—	10%	10%	5%	5%	0%
関税<15%	ベトナム	5%	5%	0.5%	0.5%	0%	0%	0%
	ラオス・ミャンマー	—	—	5%	5%	0.5%	0%	0%
	カンボジア	—	—	5%	5%	0.5%	0.5%	0%

出所：同上。

スケジュールの猶予が認められた。また貿易利益を調整する目的で、HS コード 01 〜 08 類以外の一部の品目を特定品目として EHP に含めることが認められた。

　関税削減のスケジュールは**表 11-2** と**表 11-3** のとおりである。

　他方、各国が指定した例外品目数および特定品目数は**表 11-4** のとおりである。

表11-4 例外品目数および特定品目数

国	例外品目数（HSコード8桁）括弧内の数字は中国税関分類による品目数		特定品目数（HSコード9桁）括弧内の数字は中国税関分類による品目数	
	2003年第1次枠組み協定改訂時	2006年第2次枠組み協定改訂時	2003年第1次枠組み協定改訂時	2006年第2次枠組み協定改訂時
中 国	0	0	0	0
ブルネイ	0	0	未定	※
カンボジア	30（39）	27（39）	0	0
インドネシア	0	0	15（14）	20（21）
ラオス	56（177）	56（178）	0	0
マレーシア	0（対中国）、22（対ASEAN諸国）	0（対中国）、22（対ASEAN諸国）	87（19）	87（19）
ミャンマー	0	0	0	0
フィリピン	未定	209（338）	未定	5（5）
シンガポール	0	0	未定	※
タイ	0	0	2	2
ベトナム	15（31）	15（31）	0	0

注：中国とブルネイ、シンガポールの間の特定品目は、一部を除き中国・インドネシア、中国・マレーシア、中国・タイの特定品目をほぼ全部カバーした。
出所：注27参照。

　以上のEHPの詳細から中国がもっとも開放的な姿勢をとり、EHPを牽引したことは明瞭である。中国の積極的な姿勢は、例外品目の指定がもっとも遅れていたフィリピンに対する働きかけにも表れていた。EHPの実施においてフィリピン側がもっとも恐れたのは野菜をはじめ中国産農産物の大量輸入であった。フィリピンの懸念を軽減するために、農業部の張宝文副部長はフィリピン側に対して、野菜栽培に協力する意向を示したという。その一環として中国農業部はフィリピン駐在中国大使館と協力して、地元政府の許可のもとでPhilSCATの隣に、中国野菜種子の導入、普及を目的とする「中国大使農業技術示範園」を開設した[28]。2006年、フィリピンは大量の例外品

目を指定しながらしぶしぶ EHP に合流した。

2003 年の時点で、農産物貿易が中国と ASEAN 貿易全体で占める比重は 6.12% にすぎなかった[29]。しかし農産物貿易がその敏感性ゆえに貿易摩擦の種になりやすいことを勘案すれば[30]、中国の ASEAN 諸国に対する非対称的な農産物市場開放を一つの特徴とする EHP の実施は ACFTA 交渉に弾みをもたらしたことは間違いない[31]。ACFTA の順調な滑り出しは中国と ASEAN の関係の緊密化に貢献しただけでなく、さらにその後の東アジア地域経済統合ブームの火付け役ともなった。

III 「中国責任論」と中国の農業外交

1 「中国責任論」と中国政府の対応

2000 年代に入り、中国の台頭が可視化するにともない、国際社会では中国により多くの責任の分担を求める声が高まった。

2005 年 9 月 21 日、ロバート・ゼーリック（Robert B. Zoellick）米国務副長官は、米中関係全国委員会で行った演説において、「アメリカの対中政策は、これまでの国際システムにおけるメンバーシップ獲得を支持するものから、責任あるステークホルダーになるよううながす方向へ転換する時期に来ている」としたうえで、「中国は、中国の成功を可能にした国際システムを強化する責任がある」と述べた。そして、軍事費支出、貿易不均衡、知的財産権保護、エネルギー、対北朝鮮、核不拡散、反テロ、人権などさまざまな分野における中国側の説明責任と、より積極的な協力を呼びかけた[32]。その翌月、ドイツの『デア・シュピーゲル誌』とのインタビューにおいてラムズフェルド（Donald H. Rumsfeld）米国防長官は、「中国が責任ある、建設的な国際社会への参加者になるよう、他の国も働きかけてくれることを望む」と発言した[33]。

2006 年 10 月 24 日には、欧州委員会が「EU・中国：より緊密なパートナー、増大する責任」（EU-China: Closer Partners, Growing Responsibility）と題する政策文書を発表した。同文書では、「関与とパートナーシップという対中国政策の基本的アプローチを維持するが、より緊密な戦略的パートナーシップと増

大する相互責任をともなうものでなければならない」とされた。またEUが直面している気候変動、雇用、移民、安全保障などの課題の解決に向けて、「われわれの価値にもとづき、中国とのダイナミックな関係の潜在力を活かすべきだ」とし、中国政府に国内ガバナンス、貿易、開発、対外政策など幅広い分野における協力を呼びかけた[34]。同文書はEUが発表した第6回目の対中国政策文書であったが、「中国責任論」がこれほど強調されるのは初めてのことであったという[35]。

　「中国責任論」と並行して、中国の台頭が西側主導のリベラルな世界秩序に及ぼしうる影響に対する懸念も高まっていた[36]。台頭する中国が国際社会の主流であるリベラルな規範を順守するか否かによって、「中国責任論」は「中国脅威論」へと転換しうるものであった。その意味において、「中国責任論」は「中国脅威論」と紙一重の関係にある。これに対して中国国内では、「中国責任論」とは欧米、とりわけ米国が中国に国力不相応の過大な責任を負わせることで、中国の台頭を挫折させるための戦略だとする陰謀論を筆頭に、政治体制や国内安定への負の影響を憂慮した慎重論、グローバル・ガバナンス自体に対する懐疑論などさまざまな言説が飛び交っていた。

　高まる「中国責任論」に対して、中国政府はグローバル・ガバナンスにおける自らの役割を途上国の利益代弁者として定義すると同時に、経済協力を中心に途上国外交を一層推進することで応じた。このような中国の外交戦略が典型的に反映されたのが対アフリカ外交である。2006年11月に北京で開催された第3回中国・アフリカ協力フォーラム（FOCAC Ⅲ）の開幕式において、胡錦濤主席が「中国・アフリカ関係の強化は両者の発展に有利であるだけでなく、発展途上国の連携にも有利であり、公正で合理的な国際政治経済新秩序の建設にも有利である」と述べたうえで、「2009年までの3年間に対アフリカ援助規模を倍増させる」ことを約束したのである。

　ところが中国とアフリカ諸国との投資、貿易、援助を含む経済関係が急拡大するにともない、中国のアフリカ進出に対する国際社会の懸念も高まっていった。中国政府が優遇借款を提供してアフリカ各地で建設したインフラ施設も結局は資源開発と輸送のためと認識され、こうした中国の経済進出を新植民地主義と批判する向きさえあった。さらに中国政府と企業が国内ガバナ

ンスに深刻な問題を抱えている国にも大挙進出したことは、戦後西側主導によって形成された開発援助規範に対する脅威として認識されることもあった[37]。

多くの開発途上国では、農業に従事する人口の比率が高く、また農村人口の多くが貧困層に属しているため、農業分野における協力は、食糧安全保障、貧困削減、経済成長といった開発課題に取り組むうえで重要な意義を有する[38]。中国国内でも「農業外交は庶民に確実なメリットをもたらすため、人間本位の人民外交の精神をよりよく反映する外交形態である」との認識があり[39]、対アフリカ農業協力の強化は国際社会の懸念を緩和し、責任ある国家のイメージを造成するための一つの手段として認知されていた[40]。かくして農業外交は中国が自ら定義する「国際責任」認識にもとづいて新しい外交環境に対処する際の重要な外交手段となった。

2006〜2008年に発生した世界規模の食糧価格高騰により、食糧安全保障がグローバルな課題として関心を集めたことも、中国の農業外交にとって追い風となった。中国の対途上国農業協力は途上国ひいては世界の食糧安全保障に寄与し、世界の安定と発展のために貢献することができるとアピールできたからである[41]。この時期中国の農業外交でとりわけ注目を浴びたのがATDCの急増である[42]。

2　農業技術デモンストレーションセンター（ATDC）の急増

ATDCは近年中国政府がとりわけ力を入れている農業技術協力方式である。農業技術試験場や普及ステーションは昔からあったが、近年の標準的なATDCは農家と技術者向け技術研修サービスから品種の導入と改良、農産物の耕作、加工、そして農機使用や農村開発に至るまでフルセットの農業技術支援を行うものとなっている。また一過性の援助で終わるのではなく持続可能性を実現するために、援助期間終了後もセンターの運営を請け負う意欲と実績のある企業に最初からセンターの建設、技術協力事業を請け負わせる点も特徴的である[43]。

こうしたATDCは商務部と農業部の管轄のもとで行われる政府間援助プログラムのほか、雲南省など地方政府の対外交流プログラムの一環として実施されるものや企業が海外進出の手段として独自に行うものまで多種多様で

ある。本章は農業外交をテーマとするために、前者のみを考察対象とする。

　中央政府が直接かかわった ATDC はおそらく前述した PhilSCAT が嚆矢となる[44]。しかし ATDC が広く注目を浴びるようになったのは、2006 年の FOCAC Ⅲ において、中国政府が今後 3 年間アフリカで ATDC を 10 カ所建設する計画を発表してからである[45]。2008 年 9 月に開催された国連ミレニアム開発目標に関するハイレベル会合に参加した温家宝首相は、中国政府は国連ミレニアム開発目標を実現するために、今後 5 年間発展途上国に 30 カ所の ATDC 建設を支援する用意があると表明した[46]。翌年の FOCAC Ⅳ では中国政府はアフリカで建設する ATDC の数を 20 に倍増すると宣言し、そして 2012 年の FOCAC Ⅴ では具体的な数値目標こそ出さなかったものの、今後さらに増やすことを約束した。

　農業外交が先行した地域である ASEAN 諸国に対しても引き続き農業外交が展開された。2007 年 6 月、ラオスのチュンマリー・サイニャーソン国家主席が訪中した際に、胡錦濤国家主席は自ら対ラオス援助プロジェクトの一つとして ATDC の建設を決定したという[47]。また 2008 年 3 月に満期を迎える PhilSCAT を継続させるために、2006 年末に中国はフィリピン側に対して第 2 期プロジェクトを提案した[48]。

　『中国の対外援助』2014 年版によれば、2010 年以降中国が ASEAN 各国と共同建設した農産物優良品種試験場は 20 カ所、デモンストレーション面積は 100 万 ha に達し、新規 ATDC は三つ立ち上げたという[49]。また中国の援助によるアジアアフリカにおける ATDC の数は 2016 年 8 月現在完成したもので 25 に達しており[50]、これらの ATDC を通じて農業技術研修を受けたアフリカの農業技術関係者は 2012 年には 5,000 人以上にのぼった[51]。なお、2010 年 9 月に開催されたミレニアム開発目標国連首脳会合で、中国政府は今後 5 年間発展途上国に 30 カ所にのぼる ATDC を建設する計画を再度表明し、3,000 人の農業技術者の派遣、5,000 人の研修者の受け入れを約束した[52]。

表 11-5 は 2008 年以来、中国政府が支援を約束した 30 カ所の ATDC に PhilSCAT（中国・フィリピン農業技術センター）を加えた計 31 カ所の ATDC の所在国、請負機関、技術協力期間を示したものである。アフリカが 26 と圧倒的多数を占めていることは、この時期中国の農業外交の重点対象地域が

表 11-5　中国政府の援助による主要 ATDC 一覧[53]

地域	所在国	請負機関	技術協力期間[54]（年）
アフリカ	マダガスカル	湖南省農科院	2007 ～ 2010
	ベニン	中国農業発展集団総公司	2010 ～ 2013
	ルワンダ	福建農林大学	2011 ～ 2014
	リベリア	袁隆平農業高科技股份有限公司	2011 ～ 2014
	スーダン	山東省農科院・山東対外経済技術合作集団有限公司	2011 ～ 2014
	ザンビア	吉林農業大学	2012 ～ 2015
	タンザニア	重慶中一種業有限公司	2012 ～ 2015
	ジンバブエ	中機美諾科技股份有限公司	2011 ～ 2014
	トーゴ	江西華昌基建工程有限公司	2011 ～ 2014
	コンゴ共和国	中国熱帯農業科学院	2012 ～ 2015
	モザンビーク	湖北省農墾事業管理局	2012 ～ 2015
	エチオピア	広西八桂農業科技公司	2012 ～ 2015
	ウガンダ	四川華僑鳳凰集団股份有限公司	2011 ～ 2014
	カメルーン	陝西農墾農工商総公司	2013 ～ 2023
	南アフリカ	中国農業発展集団総公司	2014 ～ 2017
	モーリタニア	牡丹江市燕林庄園科技有限公司	2015 ～ 2018
	コンゴ民主共和国	中興能源有限公司	2015 ～ 2018
	モーリタニア（牧畜業）	寧夏金福来産業有限公司、寧夏中航鄭飛塞外香清真食品公司、寧夏宝塔石化集団	2016 ～ 2019
	赤道ギニア	江西贛糧実業有限公司	2016 ～ 2020
	マラウィ	青島瑞昌綿業	不明
	マリ	江蘇紫荊花紡織科技股份有限公司	建設中
	アンゴラ	生産建設兵団建工集団	建設中
	中央アフリカ	中国山西国際公司	不明
	コートジボワール		準備中
	エリトリア		準備中
	ブルンジ		準備中
東南アジア[55]	フィリピン	袁隆平農業高科技股份有限公司	2003 ～ 2008（第 1 期） 2012 ～ 2017（第 2 期）
	東ティモール	袁隆平農業高科技股份有限公司	2008 ～ 2010（第 1 期） 2010 ～ 2012（第 2 期） 2012 ～ 2015（第 3 期）
	インドネシア	袁隆平農業高科技股份有限公司	2010 ～ 2013
	ラオス	雲南物産進出口集団股份有限公司	2012 ～ 2015
	カンボジア	広西福沃得農業技術国際合作有限公司	2015 ～ 2018

出所：2016 年 8 月までの各種報道にもとづき筆者が作成、技術協力期間は暫定版である。

アフリカであったことを物語っている。

おわりに

　発展途上国として外交資源が乏しかった時代に「農業は中国外交の切り札」であったとの指摘がある[56]。経済成長が著しく中国台頭が叫ばれる時代になっても「農業外交は中国外交における重要な（優勢）資源である」とされている[57]。

　本章は1990年代までの中国の農業外交について簡潔に振り返った後、主に2000年代以降を対象に、EHPとATDCを中心に、中国の農業外交の内容と政策目的について初歩的な検討を試みた。本章の内容を要約すると以下のとおりとなる。

　1990年代末、中国政府は地域外交と途上国外交をより重視する方向へと外交戦略を調整した。2000年代に入り、対ASEAN関係は地域外交と途上国外交の役割を兼ね備えるだけでなく、東アジア地域主義の勃興も相まって、中国外交におけるASEAN諸国の重要性は顕著に高まった。中国政府が南シナ海問題をめぐって悪化したフィリピンとの関係を打開するために最初に展開したのが農業外交であった。そしてフィリピンだけでなく、中国政府は農業を1999年から2000年にかけてASEAN諸国との経済協力を推進する際の重点分野の一つに位置づけた。EHPに代表される中国の農業外交は「中国とASEANの自由貿易枠組み協定」の締結とその後の交渉における大きな推進力となった。

　2000年代半ばに入ると、国際社会では中国に対してより大きな責任を求める声が高まった。中国指導部は、西側の価値観に沿ったものではなく自ら定義する国際責任を担う姿勢を示すことをめざした。中国が自ら定義する国際責任の一つは途上国の立場に立ち、途上国との協力を強化し、国際社会において途上国の利益を代弁することである。こうして中国を取り巻く国際環境が変化するなかで、中国はアフリカに対する援助を拡大するようになり、アジアでみせた「微笑外交」（Charm Offensive）[58]をアフリカで再現したのである。ATDCはアフリカとの新型戦略的パートナーシップ関係を強化するた

めに胡錦濤総書記が2006年に打ち出した8項目の政策措置の一つであったが、2006～2008年の食糧価格高騰を背景にその重要性が高まったことを受け、その数は当初の10から30（東南アジアを含む）へと拡大した。

このように、農業外交は中国の外交戦略が転換するたびに中国政府の手元にあるさまざまな外交手段の選択肢のなかから選び出され、外交目的を達成するために実施されてきた。最近習近平政権が積極的に推進する「一帯一路」戦略においても、農業は重点協力分野の一つとされており[59]、今後の展開が注目される。

中国の農業外交は外交戦略の推進に寄与しているものの、問題点がないわけではない。本章で取り上げたEHPの事例では、国内調整過程を経ず短期間で政策決定が行われたために、市場開放のリスクを被る国内農家への対策は後回しにされ、その結果熱帯果実生産農家の生計を圧迫したことはしばしば指摘されることである[60]。

ATDCの事例では、政府が一部の専門家の知見をもとにトップダウンで件数を決定し、その後にフィージビリティ・スタディが始まったために、完成が予定より大幅に遅れることが多かった。また緻密な現地調査なしに実施された結果、立地に難があったり、請け負う側が現地のニーズに合わないプロジェクトを実施したりすることもあった[61]。さらにパブリック・ディプロマシーの役割を果たすべきATDCの多くが実は現地の政府、研究機関、普及機関、国際機関とのつながりが貧弱であるだけでなく、協力に意欲的な現地の人々を拒む現象も一部ではみられたという[62]。

農業・農村の振興は発展途上国における貧困の削減、社会の安定にとって重要な意義を有する。中国の農業外交はこうした発展途上国の切実な開発ニーズに応えることで、ソフトパワーの源泉として働く可能性を秘めている。だが、外交的な思惑が先行し、開発援助の宣伝効果がより強く意識されるなかで、農業を営む主人公——国内外の農家——の声が政策決定過程に充分に反映されていない点が、そうした可能性の実現を妨げる要因となっている。中国の農業外交が短期的な外交目的の実現にとどまらず、持続可能な開発効果と賞味期限の長い外交成果を上げるためには、農業従事者本位の政策展開が求められるといえよう。

1）農業分野における近年の中国の対外関係に注目した先行研究としては、デボラ・ブローティガムの論考が代表的である。しかしブローティガムの主な研究関心は中国とアフリカの関係の実態解明にあり、中国の対アフリカ農業進出を主に「走出去（海外進出）」戦略の一環として位置づけているために、外交研究の性格が比較的に薄い。Deborah A. Brautigam and Tang Xiaoyang, "China's Engagement in African Agriculture: 'Down to the Countryside'," *The China Quarterly,* No.1999, September 2009, pp.686‒706. Deborah A. Brautigam, *The Dragon's Gift: The Real Story of China in Africa,* Oxford: Oxford University Press, 2009. Deborah A. Brautigam, *Will Africa Feed China?*, Oxford: Oxford University Press, 2015. なお、中国語文献には、陳翔「浅析"一帯一路"建設背景下的中国農業外交」『現代国際関係』2015年第10期がある。
2）世界知識手冊編輯委員会編『世界知識手冊1954』北京：世界知識社、1954年、110頁。
3）当代中国叢書『当代中国対外貿易』（上）北京：当代中国出版社、1992年、20頁。
4）胡芳欣「中斯関係"拐点論"不符合事実」『世界知識』2015年第3期、30頁。
5）具体的な農業援助内容については、馬奇「中国農業対外交往与合作（1949〜1974）」『国際政治研究』（季刊）2010年第2期、44‒45頁を参照。
6）ほかにも社会主義政権の支持、第三世界のリーダーシップの追求などの動機が存在していたと指摘されることが多い。なお、本章では台湾の中華民国を国民政府、大陸の中華人民共和国を中国と称する。
7）王文隆『外交下郷、農業出洋：中華民国農技援助非洲的実施和影響（1960‒1974）』国立政治大学歴史学系、民国93年（2004年）、178頁。
8）馬奇「中国農業対外交往与合作（1949〜1974）」、46頁。王文隆、同上、184頁。
9）朱丕栄（元中国農業部国際合作司司長）「改革開放30年 中国農業対外交流与合作」『農業経済研究』2009年第4期、28頁。1980年代アフリカだけで40件以上の農業プロジェクトを建設したとの説もあるが、すべてが援助案件であるかどうかを含めて詳細は明らかではない。夏沢勝「全面推進中非農業合作正逢其時」『国際商報』2006年11月17日。またOECDの集計によると、1981年から1986年半ばまでの中国の対外農業援助は70件以上に達したとされるが、その大半は食糧援助、機械や部品の提供であった。Organisation for Economic Co-operation and Development, *The Aid Program of China,* March 1987, Paris, pp.23‒27. このように入手可能なデータは整合性がとれていない難点があるものの、この時期中国の対外援助が全体的に減少するなかで農業援助も減少したとみるのが妥当と思われる。
10）「中墾集団参与非洲農業開発結碩果」『人民日報海外版』2000年10月19日。
11）"China to Lease Overseas Farmland to Solve Food Problem," http://en.people.cn/200405/24/eng20040524_144221.html（2016年9月5日アクセス）。
12）兪敏浩『国際社会における日中関係──1978〜2001年の中国外交と日本』勁草書房、2015年、179‒180頁。
13）「当前的国際形勢和我們的外交工作」『江沢民文選』第二巻、北京：人民出版社、2006年、205‒206頁。

14）「従戦略高度加強同第三世界的団結合作」『江沢民文選』第二巻、373 頁。
15）1998 年末から中国側がフィリピンと係争中のミスチーフ礁に鉄筋コンクリート造りの施設を建設し、これに対してフィリピン政府が抗議した。1999 年 5 月には両国が係争中のスカボロー礁海域でフィリピン軍艦が中国漁船に体当たりし沈没させる事件が発生した。
16）「中国農業代表団赴菲律賓考察報告」、http://www.dianliang.com/writer/gonzuobaogao/kaocha/164730.html（2015 年 8 月 1 日アクセス）。
17）「中菲農業合作」、http://ph.mofcom.gov.cn/article/zxhz/zhxm/200302/20030200070659.shtml（2015 年 7 月 25 日アクセス）。PhilSCAT 関係者への聞き取り、2015 年 2 月 25 日。
18）国際協力事業団『フィリピン共和国平成 11 年食糧増産援助調査報告書』（平成 11 年 3 月）、3 頁。川中豪・鈴木由理佳「新政権の誕生と足踏みした経済──1998 年のフィリピン」『アジア動向年報：1999 年版』アジア経済研究所、1999 年。
19）実際、フィリピン国内では SL Agritech 社がすでに 1998 年から袁隆平の指導を受け、HR の技術研究を行っていた。袁隆平は中国でもっとも早く HR の研究に携わり、中国南部コメ作地域での HR の普及に貢献した人物である。Bambi H. Barcelona, "China's Hybrid Rice Story," *Chinese Studies Program Lecture Series,* No.2, 2015, pp.105-114, Ateneo de Manila University. "SL Agritech: Sowing the Seeds of Prosperity," http://www.philstar.com/business-usual/2014/05/26/1327194/sl-agritech-sowing-seeds-prosperity（2015 年 7 月 20 日アクセス）。
20）「中国農業代表団赴菲律賓考察報告」、前掲論文。2001 年にエストラーダ大統領の退陣を受け、大統領に昇格したアロヨは 2004 年にかつての教え子で華人出身のアーサー・ヤップ（黄厳輝）を農業部長に任命し、中国との農業協力をさらに積極的に進めた。
21）『人民日報』2001 年 3 月 29 日。
22）ASEAN 域内の貿易自由化スケジュールによると、域内の先進 6 カ国は 2010 年までに、後発の 4 カ国は 2015 年までにそれぞれ関税撤廃を初歩的に実現することになっていた。
23）"Forging Closer ASEAN-China Economic Relations in the Twenty-first Century," A Report Submitted by the ASEAN-China Expert Group on Economic Cooperation, October 2001, p.33, http://www.asean.org/archive/asean_chi.pdf（2014 年 8 月 10 日アクセス）。
24）"Excerots from the Press Statement by the Chairman of the 7th ASEAN Summit and the Three ASEAN+1 Summits（Bandar Seri Begawan, Brunei Darussalam, 6 November 2001）, http://www.asean.org/archive/ASEAN_CHINA_G5/_part1.pdf（2014 年 8 月 10 日アクセス）。
25）タイ政府の働きかけによって、中国・タイ両国は 2003 年 6 月に「野菜果物取り決め」を交わし、同年 10 月 1 日まで HS コード 07、08 類に該当する砂糖と果実商品の関税を前倒しゼロにすることに合意した。
26）「中華人民共和国与東南亜国家聯盟全面経済合作框架協議」、http://gjs.mofcom.gov.cn/arriticle/NoATDCegory/200212/20021200056452.html（2015 年 7 月 30 日アクセス）。

27）「関于修訂《中華人民共和国和東南亜国家聯盟全面経済合作框架協議》的議定書」、http://fta.mofcom.gov.cn/dongmeng/annex/xieyixiuding_yidingshu_cn.pdf, "Second Protocol to Amend the Framework Agreement on Comprehensive Economic Cooperation between the People's Republic of China and the Association of Southeast Asian Nations," http://fta.mofcom.gov.cn/dongmeng/annex/xieyixiuding02_yidingshu_en.pdf（2015年8月1日アクセス）にもとづき筆者が作成。

28）「呉紅波大使考察中国菲律賓農業技術中心」、http://ph.mofcom.gov.cn/aarticle/jmxw/200404/20040400211432.html（2015年8月5日アクセス）。中国・フィリピン農業技術センター関係者への聞き取り（2015年2月25日）。ただ、中国から輸入された野菜種子は現地の環境に適応できず、大半は失敗に終わったという。

29）潘金娥「"早期収穫"計画対中国与東盟農業和農産品貿易的影響」柴瑜・陸建人・楊先明編『大湄公河次区域経済合作研究』北京：社会科学文献出版社、2007年、116頁。

30）阮蔚によれば、WTOにおける貿易紛争案件に占める農産物関連紛争の割合は38%に達するという。阮蔚「中国の対米輸入・対日輸出拡大で揺れる農産物市場」鮫島敬治・日本経済研究センター編『中国の世紀　日本の戦略』日本経済新聞社、2002年、217頁。

31）Busakorn Chantasasawat, "Burgeoning Sino-Thai Relations: Heightening Cooperation, Sustaining Economic Security," Li Mingjiang ed., *East Asia Responds to a Rising China*, London: Routledge, 2010, p.163.

32）Robert B. Zoellick,"Whither China: From Membership to Responsibility?," *NBR Analysis*, Vol.16, No.4, pp.5-14.

33）http://www.spiegel.de/international/spiegel-interview-with-us-secretary-of-defense-donald-rumsfeld-over-time-we-ll-get-it-right-in-iraq-a-382527.html（2013年9月15日アクセス）。

34）European Commission, "EU-China: Closer Partners, Growing Responsibilities," Communication From The Commission to The Council and The European Parliament, 2006.

35）中国国際問題研究所編『中国国際形勢和中国外交藍皮書（2006／2007年）』北京：当代世界出版社、2007年、215頁。

36）たとえば、Naazneen Barma and Ely Ratner, "China's Iliberal Challenge," *Democracy: A Journal of Idea,* 2006（2）, http://www.democracyjournal.org/article.php?ID=6485（2013年9月10日アクセス）。ステファン・ハルパー『北京コンセンサス——中国流が世界を動かす？』（園田茂人・加茂具樹訳）岩波書店、2011年など。

37）中国・アフリカ関係に対する国際社会の見方およびその変化については、李安山「中非関係研究中国際話語的演変」『世界経済与政治』2014年第2期が詳しい。

38）独立行政法人国際協力機構・国際協力総合研修所『開発課題に対する効果的アプローチ——農業開発・農村開発』2004年、1頁。

39）郭書田（農業部政策法規司）・劉勁松（外交部亜洲司）「推動我国農業"走出去"及農業外交的戦略思考」『WTO与我国農業系列研究会論文集』、2001年、142頁。同論文はCNKIから全文ダウンロードできるが論文集の出版社が明記されていないため不

明である．

40）Li Ping, "Hope and Strains in China's Oversea Farming Plan," p.3, http://www.eeo.com.cn/ens/Industry/2008/07/03/105213.html（2016年8月15日アクセス）．夏沢勝「全面推進中非農業合作正逢其時」．Uwe Hoering, "China's Agriculture 'Going global'," p.4, http://www.globe-spotting.de/fileadmin/user_upload/globe-spotting/China/China_agriculture_going_global.pdf（2015年7月15日アクセス）．

41）Donald L. Cassell, "China's Role in African Agriculture," *Bridges Africa*, Vol.2, No.6, p.2. 劉知文「蘇丹農業投資大有可為——赴蘇丹参加非洲糧食安全研討会報告」，http://www.hnagri.gov.cn/web/gjhzc/gjhz/nyzcq/content_191069.html（2016年8月20日アクセス）．

42）紙幅の制限で詳細に論じる余裕はないが，以上のような外交目的のほかにも，ATDCには近年中国政府がアグリビジネス育成と長期的食糧安全保障の関連で推進する「農業走出去」戦略をサポートする役割が期待されている点も指摘しなければならない．ATDCは中国企業が技術協力期間の終了後も引き続き損益自己負担の形でセンターの経営にかかわる場合が多いため，ATDCは対外援助プロジェクトであると同時にアグリビジネス企業の海外進出をサポートするプログラムの性格も併せもっており，中国企業の海外進出の橋頭堡の役割が期待されているのである．

43）南アフリカやエチオピアのように援助期間終了後に中国側が完全に撤退する場合もある．また技術協力が終わった後の企業のかかわり方もさまざまである．

44）PhilSCATより時期的に若干早いのがベトナムの「中国農業総合技術示範基地」である．1998年12月，中国科技部の代表団がベトナムを訪問した際に，双方は「中国農業総合技術示範基地」を設立する構想をまとめた．1999年7月には，科技部の依頼を受けた広西チワン自治区の代表団が訪越し，最終的に広西農業科学研究院とハノイ第1農業大学の協力による「中国農業総合技術示範基地」の建設に合意した．同プロジェクトは科技部が構想し，地方政府に実施を依頼した点がその後のATDCと異なる．「中越農業技術示範基地展示我国農業新技術」，http://www.sinoviet.com/sinoviet/rdzt/1/zxbd/39013.shtml（2015年8月23日アクセス）．

45）その後4カ所追加され計14件となる．ATDCの政策決定過程については，Deborah A. Brautigam and Tang Xiangyang, "China's Engagement in African Agriculture," pp.700-701. Brautigam, *The Dragon's Gift*, pp.241-249を参照．

46）「温家宝在聯合国千年発展目標高級別会議上的講話」，http://www.un.org/chinese/focus/wen/mdg.shtml（2016年9月14日アクセス）．

47）「老撾国家主席朱馬里視察援老農業技術示範中心」，http://www.bofcom.gov.cn/bofcom/432933820128296960/20120427/322178.html（2015年9月1日アクセス）．

48）中国側の提案に対してフィリピン側にはさまざまな意見が存在し，その国内調整に時間がかかったために，第2期プロジェクトがスタートしたのは2011年になってからであった．中国・フィリピン農業技術センター関係者への聞き取り（2015年2月25日）．

49）中華人民共和国国務院新聞弁公室『中国的対外援助（2014）』2014年7月．

50）表11-5参照。
51）『中国的対外援助（2014）』2014年7月。
52）『中国的対外援助（2011）』2014年4月。
53）商務部と農業部管轄のもとで行われるプロジェクトのみリストに掲載した。東南アジアと中央アジアには雲南省、広西チワン自治区、新疆ウィグル自治区、陝西省など地方政府が中央政府の許可のもとで設立した類似した施設は多数ある。
54）ATDCは、例外はあるが一般的に建設期、技術協力段階、持続可能な発展段階（商業運転段階）など3段階に分けて実施される。中国政府の援助によって実施されるのは技術協力段階までである。技術協力期間は一般的に3年間である。技術協力期間中には援助打ち切り後も持続可能な経営体制を構築することがめざされる。実際の商業運転段階に入ってからは、自力で支出を賄うかあるいは外部企業の投資を誘致することもある。具体的な協力内容および期間は援助受入国との交渉で柔軟に決める。
55）アフリカでは一部の例外はあるものの施設名がATDCでほぼ統一されているのに比べ、東南アジア各国ではそれぞれ異なる施設名となっている。フィリピンでは中比農業技術センター（PhilSCAT）、東ティモールとインドネシアでは単にHR技術協力プログラム、カンボジアでは中国・カンボジア農業促進センターである。
56）郭書田・劉勁松「推動我国農業"走出去"及農業外交的戦略思考」、142頁。
57）農業部国際合作司「農業国際合作発展"十二五"規劃（2011～2015年）」、2頁、http://www.moa.gov.cn/zwllm/zcfg/nybgz/201201/t20120111_2454566.htm（2015年8月1日アクセス）。
58）Joshua Kurlantzick, "China's Charm Offensive in Southeast Asia," *Current History*, September 2006.
59）「推動共建絲綢之路経済帯和21世紀海上絲綢之路的願景与行動」『人民日報』2015年3月29日。
60）潘金娥「"早期収穫"計画対中国与東盟農業和農産品貿易的影響」。翟雪玲「中国——東盟自貿区対我国広西農業及農民収入的影響研究——以竜眼、荔枝為例」『農業経済研究』、2009年4月。謝国力「対広西農産品進出口状況的調査与工作建議」、馬有祥「自由貿易区談判的特点及農業的尷尬」農業部農業貿易促進中心編『農業貿易研究2004-2009』中国農業出版社、2009年。
61）Deborah Brautigam, *Will Africa Feed China?*, p.163. Mark Curtis, *Chinese, Brazilian and Indian Investments in African Agriculture: Impacts, Opportunities and Concerns*, the Agency for Cooperation and Research in Development, 2016, pp.30-31.
62）李嘉莉「援非農業技術示範中心在技術推廣中的問題与対策」『世界農業』2015年第1期、149頁。

索　引

あ行

アジアインフラ投資銀行（AIIB）　2, 31, 35, 38
アジア太平洋　1, 4
アメリカ優位の国際秩序　49
威嚇外交　68, 69, 82
「一帯一路」　2, 4, 216
エストラーダ，ジョセフ　205
エリート政治　5, 111, 115, 116
王毅　1, 2, 34
オーディエンス・コスト　111, 115, 116, 129
温家宝　21, 22, 94, 96, 194, 213

か行

改革開放　10, 32, 39, 43, 72, 120, 181, 201, 203
海上法執行機関　10, 14, 151-156, 158, 159
海洋（の）管轄権　50, 53, 54
核心的利益　4, 21, 56, 66, 97
郭新寧　68, 69
拡張主義仮説（理論）　17, 18, 23, 24, 26
臥薪嘗胆　189, 190
課程標準　166, 174
関税削減　208
環太平洋合同軍事演習　66, 78, 81
キーティング，ティモシー　65
九断線　54-56
求同存異　94, 101, 102
境界画定　50, 53, 59
教学大綱　166
強制外交　66
脅迫戦略　67
曲星　185, 194
漁船事件　150, 151, 153-155, 158, 159
グローバル・コモンズ　56
係争水域　150, 151, 158
ケリー，ジョン・フォーブス　78
権威主義国家　137

建設的パートナーシップ　87, 89, 93
航行・上空飛行の自由　51
江蘇省揚州市　143
江沢民　118, 182, 185, 187-192, 196, 204
洪磊　81
胡錦濤　2, 18, 21, 26, 40, 44, 126, 181, 182, 191, 194, 195, 211, 213, 216
国際責任　215
国防支出　10
国連海洋法条約　49-54, 56, 59, 60
呉建民　195
国家－社会関係　112, 117
コッティ，アンドリュー　67
（中国大使館）誤爆事件（1999）　189, 190
コモンズの支配　51

さ行

社会主義市場経済　142
社会の圧力　5, 111, 112
シェリング，トマス　66
失地回復主義仮説（理論）　18, 25
資本家の取り込み　117
謝益顕　186
上海協力機構開発銀行　35
習近平　2, 3, 13, 18, 22, 31, 35, 36, 40, 42-44, 65, 71, 73, 78, 87, 102, 122, 124, 127, 128, 145, 195
周小川　40, 42
朱鎔基　207
肖天亮　72
常万全　71
ジョージ，アレクサンダー　66
食糧援助　202
シルクロード基金　36
人工島（の建設）　149, 150, 152, 153, 155-158
新型（の）大国間関係　2, 65, 78
新課程改革　164, 174, 179
「真珠の首飾り」　80

223

人代代表　139-144
人民解放軍　5, 10, 22, 26, 51, 66, 68, 72, 75, 77, 79, 80, 114, 123, 124, 135-137, 139-146
——機械電子工業部　143
——国防化学工業委員会　143
——電子工業部　143
人民代表大会　136, 139-144
スウィフト，スコット　82
スプラトリー諸島（南沙諸島）　14, 20, 24, 52, 150, 152
政策形成　196
政策執行　5, 111, 121, 122, 127, 138
政策調整　127, 128
ゼーリック，ロバート　210
尖閣諸島　12, 13, 15, 16, 18-21, 24, 51-53, 57, 58, 66
銭其琛　183
戦略的パートナーシップ　92, 93
相互尊重　2
蘇智良　163, 177, 178

た行
対ASEAN地域外交　204
第9次駐外使節会　188
大国外交　2
・戴秉国　195
太平洋2分割論　65
大陸棚自然延長論　53
大陸棚の限界に関する委員会（大陸棚限界委員会）　54, 58
中華人民共和国領海および接続水域法(領海法)　52
中間線　53
中国・EU協力2020年戦略計画　89, 99
中国脅威論　211
中国共産党中央軍事委員会　135, 136, 141, 146
中国共産党中央国家安全委員会　135
中国共産党中央国家安全領導小組　135
中国共産党中央政治局常務委員会　136
中国共産党中央総書記　135
中国共産党中央対台湾工作領導小組　135
中国責任論　210, 211

中国対EU政策文書（2003）　87, 93, 100, 101
中国対EU政策文書（2014）　99, 100
『中国の対外援助』　213
張叡壮　192
張芳　68
張宝文　209
鄭必堅　185, 194
転嫁理論　128
韜光養晦　5, 66, 181-196
鄧小平　16, 70, 72, 73, 125, 145, 181-184, 187, 188, 190, 191, 194, 196, 203
特色ある大国外交　1

な行
ナイ，ジョセフ　70
日中関係　16
『ニューヨークタイムズ』　163, 164, 172, 174, 176, 178, 179
農業外交　201-204, 212, 215, 216
農業技術デモンストレーションセンター（ATDC）　212-216

は行
パブリックディプロマシー　2
ばらばらな権威主義体制仮説（理論）　21, 25-27
范長竜　71
反応仮説（理論）　15, 17, 25-27
東シナ海　4, 5, 54, 58, 59
東シナ海と南シナ海紛争　49, 51, 59, 60
非作戦部隊が営業的生産をおこなわないことに関する実施意見　145
フォースター，アンソニー　67
不衝突，不対抗　2
プリンシパル・エージェント理論（本人・代理人理論）　114, 115, 128, 135
ブレトンウッズ体制　31, 38, 44, 45
文芸工作団　145
「文攻武備」の総方略　190
平和的台頭　82
「平和と発展」論争　192
ボアオ・アジア・フォーラム　33, 36

包括的戦略パートナーシップ　　87, 89, 91, 93, 95, 97, 99
包括的パートナーシップ　　87, 89, 91-93
「包摂」と「強制」　　4
法の支配　　49, 57, 59, 60

ま行

南シナ海　　4, 5, 14, 24, 49, 52, 54-57, 59, 149-152, 154-156, 158, 159, 190, 204
名目的な民主的制度　　137, 139
毛沢東　　17, 72, 121, 125, 128, 145, 163, 176, 177

や行

熊光楷　　195
有所作為　　182-184, 187-190, 192-195
余偉民　　163
楊毅　　65
楊潔篪　　71
擁軍優属工作　　144
葉自成　　192
陽動戦争仮説（理論）　　17, 18, 25-27

ら・わ行

利益団体　　137
李克強　　42, 43, 98
立法活動　　140
劉為民　　80
劉華清　　136
劉暁明　　81
領空侵犯　　12
梁光烈　　80
領導小組　　127, 128
領土問題　　50
歴史教科書　　164-171, 173-179
和平崛起（＝平和的台頭）　　192, 194

英数字

21世紀に向けた長期的で安定的で建設的なパートナーシップ
　　→建設的パートナーシップ
ASEAN・中国自由貿易協定（ACFTA）　　207, 210
BRICS　　2, 31, 34, 35
G20　　34, 40
PhilSCAT　　209, 213

執筆者紹介 (掲載順)

加茂具樹（かも　ともき）※編者
慶應義塾大学総合政策学部客員教授。慶應義塾大学大学院政策・メディア研究科後期博士課程修了、博士（政策・メディア）。主要業績：『現代中国政治と人民代表大会――人代の機能改革と「領導・被領導」関係の変化』（慶應義塾大学出版会、2006 年）、『党国体制の現在――変容する社会と中国共産党の適応』（共編著、慶應義塾大学出版会、2012 年）、ほか。

松田康博（まつだ　やすひろ）
東京大学東洋文化研究所教授。慶應義塾大学大学院法学研究科後期博士課程単位取得退学、博士（法学）。主要業績：『台湾における一党独裁体制の成立』（慶應義塾大学出版会、2006 年）、『【新版】5 分野から読み解く現代中国――歴史・政治・経済・社会・外交』（共編著、晃洋書房、2016 年）、ほか。

青山瑠妙（あおやま　るみ）
早稲田大学教育・総合科学学術院教授。慶應義塾大学大学院法学研究科後期博士課程単位取得退学、博士（法学）。主要業績：『現代中国の外交』（慶應義塾大学出版会、2007 年）、『中国のアジア外交』（東京大学出版会、2013 年）、ほか。

毛利亜樹（もうり　あき）
筑波大学人文社会系助教。同志社大学大学院法学研究科博士後期課程単位取得退学、博士（政治学）。主要業績：『現代中国政治研究ハンドブック』（共著、慶應義塾大学出版会、2015 年）、「習近平中国で語られる近代戦争――日清戦争、二つの世界大戦、抗日戦争と日本をめぐる言説」（『アジア研究』第 60 巻第 4 号、2014 年）、ほか。

土屋貴裕（つちや　たかひろ）
慶應義塾大学 SFC 研究所上席所員。防衛大学校総合安全保障研究科後期課程卒業、博士（安全保障学）。主要業績：『現代中国の軍事制度――国防費・軍事費をめぐる党・政・軍関係』（勁草書房、2015 年）、『「新しい戦争」とは何か――方法と戦略』（共著、ミネルヴァ書房、2016 年）、ほか。

山影　統（やまかげ　すばる）
慶應義塾大学総合政策学部非常勤講師。慶應義塾大学大学院政策・メディア研究科後期博士課程単位取得退学、修士（政策・メディア）。主要業績：『戦後日中関係と廖承志――中国の知日派と対日政策』（共著、慶應義塾大学出版会、2013 年）、「冷戦後の中国・EU 関係における対立構造――『政策文書』にみる関係発展プロセス認識の相違」（『問題と研究』

第 40 巻 4 号、2011 年)、ほか。

山口信治（やまぐち しんじ）

防衛省防衛研究所地域研究部主任研究官。慶應義塾大学大学院法学研究科後期博士課程単位取得退学。主要業績：「中国共産党の政治指導能力に関する研究——国内的不安定が対外関係に及ぼす影響についての予備的考察」(『防衛研究所紀要』防衛研究所、第 15 巻第 1 号、2012 年)、"Strategies of China's Maritime Actors in the South China Sea: A Coordinated Plan under the Leadership of Xi Jinping?" (*China Perspective*, 2016 No.3, October 2016)、ほか。

マチケナイテ・ヴィダ（MACIKENAITE, Vida）

国際大学大学院国際関係学研究科講師。慶應義塾大学大学院政策・メディア研究科博士課程単位取得退学、博士（政策・メディア）。主要業績："Development of the East China Sea Gas Field Dispute-Explaining Domestic Opinion Constraints on Chinese Foreign Policy," *KEIO SFC JOURNAL* 12, No.1 (2012): 71-84、ほか。

王 雪萍（おう せつへい）

東洋大学社会学部准教授。慶應義塾大学大学院政策・メディア研究科後期博士課程修了、博士（政策・メディア）。主要業績：『改革開放後中国留学政策研究——1980-1984 年赴日本国家公派留学生政策始末』(中国・世界知識出版社、2009 年)、『戦後日中関係と廖承志——中国の知日派と対日政策』(編著、慶應義塾大学出版会、2013 年)、ほか。

李 彦銘（り いぇんみん）

人間文化研究機構総合人間文化研究推進センター・慶應義塾大学東アジア研究所現代中国研究センター研究員。慶應義塾大学大学院法学研究科後期博士課程単位取得退学、博士（法学）。主要業績：『日中関係と日本経済界——国交正常化から「政冷経熱」まで』(勁草書房、2016 年)、「1970 年代初頭における日本経済界の中国傾斜とその背景」(『国際政治』第 163 号、2011 年)、ほか。

兪 敏浩（ゆ びんこう）

名古屋商科大学コミュニケーション学部准教授。慶應義塾大学大学院法学研究科後期博士課程単位取得退学、博士（法学）。主要著作：『国際社会における日中関係——1978～2001 年の中国外交と日本』(勁草書房、2015 年)。『東アジアのなかの日本と中国——規範、外交、地域秩序』(共編著、晃洋書房、2016 年)、ほか。

『慶應義塾大学東アジア研究所・現代中国研究シリーズ』刊行の辞

　中国がその国力を増し、周辺国および世界全体に対する影響力を強めるに伴い、この大国についての関心はますます高まりつつある。中国における変化は、西洋における発展の時と所を変えた再演であり、この国もやがては民主主義に向かうと考えるべきだろうか。それとも、この東洋の大国における発展は独特であるから、必ずしも民主主義には帰着しないと考えるべきだろうか。中国の社会と経済は、矛盾をはらみながらも発展を続け、中所得国から高所得国へと上りつめるだろうか。それとも、矛盾の深まりが、やがては経済成長を台無しにしてしまうだろうか。中国は、既存の国際的な秩序や規範に適応しようとしているのだろうか。それとも、「超大国」と化した中国は、自らが望む国際秩序を力ずくで構築しようとするだろうか。いずれにせよ、この国における変化は、国内の人々のみならず、日本をはじめとする周辺国、ひいては世界全体の人々の運命にも大きな影響を与えるであろう。

　台頭する中国といかに向き合うかという問題への関心の高まりを背景として、2007年に大学共同利用機関法人・人間文化研究機構の支援のもとに誕生した慶應義塾大学東アジア研究所・現代中国研究センターは、中国の実像、歴史的位置、および将来の発展方向を正しく理解し、それを社会に広く伝えることが必要であると考え、『慶應義塾大学東アジア研究所・現代中国研究シリーズ』を刊行することとした。

　中国が直面する問題は、人口の高齢化、貧富の格差の拡大、汚職と腐敗、環境破壊、民族間の対立など多岐に及ぶ。本シリーズは、これらの多様な問題を、可能な限り新しい視点と資料に基づいて分析するであろう。同時に、慶應義塾における中国研究の伝統ともいいうるが、現在観察している問題を長期的な視野において、それがいかなる局面にあるかを考察する歴史的な視点をも提供するあろう。

　本シリーズが広く読者に迎えられ、現代中国の理解に寄与できることを願う。

慶應義塾大学東アジア研究所・現代中国研究センター

慶應義塾大学東アジア研究所・現代中国研究シリーズ
中国対外行動の源泉

2017 年 3 月 30 日　初版第 1 刷発行

編著者————加茂具樹
発行者————古屋正博
発行所————慶應義塾大学出版会株式会社
　　　　　　〒108-8346　東京都港区三田 2-19-30
　　　　　　TEL〔編集部〕03-3451-0931
　　　　　　　　〔営業部〕03-3451-3584〈ご注文〉
　　　　　　　　〔 〃 〕03-3451-6926
　　　　　　FAX〔営業部〕03-3451-3122
　　　　　　振替　00190-8-155497
　　　　　　http://www.keio-up.co.jp/
装　丁————鈴木　衛
写真提供————ユニフォトプレス
印刷・製本——株式会社加藤文明社
カバー印刷——株式会社太平印刷社

　　　　　Ⓒ 2017　Tomoki Kamo
　　　　　Printed in Japan　ISBN978-4-7664-2408-9

慶應義塾大学出版会

慶應義塾大学東アジア研究所　現代中国研究シリーズ

党国体制の現在
——変容する社会と中国共産党の適応

加茂具樹・小嶋華津子・星野昌裕・武内宏樹編著
市場経済化やグローバル化の波に柔軟に対応してきた中国共産党とは、どのような集団か。大きく変容する社会・経済に適応してきた党の権力構造を実証分析し、一党支配体制の現実を多面的に描き出す。　◎3,800円

台湾をめぐる安全保障

安田淳・門間理良編著　地政学的に重要な位置を占める台湾の外交・軍事戦略や中国の空域統制・対台湾政策、台米関係などから、日本を含む東アジア安全保障の今後のシナリオを展望する。　◎3,800円

現代中国政治研究ハンドブック

高橋伸夫編著　大きく変化する現代中国政治。海外を含む主な研究・文献を分野別に整理し、問題設定・研究アプローチ・今後の課題と研究の方向性の見取り図を明快に描く、最新の研究ガイド。　◎3,200円

表示価格は刊行時の本体価格（税別）です。